STAATS' GEHEIMNISSE

MEDITERRANE REZEPTE

Stephan Staats Schon als kleiner Junge verbrachte er Stunden an der Seite seiner Mutter in der Küche. In der Großfamilie, mit französischer Mutter und deutschem Vater, wurde immer mit Leidenschaft gekocht und gegessen. So wusste Stephan Staats bereits mit elf Jahren: „Ich will Koch werden. Und ich muss um die Welt reisen."

Nach der Ausbildung zum Koch 1993 arbeitete er im renommierten „Steigenberger Parkhotel" in Düsseldorf. 1997 packte ihn endgültig das Fernweh. Es zog ihn nach Übersee, dann zurück nach Zentraleuropa und nach einigen Jahren des Arbeitens und Reisens weiter nach Australien, um schließlich in Neuseeland zu landen. Hier lebte er einige Jahre, bevor er 2004 endgültig in die faszinierende Welt der Privatjachten eintauchte. Als Schiffskoch bei den Superreichen dieser Welt kann er nicht nur großartig kochen, sondern auch unglaubliche Geschichten erzählen vom Glamour an Bord und von den Schattenseiten unter Deck, von den Verrücktheiten des Lebens auf See und von Ländern und Menschen rund um die Welt. www.stephanstaats.de

Mit dem Helikopter zum Einkaufen, ein 7-Jähriger als Chef und andere krasse Storys von den Jachten der Superreichen.

In Erinnerung an meinen Freund Johannes

STAATS' GEHEIMNISSE

MEDITERRANE REZEPTE

REZEPTE STEPHAN STAATS
STORYS STEPHAN STAATS MIT MARTIN LAGODA
FOODFOTOS HUBERTUS SCHÜLER
PORTRÄTFOTOS JUSTYNA KRZYŻANOWSKA

HIGH
STOP
LOW

REZEPTE

71 weitere kleine und große landestypische Rezepte finden sich – über die Übersicht auf dieser Seite hinaus – in den einzelnen Kapiteln.

STORYS

SALZ IM BLUT

Wenn ich sage, dass ich Schiffskoch bin, werde ich entweder für einen Mannschaftsversorger in der Hochseefischerei oder einen Küchenbediensteten auf einem der großen Kreuzfahrtpötte gehalten. Die Planken solcher Schiffe habe ich aber noch nie betreten. Zumindest nicht in der Funktion als Koch. Meine Welt ist die der Hochseejachten, der größten Luxusjachten, die es überhaupt gibt. Auf ihnen habe ich meist in der Position des Küchenchefs die vergangenen zwölf Jahre meines Lebens verbracht.

Ich stand in Dutzenden von Kombüsen und habe als Privatkoch das Leben auf See mit all seinen Höhen, Tiefen und Besonderheiten erfahren: Horizonte, die mich an Unsterblichkeit glauben ließen, Stürme, die mein Ende zu sein schienen, Freundschaften für alle Zeiten, Enttäuschungen und Konflikte, bis Blut floss, die große Liebe, bis Tränen flossen, seelische und körperliche Zusammenbrüche, Leidenschaften, Sex, Drugs und Rock 'n' Roll. Nicht zu vergessen das, was man nackte Angst nennt – und das nicht nur einmal.

Nichts davon in homöopathischen Dosen, sondern alles pur und so intensiv, dass ich manches Mal dachte: „Jetzt bringt es dich um." Alles lockte mich und nichts blieb mir erspart. Was ich wollte, bekam ich meistens, und was ich nicht wollte, blieb mir trotzdem nicht erspart. Überdruss und Sehnsucht waren ständige Begleiter. Es war, wie ich es nenne, kochender Wahnsinn, mit dem ich den größten Teil meines Lebens verbracht habe – oder soll ich sagen: dem ich verfallen war? Keine andere Liebe oder Leidenschaft hat mich länger begleitet oder hatte mehr Beständigkeit als diese. Die See und die zahllosen einzigartigen Szenarien, die sich mal im Umfeld von Windstille, mal unter dem Eindruck gewaltiger Stürme ergaben, zeigten mir meinen Beruf in ganz neuen Dimensionen und auf eine Weise, wie ich es nie geahnt hatte.

Geblieben sind Eindrücke und Erfahrungen, die bei mir jetzt noch eine Gänsehaut auslösen, sobald ich davon erzähle. Aber wahrscheinlich gerade deswegen ist die Lust auf das, was hinter der nächsten Welle kommt, und eine niemals schwindende Neugier in mir. Sie pulsiert wie am ersten Tag meiner Abreise aus Deutschland vor 21 Jahren, als ich mich entschloss, meinem Traum vom Auswandern zu folgen ...

STEPHAN STAATS
BUNDESREPUBLIK
DEUTSCHLAND
REISEPASS
DEPARTURE

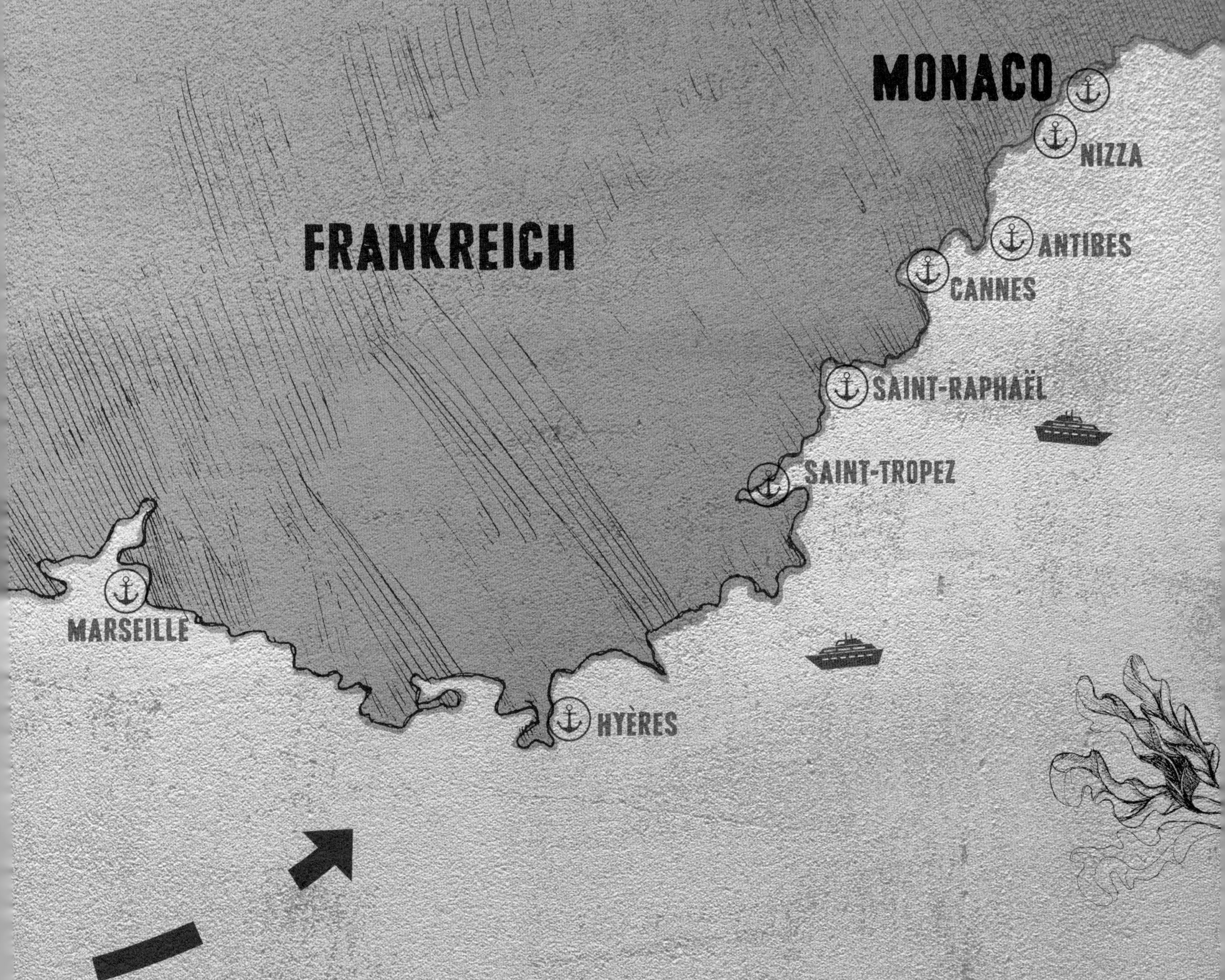

FRANKREICH MONACO

ZUBEREITUNGSZEIT **40 MINUTEN**

ZEIT GESAMT **2 STUNDEN 30 MINUTEN;** MIT KÜHLUNG 8 STUNDEN 30 MINUTEN (NICHT ZWINGEND NOTWENDIG)

BRIOCHE

Eine meiner ersten Lieben der französischen Küche! Ob zum Frühstück mit selbst gemachter Marmelade oder einfach nur mit Butter frisch aus dem Ofen – immer ein Hochgenuss. Brioches lassen sich hervorragend auch mit herzhaften Dingen wie zum Beispiel Gänseleber oder Lachs kombinieren.

FÜR 1 LAIB ODER 8 MUFFINFORMEN

STARTER

60 ml handwarme Milch
45 g Zucker
2 Tütchen Trockenhefe
75 g Mehl, gesiebt

TEIG

175 g Mehl, gesiebt, plus etwas für die Arbeitsfläche
1 gestrichener TL Salz
2 kalte Eier, geschlagen
abgeriebene Schale von ¼ unbehandelten Zitrone
120 g zimmerwarme Butter plus etwas für die Form

GLASUR

1 Ei
100 ml Milch

1. Für den Starter **Milch, Zucker, Hefe** und **Mehl** gut vermengen und 30 Minuten an einem warmen Ort abgedeckt ruhen lassen. **2.** Für den Teig den Starter mit **Mehl, Salz, Eiern** und **Zitronenabrieb** gut verkneten. Dabei nach und nach die **Butter** hinzugeben und dann den Teig weitere 10 Minuten auf kleiner Stufe kneten. Er sollte glatt, weich und nicht zu flüssig sein und eine klebrige Konsistenz haben. Wenn nötig, noch etwas **Mehl** hinzugeben. In eine **gefettete** Schüssel geben und 2 Stunden abgedeckt an einem warmen Ort ruhen lassen. **3.** Den Teig behutsam aus der Schüssel nehmen und mit Wucht mehrmals auf die Arbeitsfläche werfen. Jetzt entweder weiterverarbeiten oder in Klarsichtfolie wickeln und mindestens 6 Stunden in den Kühlschrank legen. **4.** Den Teig nun auf einer mit **Mehl** bestäubten Arbeitsfläche zu einem gleichmäßigen, etwa 2 cm dicken Rechteck ausrollen. Danach wie eine Zeitung einrollen und in eine gut **gebutterte** Form legen. 1 Stunde abgedeckt ruhen lassen. **5.** Für die Glasur in der Zwischenzeit das **Ei** mit der **Milch** verrühren. Den Teig damit gut einpinseln. **6.** Brioche im vorgeheizten Ofen bei 175 °C Umluft etwa 50 Minuten backen. **7.** Statt eines ganzen Brotes kann man auch Einzelportionen backen. Dazu den Teig in acht gleich große Stücke teilen und diese zu gleichmäßigen Würsten rollen. Daraus Seemannsknoten binden. In eine **gebutterte** Form setzen und 30 Minuten ruhen lassen. Glasur aufpinseln und im vorgeheizten Ofen bei 175 °C Umluft etwa 20 Minuten backen. Et voilà!

ZUBEREITUNGSZEIT **30 MINUTEN** ZEIT GESAMT **40 MINUTEN**

TARTARE DE BOEUF

In Südfrankreich ist es üblich, dass das Tatar am Tisch vor dem Gast zubereitet und angerichtet wird. Frische ist dabei das Wichtigste. Niemals älteres Gehacktes roh verwenden! Es könnte sonst eine unruhige Nacht folgen, ich spreche hier aus Erfahrung. Das beste Fleisch hat wahrscheinlich der Metzger um die Ecke, der Tiere von kleineren Betrieben aus der Umgebung bezieht. Damit zeigt ihr euch auch qualitäts- und unweltbewusst.

FÜR 4 PORTIONEN

600 g Rinderfiletsteak oder Sirloinsteak
2 Eigelb
Saft von ½ Zitrone
2 EL Dijonsenf
1 EL körniger Senf (nicht süß)
8 Cornichons, gehackt
10 Kapern, gehackt
40 g Petersilie, gehackt
1 Bund Schnittlauch, in Röllchen geschnitten
2 Schalotten, in sehr feine Würfel geschnitten
½ TL Worcestershiresauce
½ TL Tabasco, Piri-Piri-Sauce oder Harissa etc. (siehe Seiten 65 und 232)
1 Prise Salz
1 Prise frisch gemahlener schwarzer Pfeffer

Das **Fleisch** zuerst in Scheiben, dann in Streifen und zuletzt in Würfel schneiden. Nun mit einem schweren, scharfen Küchenmesser oder einem Beil das Fleisch weiter ganz klein hacken, als wenn man Kräuter hacken würde. Die restlichen **Zutaten** hinzugeben und alles gut vermengen. Ich esse dazu am liebsten selbst gemachte Pommes frites.

ZUBEREITUNGSZEIT **45 MINUTEN** ZEIT GESAMT **1 STUNDE 30 MINUTEN**

QUICHE LORRAINE

(COMME MAMAN)

Meine erste Quiche Lorraine habe ich mit meiner Mutter gemacht. Es war Winter und ich erinnere mich, dass gerade der erste Schnee gefallen war. Mit Teig zu arbeiten, ist wohl die Leidenschaft jedes Kindes – da machte ich keine Ausnahme. Ich war zwar wie alle anderen sehr am Naschen des Teiges interessiert, habe aber gelernt, wie wichtig ein guter Boden ist, um eine perfekte Quiche zu zaubern. Alles in allem jedenfalls schnell und einfach zuzubereiten. Auch im Sommer perfekt als leichter Lunch mit einem kleinen Salat serviert – très magnifique! Merci, maman!

FÜR 4 PORTIONEN

TEIG

200 g Mehl
plus etwas zum Bestäuben
100 g sehr kalte Butter, gewürfelt
1 Ei
1 Prise Salz

FÜLLUNG

2 Schalotten, in sehr feine Würfel geschnitten
150 g geräucherter Speck, gewürfelt
3 Eier
150 ml Sahne
100 ml Milch
Salz
frisch gemahlener Pfeffer
frisch geriebene Muskatnuss
50 g Petersilie und Schnittlauch, gehackt
100 g Gruyère, gerieben

AUSSERDEM

getrocknete Hülsenfrüchte zum Blindbacken

1. Für den Teig **Mehl** und **Butter** in einer großen Schüssel mit den Händen verreiben, bis man die Konsistenz von ganz feinen Streuseln hat. Eine kleine Vertiefung hineinformen und das **Ei** hineingeben. Ei gut einarbeiten, dabei nach und nach 2 EL kaltes Wasser und **Salz** zufügen. Den Teig auf eine Arbeitsplatte geben und mit den Handballen gut durchkneten, bis sich ein fester Ball formen lässt. 20 Minuten in den Kühlschrank legen. **2.** Den Teig herausnehmen und etwa 5 Minuten stehen lassen. Mit dem Nudelholz circa 3 mm dick und rund ausrollen. Er sollte im Durchmesser etwa 4 cm größer als die verwendete Tarteform sein. Die Tarteform mit **Mehl** bestäuben, dann den Teig auf das Nudelholz wickeln und über der Tarteform abrollen, als wolle man Klarsichtfolie darüberspannen. Dann mit dem Nudelholz über die Oberkante der Form rollen und so den Teigüberschuss abtrennen. Nun passt der Teig präzise in die Form. In der Form mit einer Gabel mehrfach einstechen. **3.** Die Form etwa 15 Minuten ins Gefrierfach stellen. Dadurch wird verhindert, dass der Teig beim Backen schrumpft, und er erhält beim Backen die gewünschte Knusprigkeit. **4.** Aus dem Gefrierfach nehmen. Den Teig zum Blindbacken mit Backpapier belegen, das etwas größer als die Grundfläche der Form ist. Mit **Kichererbsen** oder anderen **getrockneten Hülsenfrüchten** belegen. So wird verhindert, dass sich der Teig beim Backen hebt und Blasen wirft. **5.** Im vorgeheizten Ofen bei 190 °C Umluft 12 Minuten backen. Jetzt das Backpapier mit den Hülsenfrüchten entfernen und weitere 5 Minuten backen, bis die Oberfläche goldbraun ist. Herausnehmen und abkühlen lassen. **6.** Für die Füllung **Schalotten** und **Speck** anbraten und abkühlen lassen. **Eier, Sahne, Milch, Gewürze** und zwei Drittel der **Kräuter** gut vermengen. Schalotten und Speck hinzufügen und vermischen. Auf die abgekühlte Tartekruste geben und gleichmäßig verteilen. **Käse** gleichmäßig aufstreuen. Im vorgeheizten Ofen bei 180 °C Umluft etwa 35 Minuten goldbraun backen. Kurz vor dem Anrichten mit den restlichen **Kräutern** bestreuen. Bon appétit!

ZUBEREITUNGSZEIT **15 MINUTEN** ZEIT GESAMT **25 MINUTEN**

FROMAGE FORT

(KÄSEDIP AUS RESTKÄSESTÜCKEN, KALT ODER GRATINIERT)

Fromage fort – übersetzt „streng-aromatischer Käse“ – ist eigentlich ein ganz einfacher Käseaufstrich aus Käseresten. Eine geniale Idee für alle die, die immer schon wissen wollten, was sie am besten mit den vielen Käseresten in ihrem Kühlschrank anfangen sollen. Hier meine Variante für eine wirklich reizvolle Leckerei. Enjoy!

FÜR 4 PORTIONEN

400 g Käsereste, z. B. Brie, Gruyère, Cheddar, Gouda, Roquefort – was gerade da ist
100 ml trockener Weißwein
1 TL frisch gemahlener weißer Pfeffer
1 EL gerösteter Knoblauch (siehe Seite 39) oder 2 frische Knoblauchzehen, gehackt
2 EL Petersilie und Schnittlauch, gehackt

1. Die nicht essbare Rinde von den **Käsestücken** abschneiden. Käse mit **Weißwein, Pfeffer** und **Knoblauch** in der Küchenmaschine etwa 30 Sekunden pürieren. Die Masse sollte nicht zu flüssig sein, deshalb den Wein nach und nach dazugeben. Zum Schluss die **Kräuter** hinzugeben und alles gut vermischen. **2.** Der Dip passt zu allen Brotsorten – Toast, Weißbrot, Sauerteigbrot, Pumpernickel und so weiter. Käsecreme aufstreichen und genießen. Mein Favorit ist Baguette, das ich gut bestrichen im vorgeheizten Ofen unter dem Grill oder bei starker Oberhitze gratiniere, bis es goldbraun ist. Mit einem großen Glas kaltem Weißwein servieren und genießen. Sooo gut!

ZUBEREITUNGSZEIT **25 MINUTEN** ZEIT GESAMT **45 MINUTEN**

ZWIEBELSUPPE MIT KÄSECROÛTONS

Der Klassiker, in dieser weniger bekannten Version mit zwei Zwiebelsorten und Rotwein zubereitet. Außerdem nehme ich etwas Balsamico, um den Geschmack noch mehr zu vertiefen und abzurunden. Idealerweise bereitet man gleich etwas mehr zu, dann hat man eine vollständige Mahlzeit oder schon etwas für den nächsten Tag.

FÜR 4 PORTIONEN

150 g Butter
50 ml Olivenöl
2 Knoblauchzehen, in sehr feine Würfel geschnitten
2 braune Zwiebeln, in sehr feine Streifen geschnitten
4 rote Zwiebeln, in sehr feine Streifen geschnitten
2 Lorbeerblätter
2 Thymianzweige
250 ml Rotwein
20 g Mehl
1 ½ l Rinderbrühe oder Geflügelbrühe
50 ml dunkler Balsamico
Salz
frisch gemahlener schwarzer Pfeffer
8 Scheiben Baguette, getoastet
200 g Gruyère, gerieben
100 g Schnittlauch, fein geschnitten

1. Für die Suppe in einem großen Topf erst die **Butter** zerlassen und dann das **Olivenöl** hinzufügen. **Knoblauch, Zwiebeln, Lorbeerblätter** und **Thymianzweige** hineingeben. Auf mittlerer Hitze etwa 30 Minuten goldbraun andünsten. **Rotwein** hinzugeben und kochen lassen, bis die Flüssigkeit verdampft ist. Lorbeerblätter und Thymianzweige entfernen. Nun die Zwiebeln mit **Mehl** bestäuben und 5 Minuten mitgaren. **Brühe, Essig, Salz** und **Pfeffer** zugeben und alles etwa 15 Minuten kochen. **2.** Feuerfeste Förmchen zu zwei Dritteln mit der Suppe füllen. **Baguettescheiben** auflegen und mit **Käse** bestreuen. Im vorgeheizten Ofen unter dem Grill oder bei starker Oberhitze gratinieren, bis der Käse goldbraun und knusprig ist. Herausnehmen und mit **Schnittlauch** bestreuen. Sofort servieren. Ein Traum aus Käse und Zwiebeln!

DER ANFANG

Auf der Jacht eines Oligarchen

Den Weg aufs erste Schiff hatte ich mir wie eine Art Triumphmarsch vorgestellt. Ich war wahnsinnig selbstbewusst, offen für alle Abenteuer und überzeugt, dass alle auf einen wie mich warten und mich mit offenen Armen empfangen würden. Look, here comes Stephan! Es war nur eine Frage der Zeit, bis man mich bemerkt hätte und für mich das große Begrüßungsfeuerwerk abbrennen würde. Was dagegen sprach? Die ernüchternde Antwort aus heutiger Sicht: nicht alles, aber doch jede Menge. Deshalb liefen die Dinge anfangs völlig anders, als ich es mir vorgestellt und gewünscht hatte. Ich will nicht sagen, dass ich damals naiv war, aber ich hatte einfach keine Erfahrungen. Immer auf der Suche nach dem roten Teppich, den man vor mir ausrollen würde, merkte ich erst mal gar nicht, wie blind ich doch durch die Szene stolperte. Vor allem kannte ich die Grundregel für Einsteiger nicht, die ich aber bald in in ihrer ganzen Härte zu spüren bekommen sollte und als erste Lektion einstecken musste: Es interessiert niemanden, was du kannst, wo du gewesen bist, wie gut du bist! Niemanden!

ALS NEULING IM JACHTBEREICH BIST DU ERST EINMAL EINE NULL – UND DU FÄNGST BEI NULL AN!

Als sich diese Erkenntnis bei mir durchsetzte, sah es für einen Moment so aus, als würden meine Träume bereits zerplatzen, bevor sie sich überhaupt voll entfalten konnten. Auch wenn ich von meinem neuen Gewerbe noch keinen blassen Schimmer hatte, so kannte ich aber zumindest mich selbst ein bisschen. Und das hieß: Egal, was passieren sollte, ich würde mich um keinen Preis unterkriegen lassen! Diese Haltung war letztlich mein Anker, der mich immer hielt und nicht abtreiben ließ. Aber von den Preisen, die man als Debütant in diesem Business zahlen muss, hatte ich ebenfalls keine Ahnung.

Während ich die ersten Schritte in mein neues, in das so ganz andere Leben auf See vorbereitete, überdachte ich noch einmal meine Lage. Vor mir lag ein klar formuliertes Ziel: Ich wollte unbedingt auf einem Schiff kochen. Hinter mir lagen vier Jahre mit neuseeländischem Boden unter den Füßen. Neuseeländische Bekannte, die schon auf Schiffen gewesen waren, hatten mich mit ihren Erzählungen über ihre Arbeit an Bord und auf See in allen Ecken dieser Welt regelrecht entflammt. Das wollte ich auch, da musste ich hin! Ich hatte außerdem eine Schiffsstewardess kennengelernt, die mir erzählt hat, sie habe nebenbei den Pilotenschein gemacht. Mein lieber Mann, dachte ich, was muss da zu verdienen sein! Mein Wunsch, auf ein Schiff zu gehen, war also auch finanziell motiviert. Ich war damals verlobt und begriff mit meinem – damaligen – Blick auf meine Zukunft, dass ich es wahrscheinlich nie auf ein Schiff schaffen würde, wenn ich es nicht jetzt versuchte. Ich stellte mir sogar vor, ich würde womöglich nicht nur mich selbst, sondern auch meine zukünftige Frau eines Tages dafür hassen, wenn ich jetzt auf sie Rücksicht nähme. Kinder waren bei mir noch nicht in Planung, aber ich hatte eine Vorahnung, wie es später mit Kindern wäre: Wie lange würde es dauern, bis ich bereuen würde, auch ihretwegen meine Träume in den Wind geschrieben zu haben? Verantwortung für eine Familie konnte ich doch immer noch übernehmen! Es war deshalb bald nicht mehr eine Frage des Ob, sondern nur noch des Wann. Das Wo stand von vornherein fest: Wenn du aufs Schiff willst, musst du nach Antibes bei Nizza. Das ehemalige Handelsstädtchen an der Côte d'Azur ist das europäische Mekka für den Jachtbetrieb. Wenn jemand Bordpersonal sucht oder vermittelt, dann da.

Es war ein wunderschöner Tag im April, als ich in Nizza ankam. Ich war 29 Jahre alt und stand am Flughafen. Es hatte gerade geregnet und ich hatte diesen für mich unvergesslichen typischen Regengeruch in der Nase, der immer dann entsteht, wenn die Tropfen auf heißes Pflaster fallen und sofort verdunsten. Europäisches Sommergefühl erfasste mich. Der Sommer in Neuseeland ist mit dem europäischen

ES INTERESSIERT
NIEMANDEN, WAS
DU KANNST, WO
DU GEWESEN BIST,
WIE GUT DU BIST!
NIEMANDEN!

„WENN SIE KEINE ERFAHRUNG AUF BOOTEN HABEN, SIEHT ES SCHLECHT AUS.“

nicht vergleichbar, weil es in Europa auch noch abends warm bleibt und nicht plötzlich stark abkühlt. Ich bin dann mit einem Bus ins knapp 30 Kilometer entfernte Antibes gefahren. Zuerst habe ich mir eine Unterkunft gesucht. Ich hatte damals das Internet für mich noch nicht richtig entdeckt und bin ohne lange Recherchen für eine Nacht ins erstbeste Hotel gegangen. Ein teures Vergnügen, wie nicht anders zu erwarten war. Deshalb zog ich in ein deutlich günstigeres Hostel beziehungsweise Dormitory um. Den Schlafraum musste ich mir mit 15 anderen Leuten teilen. Hatte ich nicht gerade noch von Luxus geträumt?

Antibes ist eine auffallend britisch geprägte Stadt. Es wird viel Englisch gesprochen, es gibt Pubs, auch vieles andere ist britisch angehaucht. Im Zentrum steht die Seefahrt, alles dreht sich um das Jachtbusiness, das Publikum gehört ebenfalls dazu. Deshalb kann man dort besser als sonstwo netzwerken, wenn man etwas sucht. Bevor ich mit dem Klinkenputzen begann, redete ich mit den Leuten aus der Unterkunft. Wo sind die besten Agenturen, wo sollte man besser nicht hingehen, wo kann man die Abende verbringen? So bekam ich mit, dass man im Allgemeinen nicht direkt auf das Schiff seiner Sehnsüchte geht und nach einem Job fragt, sondern sich an die zahlreichen Agenturen vor Ort wendet. Damit war ich die ersten Tage komplett beschäftigt. Doch die Ausbeute war enttäuschend. Die Mitarbeiter in den Büros waren zwar alle sehr freundlich und entgegenkommend, aber die Antwort war immer dieselbe: „Wenn Sie keine Erfahrung auf Booten haben, sieht es schlecht aus.“

ICH WAR EIN BISSCHEN VERZWEIFELT – WIE SOLLTE ICH ERFAHRUNG SAMMELN, WENN ICH DAZU KEINE GELEGENHEIT BEKAM?

Alle anderen mussten doch auch einmal angefangen haben. Ich beobachtete, was sich um mich herum tat. Manche Jobsuchende trafen abends ein und waren schon am nächsten Tag mit einem Schiff unterwegs. Andere warteten bereits wochen-, wenn nicht sogar monatelang vergeblich. Es hat, wie ich schnell erkannte, nicht nur mit Glück zu tun, eine gute Stelle zu erwischen. Es kommt sehr darauf an, wie du dich gibst, wie du reden kannst, wie gut dein Englisch ist, wie überzeugend du dich präsentierst. Ich arbeitete an mir und lernte jeden

Tag dazu. Auch das habe ich festgestellt: Es ist eine Welt für attraktive Menschen. Ich würde mich nicht unbedingt als gutaussehend bezeichnen, aber doch als durchschnittlich. Wenn du aber das Gegenteil von gutaussehend bist und obendrein kein freundliches Lächeln und keine schönen Zähne zeigen kannst, eventuell sogar tätowiert bist, kriegst du nie Wind in deine Segel.

Nach zahllosen Bemühungen bekam ich immerhin die Chance, zur Probe zu kochen, wie es üblich ist. Das war endlich etwas. Dabei lief auch alles bestens, ich erhielt die Zusage und freute mich. Endlich! Doch dann stellte sich heraus, dass das Schiff nicht in dem Hafen war, wo es hätte sein sollen. Damit war alles hinfällig und der Vertrag kam nicht zustande. Also wieder nichts!

Ich saß weitere Tage in Antibes mehr oder weniger unbeschäftigt herum, wollte meinen Ansprechpartnern aber durch Dauerbelagerung nicht auf die Nerven gehen. Dann die nächste Chance – erneutes Probekochen auf einem Schiff. Der Eigner selbst war an dem Tag nicht da, sondern nur der Captain und die Crew. Sie haben mir versichert, sie würden sofort anrufen, wenn der Chef sein Okay gegeben hätte. Aber ich hörte nichts mehr von ihnen. Schon wieder ein Fehlschlag. Ich fing natürlich an, mir Gedanken zu machen, wie ich mich besser verkaufen könnte. Man bekommt massenweise Tipps von den Agenturen, wie zum Beispiel der Lebenslauf aussehen muss: mal mit Bild, mal ohne Bild, mal tabellarisch, mal in Prosa, mal handgeschrieben, mal getippt und so weiter. Jeder hat mir etwas anderes erzählt, letztlich kam mir alles wie überflüssiges Herumgemache ohne Substanz vor.

Ich hatte in dieser Phase viel Zeit zum Nachdenken. Mir gingen meine Kindheit und die unmittelbare Zeit danach wieder durch den Kopf. Seit ich elf, zwölf Jahre alt war, wollte ich unbedingt auf ein Schiff. Im Fernsehen hatte ich einen Bericht über Schiffe in Neuseeland gesehen und erinnerte mich, wie fasziniert ich damals war. Sobald etwas mit Seefahrt, Abenteuern und der großen weiten Welt im TV zu sehen war, hatte ich davor gesessen und in Gedanken weite Reisen unternommen. Mir fiel auch wieder das Kartenspiel mit Abbildungen von Schiffen in abenteuerlichen Situationen ein. Stundenlang hatte ich mir die Schiffe angesehen und mich in die gezeigten Situationen hineinversetzt. Die Abenteuer von Hardy Krüger haben ebenfalls meine Fantasie beflügelt, er war für mich lange Zeit eine Art Vorbild.

Der frühe Tod meiner Mutter – sie stammte aus Frankreich – ist nichts, woran ich mich bewusst erinnern musste, er erschien mir jetzt aber als bedeutender Wendepunkt. Noch während meiner Kindheit hatte ich gespürt, dass ich aus Deutschland weg wollte, und ohne meine Mutter waren Eigenverantwortung und Selbstbestimmung in mir gewachsen. Zudem kam ich mit manchen Eigenheiten der deutschen Mentalität nicht gut zurecht.

Was hätte mich noch halten sollen? Immerhin habe ich in Solingen, meiner Heimatstadt, eine grundsolide Kochlehre gemacht, die mir später noch viel nützen sollte. Und im „Steigenberger Hotel" in Düsseldorf, einer guten Adresse für ambitionierte Köche, habe ich das frisch Erlernte vertieft und weitere wertvolle Erfahrungen gesammelt. Manche deutsche Standards und Tugenden weiß ich deshalb bis heute sehr zu schätzen. Doch nach dem Zivildienst bin ich aus Deutschland weg und etwas herumgetingelt, bis ich in Neuseeland landete, wo ich heute noch lebe. Das alles ging mir noch einmal durch den Kopf, während draußen im Hafen von Nizza die Jachten an- und wieder ablegten, an- und wieder ablegten und so weiter und so fort. Aber eben ohne mich.

Ich hatte inzwischen festgestellt, dass mich jeder Tag 50 Euro kostete. Für mich war das eine Menge, obwohl ich mit 4.000 Neuseeland-Dollar gekommen war. Doch die Kaufkraft des Geldes, das ich von Neuseeland mitgebracht hatte, war durch die Währungsdifferenz faktisch halbiert worden. Mit 2.000 Euro konnte ich wirklich keine großen Sprünge machen und meine Reserven schmolzen in besorgniserregendem Tempo dahin. Ich habe dann versucht, eine noch günstigere Unterkunft zu finden. Doch das war praktisch unmöglich, weil die Stadt voll war von Leuten, die mehr oder weniger alle dasselbe wollten wie ich – Offiziere, Stewardessen, Ingenieure und so weiter.

WIE LANGE WÜRDE ICH DURCHHALTEN? BIS JETZT GAB ES ÜBERHAUPT NICHTS, WORAUF ICH HÄTTE AUFBAUEN KÖNNEN. ICH WAR IMMER NOCH BEI NULL.

Gerade in dieser Lage fand ich eine meiner wichtigsten Orientierungen überhaupt. Ohne sie hätte ich die folgenden zwölf harten Jahre auf See garantiert nicht durchgestanden. Ich sagte mir: Gib nie auf! Lass Angst und Verzweiflung zu, sie machen dich härter! Hört sich vielleicht pathetisch an, doch diese Mantras wirkten auf mich wie ein stärkendes Elixier.

Ich war noch in diesem Dormitory, da erreichte mich der Anruf eines Kochs. Daniel war eine der zahllosen Bekanntschaften, die ich in jener Phase gemacht hatte. Er arbeitete inzwischen in der „Blue Lady“, dem bekanntesten Pub in Antibes. Er schlug mir vor zu kommen – und ich ließ mich nicht zweimal bitten. Eine neue Chance? In der „Blue Lady“ traf ich auf Bruno Lepissier, einen ehemaligen Koch, der auf Jachten gewesen war und sich selbstständig gemacht hatte. Jetzt vermittelte er unter anderem Arbeitskräfte auf Schiffe, vor allem Köche. Wir unterhielten uns kurz und dann stand fest, dass ich einen Treffer gelandet hatte. Endlich!

ICH SOLLTE AUF EINE DER GRÖSSTEN PRIVATJACHTEN, DIE ES ÜBERHAUPT GIBT.

Wie soll ich meine Freude beschreiben, die in mir aufflammte? Ich fühlte mich wie ein Fesselballon, den das Heißluftgebläse machtvoll in die Höhe jagte.

Ich bin dann von Nizza nach Kiel geflogen und stand – nebenbei bemerkt – nach vier Jahren zum ersten Mal wieder auf Heimatboden. Das Boot war auf einer Werft gerade komplett renoviert und überholt worden. Allein die Überholung der Galley hatte über eine Million Euro gekostet. Wow, dachte ich in überschäumender Begeisterung, in dieser Luxusküche wirst du jetzt arbeiten! Ich traf am Schiff ein – und siehe da: Der lang erhoffte rote Teppich war schon ausgerollt. Wirklich für mich? Wäre doch nicht nötig gewesen, dachte ich. Natürlich lag er da für den damaligen Besitzer, dessen Ankunft noch erwartet wurde. Es handelte sich um einen russischen Unternehmer. Irgendwann fiel sein Name, der mir aber gar nichts sagte. Sicher hätte ich ihn durch die Medien mal mitbekommen, wenn ich vorher in Europa und nicht Neuseeland gelebt hätte. So wusste ich auch nicht, dass sich mein neuer Chef in Großbritannien einen Fußballclub zugelegt hatte, was mittlerweile zu einem mehr oder weniger verbreiteten Hobby von Superreichen geworden ist.

Mein Selbstbewusstsein als Koch war bis dahin eigentlich ganz stabil gewesen. Doch als ich diese gigantische Jacht vor mir sah und ich mir vorstellte, in welche anspruchsvolle Welt ich kommen würde, war ich stark verunsichert. Zum ersten Mal begann ich mich zu fragen, ob ich wirklich gut genug wäre für diesen Job und diese Welt. Denn Leute mit so viel Kohle würden sich doch regelmäßig in den besten Restaurants weit und breit von der Weltelite der Köche verwöhnen lassen und also jede Menge Vergleichsmöglichkeiten haben. Würde ihm das, was ich ihm zubereiten würde, zusagen? Wie sollte ausgerechnet ich ihn zufriedenstellen können? Ich war doch eigentlich ein ganz kleines Licht, ein Nobody, oder? Ich bekam weiche Knie. Jetzt reiß dich aber zusammen, mahnte ich mich. Endlich ging es doch los! Ich war am Ziel!

Der Eigner kam am nächsten Tag an Bord, allerdings nur, um es nach den Überholungsarbeiten zu inspizieren. Ich habe ihn in der Küche kurz kennengelernt. Es kam ein kräftiger Kerl mit Schmuddelpulli und ausgebeulten Jeans herein. Ich dachte, er sei ein Maschinist. Er stellte sich vor, und da wusste ich, dass der Besitzer dieses schönen Schiffs vor mir stand. Er war sehr höflich und sehr nett.

Das erste Ziel des Schiffs war Monaco. Während der vierzehntägigen Überfahrt befanden sich noch keine Gäste an Bord und wir konnten in Ruhe alles sauber machen. Wir sollten dabei mit größter Sorgfalt vorgehen und sauber machen hieß zum Beispiel, alle Ritzen in der Küche mit Wattestäbchen zu reinigen. Es gab im Übrigen viel zu organisieren, weil das Schiff gerade frisch aus der Werft gekommen war und für den Reisebetrieb erst wieder bereitgemacht werden musste. So bekam ich ein erstes Gefühl für das Jachtleben. Ich war restlos begeistert und hatte den Eindruck, dass in meinen Adern mehr Adrenalin als sonstwas floss. Auch mit dem Wellengang kam ich erstaunlich gut zurecht, keine Spur von Übelkeit, geschweige denn von Seekrankheit. Ich war angekommen!

Wir fuhren nach Monaco, weil das Soccer-Team des Eigners dort ein Spiel hatte. Am Abend des nächsten Tages sollte es auf dem Schiff eine große Party geben. Auch die Kicker würden mitfeiern, hörte ich. Mein Hochgefühl ließ mich vor Kraft kaum gehen: Ich war von Frankreich nach Kiel geflogen, hatte dort diesen Superjob angetreten und jetzt war ich schon in Monaco. Was würde morgen noch alles kommen? Am anderen Tag war ich bester Dinge und ging nach dem

Aufstehen in meiner frisch gebügelten Uniform in die Küche. Fast hätte ich schon vor Tatendrang saftig in die Hände geklatscht – doch was machten in meiner Küche drei Köche, die ich alle nicht kannte?

ICH FRAGTE: „WAS MACHT IHR DENN HIER?" „IST DOCH KLAR", SAGTE EINER VON IHNEN, „DU GEHST GLEICH VON BORD."

Ich? Von Bord gehen? Was sollte das denn? „Ich verstehe nicht", antwortete ich. „Hey, Mann, du hast doch einen Relief-Vertrag. Und der gilt nur für die Überführung des Schiffes nach Monaco." Ich fuhr zusammen. Die drei machten nicht den Eindruck, dass sie von einem Karnevalsverein kamen und mir nur einen Schreck einjagen wollten, sie meinten es ernst. Wieso aber wusste ich von dieser Regelung nichts? Langsam dämmerte es mir: In meiner Freude über den ersten Job hatte ich Bruno Lepissier möglicherweise nicht richtig zugehört. Und hatte ich den Vertrag sorgfältig genug gelesen? Nun ja ...

DA STAND ICH ALSO IN MONACO, HATTE WIEDER KEINEN JOB. SCHEISSE, DACHTE ICH.

Es ist schon ein sonderbares Gefühl, wenn Adrenalin plötzlich zu so etwas wie Leim wird und man sich nicht mehr in der Lage sieht, die ganze Welt zu umarmen. Ich hatte auch meiner Freundin schon erzählt, ich sei nun auf dieser gigantischen Jacht und könnte ihr ebenfalls einen Job besorgen. Als Koch, dachte ich, musst du auch Brötchen backen können – und wenn nötig, dann auch mal ganz kleine.

Ich bin dann zurück nach Antibes. Es war ein Freitag, später Nachmittag, als ich ankam. Die Agenturen hatten alle schon zu. Ich machte mir Gedanken über meine finanzielle Situation und hatte so schlechte Laune, dass ich mich ziemlich betrank. Okay, tröstete ich mich, Rom wurde auch nicht an einem Tag erbaut und von dem vermeintlichen Karrieretempo wäre mir ohnehin beinahe schwindelig geworden. Immerhin war ich jetzt im Geschäft, konnte etwas vorweisen. Und gleich zu Beginn der neuen Woche klappte es endlich richtig: Über eine Agentur erhielt ich den Auftrag, auf eine andere große Luxusjacht zu gehen. Sie war das Boot, auf dem ich meine erste echte Jungfernfahrt machte und meine Unschuld als Schiffskoch richtig verlor.

ICH? VON BORD GEHEN? WAS SOLLTE DAS DENN?

ZUBEREITUNGSZEIT **30 MINUTEN** ZEIT GESAMT **1 STUNDE**

MACARONS

(PINK-WEISSE MACARONS MIT VANILLESCHOKOLADE UND PISTAZIENMACARONS MIT SCHOKOLADENGANACHE)

Diese sehr trendigen Mandel-Meringues sehen nach einer komplizierten Zubereitung aus, aber das täuscht. Hier ein Basisrezept, das nach Belieben und Kreativität in Farbe und Geschmack verändert werden kann und sollte. Die Farbe rührt sonst hauptsächlich von Lebensmittelfarben her, wogegen grundsätzlich nichts einzuwenden ist. Ich ziehe allerdings Naturprodukte vor. So verwende ich in diesem Rezept zum Färben meine Rote-Bete-Saft-Reduktion. Für die Pistazienmacarons ersetze ich 80 g des Mandelmehls durch gemahlene Pistazien.

FÜR 4 PORTIONEN

FÜR DIE PINKEN MACARONS

120 g Eiweiß (Eiweiß von ca. 4 Eiern)
60 g Zucker
2–3 TL Rote-Bete-Saft-Reduktion, Menge je nach gewünschter Farbintensität (siehe Seite 100)
100 g Mandeln, blanchiert, gehäutet und frisch gemahlen
180 g Puderzucker
1 Prise Salz

FÜR DIE WEISSE GANACHE

150 g weiße Kuvertüre, gehackt
50 ml Sahne
15 g Butter, gewürfelt
Mark von ½ Vanilleschote

FÜR DIE PISTAZIENMACARONS

120 g Eiweiß (Eiweiß von ca. 4 Eiern)
60 g Zucker
20 g Mandeln, blanchiert, gehäutet und frisch gemahlen
80 g Pistazien, frisch gemahlen
180 g Puderzucker
1 Prise Salz

FÜR DIE DUNKLE GANACHE

150 g Zartbitterkuvertüre
70 ml Sahne
20 g Butter

1. Für die pinken Macarons das **Eiweiß** steif schlagen, dabei nach und nach den **Zucker** dazugeben. Insgesamt 5–8 Minuten schlagen. Der Schnee soll so fest sein, dass er sich nicht aus der Schüssel löst, wenn man sie auf den Kopf stellt. Dann die **Rote-Bete-Saft-Reduktion** dazugeben und 2 Minuten weiterrühren. **Mandeln, Puderzucker** und **Salz** durch ein Sieb zur Masse geben, damit keine Klumpen hineingeraten. Mit einem Teigschaber sehr behutsam unterheben, bis die Masse glatt ist, dabei aber nicht an Volumen verliert. **2.** Für die Pistazienmacarons unter Berücksichtigung der **Pistazien** (und ohne Rote-Bete-Saft) ebenso verfahren. **3.** Die pinke Masse in einen Spritzbeutel geben und mit einer Rundlochspritztülle Kleckse von 1,5 cm Durchmesser auf ein mit Backpapier ausgelegtes Backblech oder auf eine Silikonmatte spritzen. Wichtig: etwa 2 cm Raum zwischen jedem Klecks lassen. Mit der Pistazienmasse ebenso verfahren. **4.** Nun das Blech in beide Hände nehmen und zwei- bis dreimal hart auf die Arbeitsplatte schlagen. Dabei werden die Kleckse deutlich flächiger. Darauf achten, dass das Blech mit der ganzen Fläche die Arbeitsplatte trifft, damit sich alle Kleckse gleichmäßig verteilen. Jetzt das Blech bei Zimmertemperatur etwa 30 Minuten stehen lassen. Dieser Schritt ist sehr wichtig, da sich so eine Haut bildet und die Kleckse beim Backen oben nicht einreißen. Im vorgeheizten Ofen 15–20 Minuten bei 150 °C Umluft backen, bis sie sich problemlos lösen lassen. Eventuell nochmals in den Ofen schieben und weiterbacken. Herausnehmen und abkühlen lassen. **5.** Für die beiden Ganache-Sorten in der Zwischenzeit jeweils die **Zutaten** in eine Schüssel geben. Auf dem Wasserbad bei moderater Hitze schmelzen lassen und gelegentlich umrühren. In Spritzbeutel füllen. Die Unterseiten der Macarons nach oben drehen. Die Hälfte der pinken Macarons mit der hellen Füllung bespritzen und die anderen Hälften auflegen. Die dunklen Macarons auf dieselbe Weise mit der anderen Creme füllen. Bang!

ZUBEREITUNGSZEIT **30 MINUTEN** ZEIT GESAMT **40 MINUTEN**

COQUILLES SAINT-JACQUES

(SELLERIEPÜREE UND GEGRILLTE MERGUEZ-WÜRSTE)

Etwas aufwendig, aber beeindruckend in Raffinesse und Geschmack. Für manchen sicher eine ungewöhnliche Kombination aus stark paprikahaltiger Wurst und einem leichten Püree aus der unterschätzten Sellerieknolle sowie der süßesten aller Meeresfrüchte, der Jakobsmuschel. Die sollte unbedingt frisch und nicht gefroren gekauft werden. Eine perfekte Vorspeise!

FÜR 4 PORTIONEN

½ Sellerieknolle, geschält und in 1 × 1 cm große Würfel geschnitten
50 g Butter plus etwas für die Jakobsmuscheln
100 ml Hühnerbrühe
3 Merguez-Würste (französische Paprika-Lamm-Würste, z. B. in Supermärkten)
12 Coquilles Saint-Jacques, mit oder ohne Rogen, gesäubert (im Fischgeschäft oder TK-Ware)
Fett zum Braten

AUSSERDEM

etwas Backpapier

1. **Sellerie, Butter und Brühe** in einen Topf geben. Ein Stück Backpapier in Topfform, aber im Durchmesser 1 cm größer ausschneiden, den Topf damit abdecken und auf mittlerer Hitze etwa 30 Minuten weich kochen. Wenn nötig, etwas mehr **Brühe** hinzugeben. Der Sellerie sollte am Ende feucht, aber nicht flüssig sein. Grob stampfen. Nicht salzen, die Merguez-Würste steuern genug Geschmack bei. **2.** Die **Würste** grillen oder in der Pfanne braten und nach Wunsch klein schneiden. Die **Jakobsmuscheln** gut abtupfen und dann in einer sehr heißen Pfanne in etwas **Öl** anbraten und wenden. Ist die Pfanne nicht heiß genug, bleibt die Jakobsmuschel kleben und kann reißen. Nach dem Wenden etwas **Butter** dazugeben und weitere 60 Sekunden braten.

ZUBEREITUNGSZEIT **30 MINUTEN** ZEIT GESAMT **2 STUNDEN 45 MINUTEN**

FONGASSE MONÉGASQUE

(MONEGASSISCHE KEKSE; HALB KEKS, HALB BROT)

Ein süßer Genuss antiken Ursprungs. Die Lieblingskekse der monegassischen Familie, für die ich vor einigen Jahren in Monaco gearbeitet habe. Eine unbeschreibliche Aromabombe aus Orange, Mandeln, Haselnüssen und Anis. Dazu ein Glas Sambuca reichen.

FÜR 4 PORTIONEN

STARTER

150 ml warmes Wasser
1 Tütchen Trockenhefe
100 g Mehl

GLASUR

2 Eigelb

TEIG

500 g Mehl plus etwas für die Arbeitsfläche
200 g Zucker
10 g Salz
1 EL Rum
1 EL Anislikör (Sambuca)
2 EL Anissamen
4 EL Orangenblütenwasser (in Apotheken, Drogeriemärkten, arabischen oder türkischen Geschäften)
2 EL Olivenöl
Zesten von 1 unbehandelten Zitrone
200 g zimmerwarme Butter

BELAG

15 g Mandeln, gehobelt
15 g Haselnüsse, gehobelt
15 g Pinienkerne, gehackt
15 g Pistazien, gehackt
15 g Zucker
40 g Gojibeeren, getrocknet (halbiert)
100 ml Mixtur aus Orangenblütenwasser, Sambuca und Rum

AUSSERDEM

evtl. Puderzucker

1. Für den Starter **Wasser, Hefe** und **Mehl** gut vermengen. Etwa 20 Minuten abgedeckt an einen warmen Ort stellen. Dabei verdoppelt sich das Volumen. **2.** Für die Glasur in der Zwischenzeit die **Eigelbe** mit 50 ml Wasser verrühren. **3.** Für den Teig **Mehl, Zucker, Salz, Rum, Anislikör, Anissamen, Orangenblütenwasser, Olivenöl, Zitronenzesten** und **Butter** zum Starter geben und alles zu einem Teig verarbeiten. 2 Stunden in den Kühlschrank stellen. **4.** Den Teig auf einer mit **Mehl** bestäubten Arbeitsfläche etwa 0,5 cm dick ausrollen und klassisch rund oder in anderen Formen ausstechen. Behutsam auf ein mit Backpapier ausgelegtes Blech oder eine Silikonmatte setzen. Mit Glasur bepinseln. **5.** Für den Belag **Mandeln, Haselnüsse, Pinienkerne, Pistazien** und **Zucker** gleichmäßig aufstreuen und 30 Minuten bei Zimmertemperatur stehen lassen. Im vorgeheizten Ofen bei 170 °C Umluft etwa 18 Minuten backen. Dann den Ofen ausschalten, die Ofentür öffnen und die Fongasse weitere 30 Minuten im Backofen trocknen lassen. **6.** Die **Gojibeeren** in etwas **Mixtur** aus Orangenblütenwasser, Sambuca und Rum einweichen. **7.** Aus dem Ofen nehmen und mit der Mixtur aus Orangenblütenwasser, Sambuca und Rum beträufeln. Die Gojibeeren mit der Flüssigkeit ebenfalls darauf verteilen. Wer mag, kann die Kekse noch ein wenig mit **Puderzucker** bestäuben.

ZUBEREITUNGSZEIT **45 MINUTEN** ZEIT GESAMT **1 STUNDE 10 MINUTEN**

BARBAGIUANS

(GEBACKENE RAVIOLI)

Mit nur zwei Quadratkilometern Fläche und 38.000 Einwohnern ist Monaco das zweitkleinste Land der Erde – vielleicht herrscht gerade deswegen dort immer eine besondere Atmosphäre. Ich weiß nicht mehr, wie oft ich über die Jahre in Monaco war, sei es anlässlich vom Grand Prix, bei irgendwelchen glamourösen Events oder nur zum Zwischenstopp, um Proviant einzukaufen. Dort habe ich jedenfalls meine ersten Versuche mit Barbagiuans gemacht. Sie begannen mit einem regelrechten Desaster, weil ich das Rezept nur überflogen hatte und deshalb die Ravioli fälschlicherweise gekocht anstatt in Fett gegart habe. In der Regel werden sie frittiert, ich brate sie lieber in der Pfanne.

FÜR 4 PORTIONEN (CA. 20 RAVIOLI)

TEIG

220 g Mehl plus etwas für die Arbeitsfläche
½ EL Salz
1 Eigelb
50 ml Olivenöl

FÜLLUNG

20 ml Olivenöl
½ Zwiebel oder 1 Frühlingszwiebel, in sehr feine Würfel geschnitten
½ Stange Lauch, nur weißer Teil, in sehr feine Streifen geschnitten
2 Thymianzweige
150 g Mangold, nur grüner Teil, grob gehackt, oder Spinat ohne Stängel
50 g Hüttenkäse oder Ricotta, gut ausgedrückt
20 g Parmesan, gerieben
Zesten von ¼ unbehandelten Zitrone
1 Eiweiß, geschlagen

AUSSERDEM

30 ml Pflanzenöl
1 Butterflocke

1. Für den Teig **Mehl** und **Salz** in eine große Schüssel sieben. **Eigelb** und **Olivenöl** dazugeben und mit einer Gabel einrühren. Nach und nach 4 EL kaltes Wasser dazugeben, bis sich ein grob zusammenhängender Teig bildet. Den Teig aus der Schüssel nehmen und auf einer mit **Mehl** bestäubten Arbeitsfläche etwa 5 Minuten mit den Händen durchkneten, bis er glatt und elastisch ist. In Klarsichtfolie wickeln und 20 Minuten zum Ruhen in den Kühlschrank legen. **2.** Für die Füllung das **Olivenöl** in einer Pfanne erhitzen. **Zwiebeln, Lauch** und **Thymian** 5 Minuten anbraten. **Mangold** dazugeben und alles weitere 5 Minuten bei mittlerer Hitze braten. Das Gemüse in eine Schüssel füllen und gut mit **Hüttenkäse, Parmesan** und **Zitronenzesten** vermischen. Die Thymianzweige entfernen und die Mischung zum Abkühlen zur Seite stellen. Falls sich Flüssigkeit in der Schüssel bildet, diese abgießen; die Füllung darf feucht, aber nicht nass sein. **3.** Den Teig aus dem Kühlschrank nehmen und auf einer **bemehlten** Arbeitsplatte 2 mm dick ausrollen. Wenn nötig, den Teig beim Ausrollen leicht mit **Mehl** bestäuben, damit er nicht am Nudelholz kleben bleibt. Mit einem Ring Kreise von 6 cm Durchmesser ausstechen. Die Abschnitte zusammen nochmals ausrollen, bis etwa 20 Teigkreise entstanden sind. **4.** Teigstücke mit dem **Eiweiß** einpinseln. Jeweils etwa 1 TL Füllung knapp neben die Mitte setzen. Die bis zum Teigrand längere Seite über der Füllung einschlagen, sodass Halbkreise entstehen. Teig leicht andrücken. Darauf achten, dass keine Lufteinschlüsse in der Raviolitasche entstehen. Mit einer Gabel die aufeinanderliegenden Kanten gut zusammendrücken. **5.** Ravioli auf ein mit Backpapier ausgelegtes Blech legen und 10 Minuten in den Kühlschrank stellen. Die Kälte gibt den Ravioli Stabilität beim späteren Braten und verhindert, dass sie auseinanderbrechen. Etwas **Pflanzenöl** und **Butter** in einer Pfanne auf mittlerer Hitze erhitzen und die Teigtaschen darin 5–7 Minuten goldbraun backen. Ich wende sie alle 60 Sekunden, um ein gleichmäßiges Resultat zu erzielen.

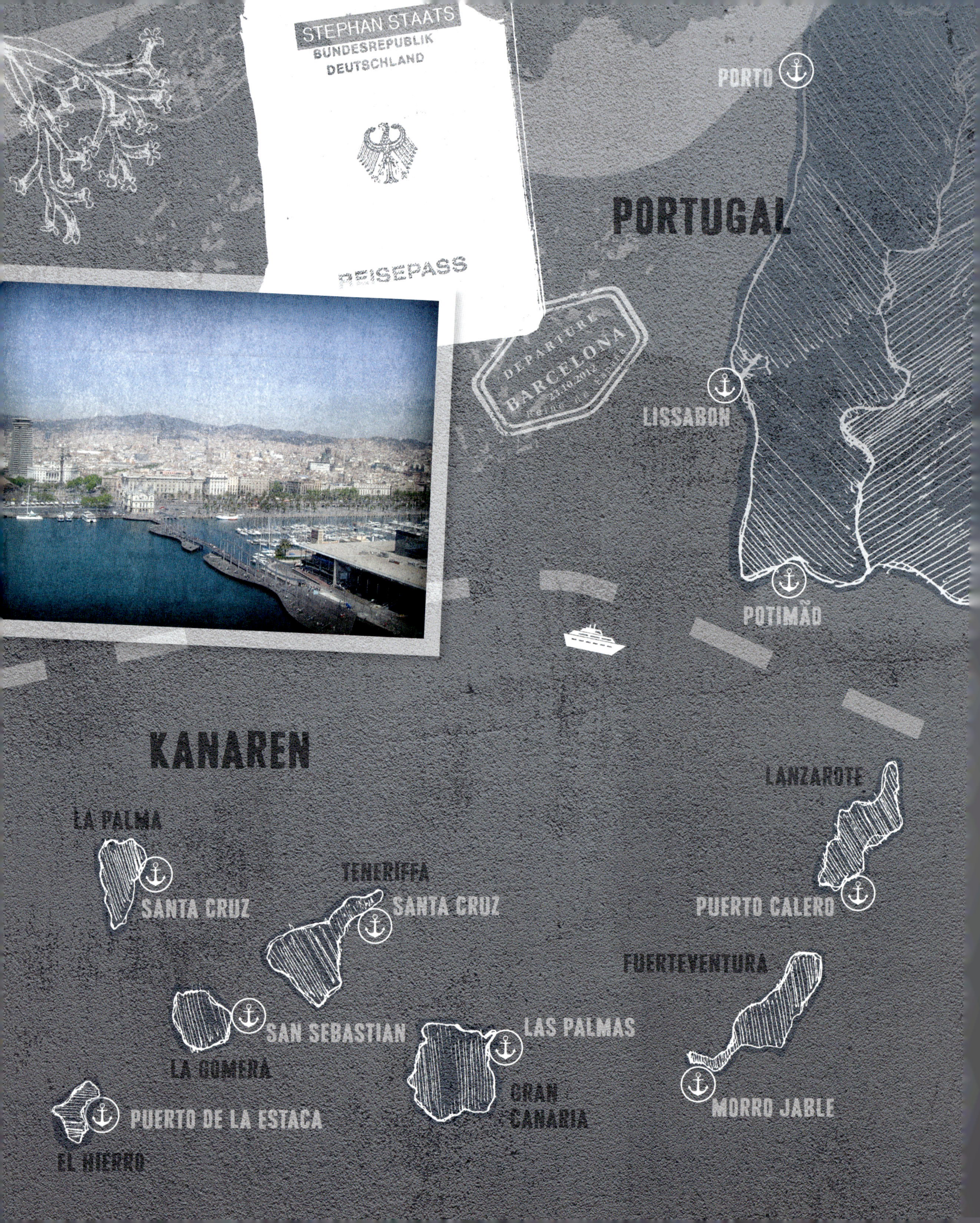
STEPHAN STAATS
BUNDESREPUBLIK
DEUTSCHLAND
REISEPASS
DEPARTURE
BARCELONA
PORTO
PORTUGAL
LISSABON
POTIMÃO
KANAREN
LANZAROTE
LA PALMA
SANTA CRUZ
TENERIFFA
SANTA CRUZ
PUERTO CALERO
FUERTEVENTURA
SAN SEBASTIAN
LAS PALMAS
LA GOMERA
GRAN
CANARIA
MORRO JABLE
PUERTO DE LA ESTACA
EL HIERRO

SPANIEN PORTUGAL BALEAREN KANAREN

ZUBEREITUNGSZEIT **10 MINUTEN** ZEIT GESAMT **1 STUNDE**

GERÖSTETER KNOBLAUCH

Wer Knoblauch liebt, wird ihm nach dieser Zubereitung erst recht verfallen. Ob als Brotaufstrich, für Antipasti, Bruschetta, Saucen, Fisch, Fleisch, Aioli, Hummus oder um ein Kartoffelpüree zu verfeinern – die Möglichkeiten sind endlos. Das Gute daran ist, dass man nachher nicht den typischen Knoblauchatem hat!

FÜR MEHRERE ANWENDUNGEN (KÜHL IN EINMACHGLAS AUFBEWAHREN)
10 Knoblauchknollen
40 ml Olivenöl plus etwas zum luftdichten Verschließen in einem Einmachglas
Salz
frisch gemahlener schwarzer Pfeffer

1. Die Krone der **Knoblauchknollen** etwa 0,5 cm dick abschneiden. Die Abschnitte eignen sich hervorragend für Fonds/Brühen. Die Knollen auf ein mit Backpapier ausgelegtes Blech setzen. Gleichmäßig mit **Olivenöl, Salz** und **Pfeffer** würzen und mit Alufolie abdecken. Die Folie gut an den Rändern des Backblechs umschlagen, sodass alles gut verschlossen ist. Darauf achten, dass die Folie die Schnittstellen des Knoblauchs nicht berührt. **2.** Die Päckchen im vorgeheizten Ofen bei 200 °C Umluft etwa 40–50 Minuten rösten. Der Knoblauch muss ganz weich sein, am besten probeweise eine Knolle herausnehmen und prüfen. Vorsicht, beim Öffnen der Folie entweichen heiße Dämpfe, die zu Verbrennungen führen können! Aus dem Ofen nehmen und abgedeckt abkühlen lassen. **3.** Wenn man sie ohne Probleme in die Hand nehmen kann, die weiche Knoblauchmasse am besten gleich in ein verschließbares Gefäß ausdrücken. Darauf achten, dass die Schale des Knoblauchs nicht hineingerät – spätestens nach fünf Knollen hat man den Bogen raus. Die Masse mit **Salz** und **Pfeffer** würzen, fertig! Zum Aufbewahren die Oberfläche glatt streichen und mit **Olivenöl** bedecken. Verschlossen im Kühlschrank aufbewahren. Das Öl dient der Konservierung und verlängert die Haltbarkeit im Kühlschrank. Alternativ im Gefrierschrank aufbewahren und bei Bedarf mit einem Löffel die gewünschte Menge entnehmen. Die Haltbarkeit beträgt im Gefrierfach mindestens 3 Monate, im Kühlschrank etwa 2 Wochen. Ich kann aber versichern, dass der geröstete Knoblauch schon vorher verputzt ist.

ZUBEREITUNGSZEIT **40 MINUTEN** ZEIT GESAMT **6–12 STUNDEN**

ESCABECHE

(SÜSSSAUER EINGELEGTER BRATFISCH)

Die Escabeche ist praktisch der sauer eingelegte Brathering der Spanier. Der Ursprung dieser Zubereitung, die vor allem dazu diente, den Fisch ein paar Tage haltbar zu machen, liegt in Spanien. Heute ist sie wie die Ceviche weltweit verbreitet und man findet geniale Variationen in Europa, Südamerika, weiten Teilen Asiens, Afrika und dem Pazifik.

FÜR 4 PORTIONEN

FISCHE

2 Doraden, gesäubert, geschuppt und Flossen gestutzt
150 g Mehl
10 g edelsüßes Paprikapulver
Salz
frisch gemahlener schwarzer Pfeffer
Pflanzenöl zum Braten

MARINADE

100 ml Zitronensaft
250 ml Apfelessig
100 ml Olivenöl
40 g Zucker
10 Kirschtomaten, halbiert
1 mittlere rote Zwiebel, in sehr feine Streifen geschnitten
1 Frühlingszwiebel, in sehr feine Streifen geschnitten
½ rote Paprika, in sehr feine Streifen geschnitten
½ gelbe Paprika, in sehr feine Streifen geschnitten
1 kleine Möhre, in sehr feine Streifen geschnitten
Zesten von ½ unbehandelten Zitrone
4 Thymianzweige
1 Rosmarinzweig
50 g Petersilie, grob gehackt

1. Die **Doraden** abtrocknen und auf beiden Seiten mehrfach einritzen. **Mehl, Paprikapulver, Salz** und **Pfeffer** vermischen. Doraden gut darin wälzen. Etwa 3 cm tief **Öl** in eine Pfanne geben und stark erhitzen. Fische von beiden Seiten je nach Dicke 3–4 Minuten braten. Behutsam herausnehmen und auf einem mit Küchenpapier ausgelegten Kuchengitter entfetten. **2.** Für die Marinade 3–4 EL Wasser, **Zitronensaft, Essig, Olivenöl** und **Zucker** in einen Topf geben und erhitzen. Vom Herd nehmen und **Tomaten, Zwiebeln, Paprika, Möhre, Zitronenzesten, Thymian** sowie **Rosmarin** dazugeben. **3.** Die Doraden in ein gerade passendes Gefäß (z. B. Auflaufform) legen und mit der Marinade übergießen; sie sollten im Idealfall völlig bedeckt sein. Zum Schluss die **Petersilie** hinzugeben. Mit Klarsichtfolie abdecken und 6–12 Stunden in den Kühlschrank stellen. Je länger sie im Kühlschrank liegen, umso intensiver wird das Aroma. Falls die Doraden nicht völlig bedeckt sind, nach der Hälfte der Marinierzeit umdrehen. **4.** Zum Servieren die Fische 1 Stunde vorher aus dem Kühlschrank nehmen. Sie schmecken hervorragend mit gegrillter Focaccia oder Fladenbrot (siehe Seiten 85 und 177). Auch ein gemischter Salat passt und die Marinade der Escabeche bietet sich für die Zubereitung des Salatdressings an.

ZUBEREITUNGSZEIT **10 MINUTEN** ZEIT GESAMT **15 MINUTEN**

AIOLI

Gegrilltes Brot mit Aioli – was will man mehr für den ersten Hunger beim Warten auf das Menü im Restaurant, aber auch zu mediterranen Suppen, Fleisch, Fisch und gegrilltem Gemüse? Ich esse in der Regel immer so viel davon, dass mein Appetit auf folgende Vorspeisen und andere Gerichte schon einen Dämpfer bekommen hat. Wahrscheinlich werde ich es in diesem Leben auch nicht mehr lernen, mich damit etwas zurückzuhalten.

FÜR 4 PORTIONEN

2 Eigelb von Bioeiern
2 EL gerösteter Knoblauch (siehe Seite 39)
Saft von ½ Zitrone
1 TL Dijon-Senf
1 Prise Salz
1 Prise frisch gemahlener schwarzer Pfeffer
150 ml Pflanzenöl

Eigelbe, Knoblauch, Zitronensaft, Senf, Salz und **Pfeffer** in einer großen Schüssel gut verrühren. **Öl** nach und nach mit dem Schneebesen nach dem Prinzip der Sauce hollandaise einarbeiten. Dann 1 EL Wasser unterrühren, es verleiht der Aioli eine hellere Farbe und einen seidenen Glanz. Alternativ auch in einer Küchenmaschine zuzubereiten.

ZUBEREITUNGSZEIT **30 MINUTEN** ZEIT GESAMT **1 STUNDE 30 MINUTEN**

CEVICHE

Ob Steinbutt, Heilbutt, Dorade, Lachs, Thunfisch – wichtig ist nur, dass es ein Fisch mit festem Fleisch ist, damit er nach dem Garen in den Säuren nicht auseinanderfällt. Selbstverständlich sollte er unbedingt topfrisch sein. Eines meiner besten Ceviche-Gerichte hatte ich bei meinem Besuch in Punta Arenas tief im Süden Chiles. Hier nun meine Version dieses „Cocktails". Wenn keine kleinen Gäste mitessen, ist der Tequila ein Muss. Etwas mehr über die selbst erlebte Wirkung dieses Destillats in der Geschichte ab Seite 90.

FÜR 4 PORTIONEN

MARINADE

Saft von 4 Limetten
Saft von 1 Zitrone
Saft von 1 roten Grapefruit
1 rote Chilischote, die Samen entfernt, in sehr feine Streifen geschnitten
800 g Fischfilet, ohne Haut und ohne Gräten, in 1 × 2 cm große Stücke geschnitten
250 ml Apfelessig oder ein anderer klarer Essig
1 TL Kurkuma
1 TL gemahlener Kreuzkümmel

GEMÜSE

1 Frühlingszwiebel
8 Kirschtomaten, halbiert
½ rote Zwiebel, in sehr feine Streifen geschnitten
¼ rote Paprikaschote, in sehr feine Würfel geschnitten
¼ gelbe Paprikaschote, in sehr feine Würfel geschnitten
¼ grüne Paprikaschote, in sehr feine Würfel geschnitten
10 Korianderstängel, mit Stängeln grob gehackt
4 Minzstängel, ohne Stängel grob gehackt

AUSSERDEM

20 ml Olivenöl
Saft von 1 Grapefruit
Saft von 1 Limette
2 EL Palmzucker (im Asia-Laden) oder weicher brauner Zucker
Salz
frisch gemahlener schwarzer Pfeffer
Tequila auf Wunsch

ZUM SERVIEREN

Tortillachips
Guacamole

1. Für die Marinade die **Säfte** mit der **Chilischote** verrühren. Mit dem **Fisch** in einer Schüssel vermengen, mit **Essig, Kurkuma** und **Kreuzkümmel** würzen. Abgedeckt 40–60 Minuten in den Kühlschrank stellen. **2.** Für das Gemüse in der Zwischenzeit alle **Zutaten** in einer anderen Schüssel vermischen. **3.** Den Fisch aus der Marinade nehmen, auf einem Sieb gut abtropfen lassen und mit dem Gemüse vermischen. **4.** Mit **Olivenöl, Grapefruitsaft, Limettensaft, Zucker, Salz** und **Pfeffer** würzen und alles noch einmal gut vermengen. Fertig! Ich gebe immer noch einen guten Schuss **Tequila** dazu – to jazz it up a little – und serviere die Ceviche mit **Tortillachips** und **Guacamole.**

70.000 EURO KAVIAR

Herr der Kühlhausschlüssel

Lass dich an Bord nie beim Klauen erwischen! Oder besser noch: Klaue erst gar nicht! Diebstahl ist an Bord ein so gravierendes Vergehen wie Arbeitsverweigerung oder ein körperlicher Übergriff. Wenn du erwischt wirst oder die Sache bekannt wird, bist du augenblicklich deinen Job los und wirst bei nächster Gelegenheit an Land abgesetzt. Egal, wo! Da nimmt niemand Rücksicht, Kompromisse gibt es nicht.

Der Captain und die ihm unterstellten Leiter in den Bereichen Brücke, Deck, Maschinenraum, Service, Housekeeping und Kombüse haben ein hochsensibles Interesse daran, dass ihre Abteilungen sauber bleiben, weil Unregelmäßigkeiten sonst schnell auf sie zurückfallen würden. Und ungemütlich mag es keiner, besonders nicht in den Chefbereichen. Dem Eigner mitteilen zu müssen, dass eine seiner Kostbarkeiten – das könnte alles Mögliche sein, beispielsweise Gemälde, Juwelen, Kunstobjekte oder besondere Delikatessen – abhanden gekommen ist, sollte man sich als eines der unangenehmsten Szenarien vorstellen. Für den jedenfalls, der die Sache zu verantworten hat. Deswegen ist Diebstahl im Allgemeinen auch kein großes Thema, zumal der Dieb seine Beute auf dem Schiff verstecken müsste, was je nach Größe oder Art des entwendeten Teils schwierig werden könnte. Wie auch immer, Gelegenheit macht Diebe – und das nicht nur an Land. Daran dachte ich, als mir einmal zwei 1-Kilo-Dosen Almas-Kaviar in die Kombüse gebracht wurden. Mitgebracht vom Eigner persönlich, der mit seinem Privatjet eigens losgeflogen war, um ihn morgens am Kaspischen Meer zu beschaffen.

Es war weißer Kaviar – wer weiß schon, dass es so etwas gibt? Erwähnenswert sind deshalb weniger die Kosten und der Aufwand, die die Nutzung des Jets ausmachten, und auch nicht der Umstand, dass die Kaviardosen den atemberaubenden Marktwert von 70.000 Euro hatten. Viel interessanter ist die Tatsache, dass es dem Eigner überhaupt gelungen war, an die beeindruckende Menge von zwei Kilogramm zu kommen. Normalsterbliche ahnen nicht einmal, dass es pro Jahr lediglich zwölf bis 20 Kilo weißen Kaviar gibt. Und zwar weltweit. Er stammt von den äußerst selten vorkommenden Albino-Stören. Diese seltenen, aus dem Iran stammenden Perlen werden natürlich nicht in irgendwelchen Blechbehältnissen verpackt, sondern wie in diesem Fall in Dosen aus 24-karätigem Gold. So kommt schnell ein Wert zustande, der anders auch gar nicht erklärbar wäre.

Ich war gerade in meinen Kühlhäusern beim Putzen und Sortieren der Waren. Außerdem hatte ich die nächsten Lieferungen im Kopf, die einige Stunden später im Hafen ankommen sollten. Es war ein extrem stressiger Tag, weil eine Lieferung, die nicht zu 180 Prozent und bis ins Kleinste durchorganisiert ist, ganz schnell in einer Katastrophe enden kann. Und nebenbei hatte ich noch die 55-köpfige Crew zu verpflegen, und das dreimal am Tag.

Plötzlich plärrte mein Funkgerät: „Head Chef, Head Chef – Captain." Ich antwortete „Go ahead, Captain". Er erwiderte:

„CALL THE BRIDGE ASAP!!!" – ÜBERSETZT HEISST DAS SO VIEL WIE: „BEWEG DEINEN KLEINEN KOCHARSCH UND RUFE MICH UMGEHEND AN!"

Am Telefon – Funkgeräte dienen aus Sicherheitsgründen nur zur Kontaktaufnahme, nicht aber zum Informationsaustausch – sagte er mir dann, dass der Bodyguard des Eigners in fünf Minuten in meiner Kombüse stehen werde und mir etwas zu sagen hätte.

Oh shit, dachte ich. Und glaubte sofort zu wissen, was er von mir wollte. Einige Tage zuvor hatte sich nämlich Folgendes zugetragen: Die Frau des Bosses, so Anfang 30, und seine Tochter hatten mich anlässlich der geplanten Feier zum 22. Geburtstag der jungen Frau in meiner Kombüse besucht. Sie wollten mit mir über das Fest an Bord

70.000 EURO WAREN FÜR SIE AUF JEDEN FALL EIN FLIEGENSCHISS ...

beziehungsweise über den Lunch sprechen, wie sie sagten. Es ist nichts Außergewöhnliches und durchaus gängige Praxis, dass mich die Herrschaften auch mal persönlich aufsuchen, um gemeinsam über die kulinarische Gestaltung einer Party oder sonstiger Events zu beraten. Nun, die beiden Damen kamen in sehr knappen Bikinis. Damit hatte ich nicht gerechnet. Sexuell ausgehungert wie ich war, starrte ich beide von oben bis unten mit offenem Mund an und stotterte etwas vor mich hin in dem Sinn, was ich für sie tun könne. Die beiden kicherten nur und eine schwang sich ganz unbefangen auf die Arbeitsplatte, an der ich gerade stand, und sah mir sehr direkt in die Augen. Ein kleiner oder vielleicht auch gar nicht mehr so kleiner Flirt kam dann in Fahrt, über den ich mich hier nicht weiter auslassen möchte. Jetzt nahm ich jedenfalls an, dass mein Tête-à-Tête mit den Damen der Grund war, dass палач – Palatsch, das russische Wort für „Henker", so der Spitzname des engsten Bodyguards meines Bosses – mit mir reden wollte. Ich versuchte auf die Schnelle, mir eine Strategie zurechtzulegen, und ging nach oben in die Kombüse. Unvermittelt stand er vor mir.

Er atmete heftig aus seinem grimmigen, vernarbten Gesicht und rang nach Luft, offenbar war er schnell zu mir gerannt. Er übergab mir eine schwarze Kühltasche und sagte nur in seinem russisch gefärbten Englisch, ich solle sehr gut darauf aufpassen, sonst würde der Boss richtig sauer. So schnell, wie er gekommen war, war er auch wieder weg. Einerseits war ich erleichtert, dass die Geschichte mit den beiden Frauen nicht zur Sprache gekommen war. Andererseits: Was mochte in der Tasche sein? Ich stellte sie auf meinen Arbeitstisch und öffnete sie. Zu meiner Überraschung enthielt die Kühltasche zwei Dosen Almas-Kaviar, verpackt in Bubblewrap und auf zwei Blöcken Trockeneis liegend.

DER KÖNIG UNTER DEN KAVIAREN UND ICH ZUSAMMEN AUF EINEM BOOT! DOCH, IN DIESEM MOMENT FÜHLTE ICH TATSÄCHLICH EINEN ANFLUG VON EHRFURCHT.

Bis dato hatte ich nur von diesem außergewöhnlichen Kaviar gehört, die meisten Köche kennen ihn ihr Berufsleben lang nur vom Hörensagen, wenn überhaupt.

Augenblicklich stellte sich bei mir ein nervöses Vorgefühl ein. Ich legte die Dosen erst einmal dahin, wo sie hingehörten: in die Kühlung. Nun muss man sich vorstellen, dass es auf Schiffen mit 60, vielleicht 100 oder noch mehr Menschen an Bord, die alle versorgt werden wollen, nicht nur einen einzigen Kühlschrank gibt. Auch nicht zwei oder drei. Je nach Größe der Jacht muss man in der Kategorie Kühlräume denken, in die man bequem hineingehen und in denen man ganze Paletten mit Lebensmitteln verstauen kann. Es sollte also kein Problem sein, den Kaviar gut und sicher verstecken zu können, dachte ich. Vielleicht hätte ich mir solche Gedanken kaum machen müssen, wenn ich nicht gerade erst ein paar Wochen an Bord gewesen wäre. Ich kannte noch niemanden und konnte folglich auch niemandem vertrauen. Unabhängig davon ist es wohl nicht nur auf Schiffen so, dass das heimliche, wenn auch meist maßvolle Plündern von Kühlschränken gern sportlich betrieben wird und nicht mehr zählt als ein Kavaliersdelikt. Ich musste also auf der Hut sein. Schon begann die Sache mich mehr zu beschäftigen, als mir lieb war. Und mein Job bestand ja nicht nur darin, über die „Gebrüder Almas", wie ich meine teuren Schützlinge inzwischen nannte, wachen zu müssen. Ich konnte zwar nicht sagen, welche Mengen die Eigner üblicherweise weglöffelten. Aber zwei Kilo Kaviar für zwei Erwachsene, eine junge Frau und ein siebenjähriges Kind waren nicht gerade wenig. Ich wusste also, dass mich die kostbare Fracht längere Zeit begleiten würde.

Stellte für die Eigner der Jacht so ein Kilo Kaviar wohl noch etwas Exklusives dar? 70.000 Euro waren für sie auf jeden Fall ein Fliegenschiss und niemand wäre arm geworden, verhungert oder um das einzige kulinarische Vergnügen seines Lebens gebracht worden, wenn die Dosen plötzlich Beine bekommen hätten und auf Nimmerwiedersehen verschwunden wären. Doch auch wenn Kaviar für meine Arbeitgeber dasselbe war wie für andere Leute Schinken oder Leberwurst, hatte das nichts zu sagen.

Ich und niemand anderes war dafür verantwortlich und im Fall eines Verlustes müsste ich meinen Kopf hinhalten. Würde im Übrigen ich selbst nicht auch verdächtigt werden, lange Finger gemacht zu haben? Wenn du Küchenchef bist, kannst du schnell in Situationen geraten, in denen du die Arschkarte gezogen hast. Aus Erfahrung wusste ich, dass manche Leute nur darauf warten, bis du zum Einkaufen von Bord gegangen bist oder dich schlafen gelegt hast. Kaum ist die Küche unbewacht, fallen sie über die Vorräte her wie Ratten. Als gäbe es nicht genügend Mahlzeiten am Tag.

Deshalb habe ich mir in meiner Zeit als Küchenchef auf See schon früh angewöhnt, Kühlschränke und -häuser immer abzuschließen, wenn ich längere Zeit nicht in der Küche sein konnte. Habe eben auch nach all den Jahren des Reisens noch nicht alle deutschen Tugenden über Bord geschmissen. Was aber war jetzt mit kürzeren Abwesenheiten? So eine Dose wandert schnell in die Tasche – und weg ist sie! Ich konnte ja nicht jedes Mal alles komplett abschließen, nur weil ich mich mehr als zehn Meter entfernte.

Die Sache fing an, mich zu belasten. Und mich zu beschäftigen. Mehr als mir lieb war. Was sollte ich tun? Ich überlegte, wie ich vorgehen sollte. Und wartete deshalb auf Momente, in denen ich in der Küche allein war und mich unbeobachtet fühlte. Dann schnappte ich mir die Dosen und legte sie so unauffällig wie nur möglich von einem Versteck zum nächsten. Das war mal in diesem Kühlschrank, mal in jenem, mal im Kühlraum.

ICH SCHOB SIE HINTER HALBE RINDERKARKASSEN, VERGRUB SIE UNTER 30 KILO ZITRONEN, FÜHRTE SIE SEHR GEFÜHLVOLL IN ENTEN UND GÄNSE EIN UND GING SOGAR SO WEIT, DASS ICH EIN GROSSES PARMESANRAD AUSHÖHLTE UND DIE DOSEN IN DEM LOCH VERSENKTE.

Natürlich ging mir jedes Mal auch die lästige Frage durch den Kopf, was denn wäre, wenn der Kaviar plötzlich nach Rindfleisch, Zitronen oder Parmesan schmecken würde. Ich ignorierte sie einfach, die Deckel waren fest aufgeschraubt. Manchmal beschäftigten mich die Dosen wie ein großes Geheimnis, das ich zu wahren und verteidigen hatte wie Frodo den Ring im „Herr der Ringe". In anderen Momenten kamen sie mir vor wie ein Haustier, das jeden Moment weglaufen konnte und deshalb ständig beaufsichtigt werden musste. Dann wieder waren sie wie ein sadistisches Teufelchen, das mich pausenlos verfolgte und piesackte. Dadurch, dass sich die Schiffseigner ständig Kaviar servieren ließen, wusste bald jeder, welche kulinarischen Goldnuggets an Bord waren – und das offenbar in größeren Mengen.

Ich hatte gerade eine von den etwas harmloseren 16-Stunden-Schichten hinter mir und war dennoch völlig erschöpft auf mein Bett gefallen. Der Schlaf übermannte mich in Sekunden. Ich weiß nicht, wie lange ich geschlafen hatte, aber es fühlte sich an wie eine Ewigkeit, so tief war ich weg gewesen. Doch plötzlich war ich hellwach. Mein erster Gedanke war der Kaviar, der gerade noch im Traum aufgetaucht war und ein sonderbares Unbehagen ausgelöst hatte. Er wollte mich nicht loslassen. War etwas nicht in Ordnung?

Während meiner Ruhe- und Schlafzeiten nahm ich normalerweise meinen kleinen Schlüsselbund, an dem auch die Schlüssel für die Kühlgeräte hingen, mit in meine Kabine. Wo zum Teufel waren die Schlüssel jetzt? Wann hatte ich sie zuletzt gesehen? Sie hätten unter meinem Kopfkissen liegen müssen – aber da waren sie nicht.

Die Kabinen durften aus Sicherheitsgründen von innen nicht abgeschlossen werden. Das heißt, jeder konnte reinkommen und völlig unbemerkt alles durchsuchen, während ich tief und fest schlief. Darum erschien mir das Kopfkissen als der sicherste Ort für etwas Wertvolles wie die Schlüssel. Ich sprang auf und suchte auf meinem Schreibtisch, auf dem Boden und im Bad. Nichts! Ich zog in aller Eile meine Uniform an und rannte in Panik zur Küche. Von Weitem sah ich schon, dass die Tür angelehnt war und ein Lichtschein nach außen drang – die Küchentür wurde nie abgeschlossen, aus Sicherheitsgründen. Ich

WO ZUM TEUFEL WAREN DIE SCHLÜSSEL JETZT? WANN HATTE ICH SIE ZULETZT GESEHEN?

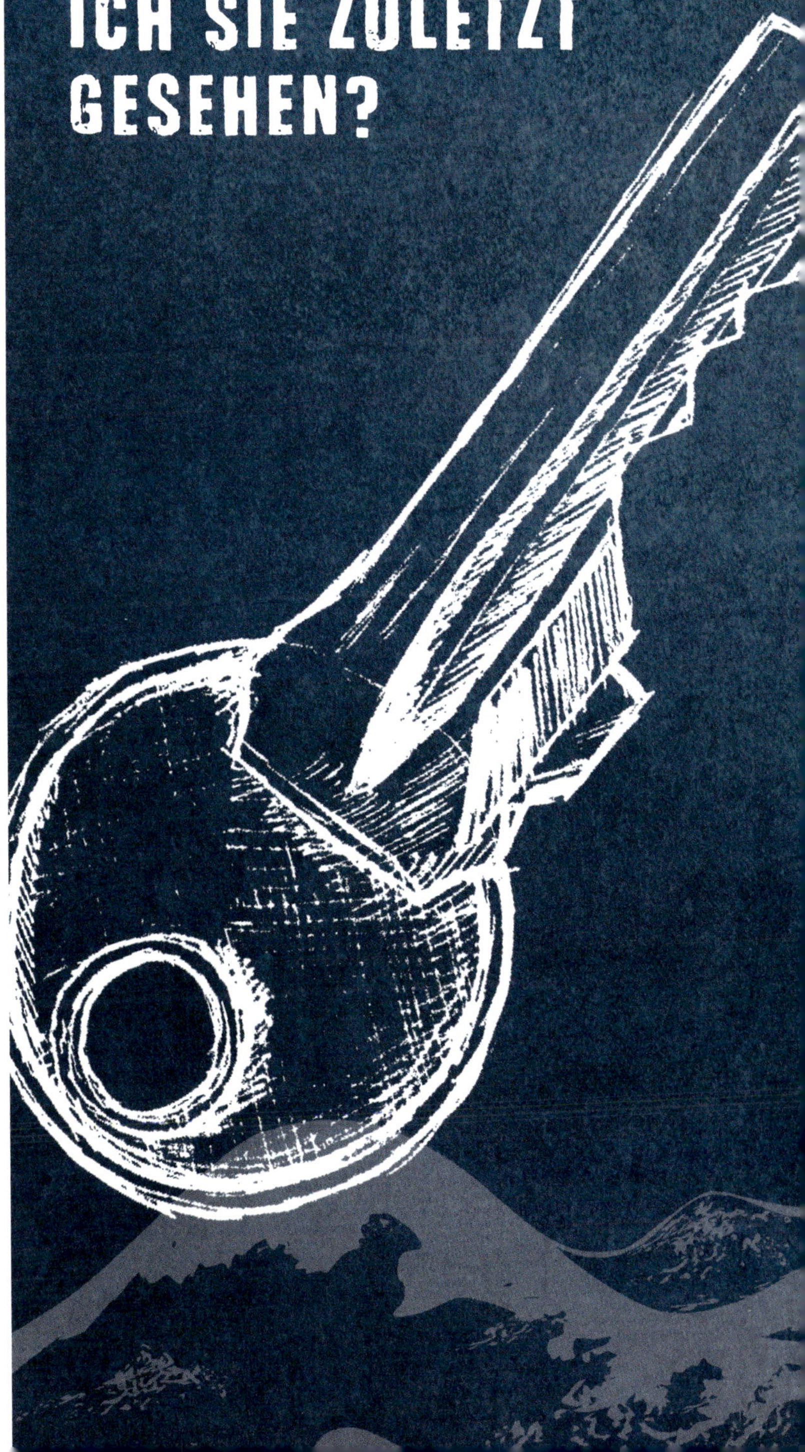

NA JA, DACHTE ICH, DANN IST DAS JETZT EIN SNACK FÜR MEHRERE TAUSEND EURO. WARUM AUCH NICHT?

schlich mich heran. Wenn jetzt jemand dabei war, was auch immer zu entwenden, hätte ich ihn auf frischer Tat ertappt. Mit aller Kraft riss ich die Tür auf. Mein Herz pochte wie verrückt. Doch da stand er vor mir: mein Boss, der Schiffseigner. Wir erschraken beide. Es kam höchst selten vor, dass er sich persönlich in der Küche blicken ließ.

„ICH SUCHE DEN KAVIAR …", SAGTE ER. ER MUSSTE NICHT ERKLÄREN, WARUM ER PERSÖNLICH GEKOMMEN WAR UND NIEMANDEN GESCHICKT HATTE, ES WAR JA SEIN SCHIFF UND ICH SEIN ANGESTELLTER. „KAVIAR", WIEDERHOLTE ICH, „NATÜRLICH, SOFORT."

Aus tausendfacher Gewohnheit griff ich in die Hosentasche und – yepp, mein Herz hüpfte vor Glück – da war der verdammte Schlüssel. Wie hatte ich ihn dort nicht bemerken können? Aber egal. Ich sagte, dass ich den Kaviar unten aus den Kühlhäusern holen müsse, und verschwand. „Danke", sagte er und wartete.

Als ich zurück war, fragte er mich, ob es Umstände machen würde, ein paar Blinis und Sour Cream zu bekommen. Ich erwiderte, das sei natürlich überhaupt kein Problem (was hätte ich schon anderes sagen sollen?) und in fünf Minuten werde ihm eine Kollegin vom Service alles schon angerichtet servieren.

Er winkte aber ab, er würde lieber in der Küche warten. Er wolle jetzt um sich keinen Trubel, der sei ihm sonst oft zu viel. Er hätte ein bisschen Appetit bekommen und da habe er sich hier einfach mal reinschleichen wollen, wie manche das wahrscheinlich auch machten, wenn sie einen Snack wollten. Na ja, dachte ich, dann ist das jetzt ein Snack für mehrere Tausend Euro – warum auch nicht? Ich suchte die Zutaten zusammen und in no time waren die ersten Blinis in der Pfanne. Während sie in Butter vor sich hin brutzelten, fragte er mich unvermittelt, ob ich schon einmal in den Genuss von Almas gekommen sei. Ich schüttelte den Kopf: „Nein, noch nicht." Er grinste und sagte, dann sei heute ein besonderer Tag für mich. Ich nahm die Blinis aus der Pfanne, setzte sie zum Abfetten kurz auf eine Serviette, holte die Sour Cream aus der Kühlung und besorgte die Perlmuttlöffel, die man zu stilvollem Kaviaressen braucht.

ER SCHNAPPTE SICH ZWEI BLINIS UND BAUTE MIT FLINKEN FINGERN GESCHICKT EINEN LUXUSBURGER, WIE IHN DIE WELT NOCH NICHT GESEHEN HATTE

oder nur äußerst selten jedenfalls. Ich tat es ihm nach, nahm aus Höflichkeit aber nur eine bescheidene Menge Kaviar. Er bastelte bereits an seinem zweiten McAlmas und – schwupp! – hatte er einen ordentlichen Berg weißer schimmernder Perlen auch auf meinen Blini gelöffelt. „Iss", sagte er, „iss! Die Damenwelt wird es dir danken!" Was mochte er wohl damit gemeint haben?

Nun wollte er wissen, ob ich seinen Lieblingswodka griffbereit hätte, und ohne ein Wort holte ich ihn aus dem Freezer. Wir füllten zwei Shot-Gläser und mit einem lauten „Nastrovje!" exten wir. Den zweiten gab es direkt hinterher. Gefolgt von noch einem und noch einem. Wie das in Russland eben so üblich ist. Vielleicht waren es am Ende acht, jedenfalls hatte ich schwere Schlagseite und der Alkohol machte sich auch bei ihm bemerkbar. Ein kurzes „Good night!" – und das unverhoffte Zwischenspiel war zu Ende. Ich war betrunken, aber noch nicht so betrunken, dass ich nicht noch zwei klare Gedanken fassen konnte. Erstens: Ich hatte soeben vielleicht 1.200 Euro verkasematuckelt. Zweitens: Ich würde jetzt alles bewusst abschließen und die Schlüssel ganz bestimmt unter mein Kopfkissen legen.

NACHTRAG Kaviar müsst ihr unbedingt stilecht servieren. Ich richte ihn fast immer auf dieselbe klassische Weise an: Die Kaviarperlen werden in eine Perlmuttschale gehäufelt und diese wird in ein Eisbett in einer großen Schale gesetzt. Im Fall einer Golddose wird die natürlich ins Eisbett gesetzt – warum Reichtum verstecken? Wenn man etwas davon haben möchte, bedient man sich mit einem Perlmuttlöffel. Perlmutt deshalb, weil dieses Material absolut geschmacksneutral ist. Es wird aus den Innenseiten von Meeresschnecken, Muscheln und anderen Schalentieren gewonnen, was es eben auch teuer macht. Dazu gibt es Blinis, kleine, in der Pfanne gebackene Hefefladen aus Weizenmehl, und etwas Sour Cream in einem Schälchen. Sehr viel anders sollte man Kaviar gar nicht servieren, so kommt er perfekt zur Geltung und schmeckt auch am besten.

ZUBEREITUNGSZEIT **40 MINUTEN** ZEIT GESAMT **1 STUNDE 40 MINUTEN**

ALBÓNDIGAS

(SPANISCHE FLEISCHBÄLLCHEN)

Allein beim Gedanken an diese köstlichen Fleischbällchen läuft mir das Wasser im Mund zusammen. Hier ein Rezept meines guten Freundes Jessy aus Melbourne, Australien. Wir müssen in unserer gemeinsamen Zeit in der Tapas-Bar „Mockingbird" in St. Kilda Tausende dieser Lümmel abgerollt haben – eine Erfahrung, die mir bei den oft hochgestochenen Ansprüchen auf mancher Jacht sehr zugutekam. Albóndigas sind offensichtlich spanischen Ursprungs und schmecken auch sehr mediterran.

FÜR 4 PORTIONEN (CA. 20 BÄLLE)

FLEISCHBÄLLCHEN

100 g frische Chorizo (spanische Wurst, in Supermärkten), aus dem Darm genommen
250 g Rinderhackfleisch
250 g Schweinehackfleisch
1 Zwiebel, in sehr feine Würfel geschnitten
2 EL gerösteter Knoblauch (siehe Seite 39)
50 g Petersilie, fein gehackt
3 Scheiben Weißbrot, entrindet
100 ml Buttermilch
200 g Manchego oder Parmesan, gerieben
½ TL Salz
1 TL frisch gemahlener schwarzer Pfeffer
1 TL edelsüßes Paprikapulver

ZUM GAREN UND SERVIEREN

150 g Mehl
Olivenöl zum Braten plus 100 ml zum Aufgießen
500 ml Hühnerbrühe
1 kleine Dose (425 ml) pürierte Tomaten aus der Dose
200 ml Weißwein
Zesten von 1 unbehandelten Zitrone
50 g Petersilie, gehackt

1. Für die Fleischbällchen alle **Zutaten** in einer großen Schüssel gut durchkneten. Dann aus jeweils etwa 40 g Masse kleine Kugeln formen. **2.** Im **Mehl** wälzen und auf mittlerer Hitze in einer Pfanne in **Olivenöl** goldbraun anbraten, aber nicht durchgaren. Die innen noch rohen Fleischbällchen in eine feuerfeste Form geben. **Hühnerbrühe, pürierte Tomaten, Weißwein** und **Olivenöl** vermischen und über die Bälle gießen. Im vorgeheizten Ofen bei 180 °C Umluft 30–40 Minuten ohne Abdeckung backen. Die Bällchen zwischendurch wenden, falls sie zu viel Farbe annehmen. **3.** Zum Servieren **Zitronenzesten** und **Petersilie** aufstreuen, wie ich es besonders gern mag. Mit gegrilltem Brot, Pasta oder Reis servieren. Enjoy!

ZUBEREITUNGSZEIT **25 MINUTEN** ZEIT GESAMT **1 STUNDE 30 MINUTEN**

AJOBLANCO CON MELÓN

(WEISSE MANDELSUPPE MIT MELONE)

Auch „weiße Gazpacho" genannt – erfrischend anders für einen heißen Sommertag und über all die Jahre ein Hit als Gästegericht. Ich kam das erste Mal in Málaga im westlichen Mittelmeer an der Costa del Sol in den Genuss dieser kalten Erfrischung und habe mich sofort in sie verliebt.

FÜR 4 PORTIONEN

200 g Mandeln, blanchiert und enthäutet
200 g Weißbrot, entrindet
2 Knoblauchzehen, geschält, oder 1 EL gerösteter Knoblauch (siehe Seite 39)
120 ml Olivenöl
60 ml Apfelessig oder Champagneressig
800 ml Hühner- oder Gemüsebrühe
1 Prise Salz
½ reife Cantaloupe- oder Galia-Melone, in kleinen Kugeln zugeschnitten

Mandeln, Weißbrot und **Knoblauch** in der Küchenmaschine sehr fein zerkleinern. **Olivenöl** und **Essig** hinzugeben und zu einer feinen Paste pürieren. Während die Maschine weiterarbeitet, auch die **Brühe** langsam einfließen lassen. Mit **Salz** würzen. Fertig. Etwa 1 Stunde in den Kühlschrank stellen und dann mit den **Melonenkugeln** garniert servieren.

ZUBEREITUNGSZEIT **10 MINUTEN** ZEIT GESAMT **40 MINUTEN**

ALMENDRAS PICANTES

(WÜRZIGE SPANISCHE MANDELN)

Vom Wasser aus in der Ferne die spanische Küste im Blick und dabei die Sonne glutvoll untergehen zu sehen, ist ein Erlebnis, das einen immer wieder packt. Wenn man dann entspannt an Deck sitzt und ein Glas Rosé trinkt, ist dieser Mandelsnack die perfekte Abrundung. Falls jetzt zufällig jemand keine Jacht besitzt – Balkon, Terrasse oder Garten reichen schon. Sonne, Wein und Mandeln sind für eine gute Atmosphäre jedoch ein Muss.

FÜR 4 PORTIONEN

1 Eiweiß
1 TL Salz
300 g ganze Mandeln mit Haut
½ TL gemahlener Kreuzkümmel
½ TL geräuchertes Paprikapulver (in Gewürz- und manchen Teegeschäften, im Internet) oder edelsüßes Paprikapulver

Eiweiß und **Salz** zusammen gut verschlagen. Die **Mandeln** dazugeben und alles gut vermischen. Auf ein mit Backpapier ausgelegtes Blech legen und im vorgeheizten Ofen bei 180 °C Umluft etwa 20 Minuten backen. Herausnehmen und mit **Kreuzkümmel** und **Paprikapulver** bestreuen. 20 Minuten auskühlen lassen. Gleich genießen. Während die Mandeln auskühlen, werden sie wunderbar knusprig.

ZUBEREITUNGSZEIT **25 MINUTEN** ZEIT GESAMT **35 MINUTEN**

SECADO BACALAO

(GESALZENER KABELJAU)

Getrockneter und gesalzener Kabeljau, im Allgemeinen Stockfisch genannt, ist vor allem bei den europäischen Mittelmeeranrainern traditionell ein beliebtes Gericht. Man kann den Fisch, der auf diese Weise dauerhaft haltbar gemacht wurde, als es noch keine Tiefkühlgeräte gab, auf vielfältige Weise zubereiten. Von Haus aus ist er etwas derb im Geschmack, aber wenn man ihn wie hier mit etwas Raffinesse zubereitet, kann man ihm eine durchaus elegante Seite abgewinnen.

FÜR 4 PORTIONEN

4 gesalzene Kabeljaufilets, über Nacht in reichlich Wasser eingeweicht (z. B. in russischen oder spanisch-portugiesischen Geschäften und im Fischhandel)
100 ml Olivenöl
4 Knoblauchzehen, in Scheiben geschnitten
½ rote Zwiebel, in sehr feine Würfel geschnitten
400 g Babykartoffeln vom Vortag, halbiert
400 g Babyspinat, gewaschen und getrocknet
50 g Kapern
50 g Petersilie, gehackt
Saft von 1 Zitrone
frisch gemahlener schwarzer Pfeffer

1. Die **Kabeljaufilets** gut abtrocknen, in mundgerechte Stücke reißen oder schneiden. **Olivenöl** in einer Pfanne erhitzen. Fisch, **Knoblauch** und **Zwiebeln** hinzugeben und 5 Minuten anbraten. **2. Kartoffeln, Spinat** und **Kapern** zufügen und alles weitere 5 Minuten garen. **3.** Mit **Petersilie, Zitrone** und **Pfeffer** würzen und servieren.

ZUBEREITUNGSZEIT **15 MINUTEN** ZEIT GESAMT **30 MINUTEN**

SARDINHAS EM CROSTA DE SAL

(SARDINEN IN STEINSALZKRUSTE)

Eine wunderbare Alternative zu den üblicherweise in Fett gebratenen Fischen. Gelingt immer und belässt den ursprünglichen Geschmack – ein Tipp vor allem für die gesundheitsbewussten Sardinenfreunde. Wenn man die angegebenen Mengen vervierfacht, hat man ein schönes Hauptgericht.

FÜR 4 PORTIONEN

FÜLLUNG

Zesten von 1 unbehandelten Zitrone
8 Thymianzweige
8 Rosmarinzweige
8 Knoblauchzehen, geschält und zerstoßen

FISCH

8 frische Sardinen, ausgenommen, gesäubert und trocken getupft
1 kg grobes Steinsalz

ZUM SERVIEREN

50 ml Olivenöl
Zitronensaft
100 g Petersilie, gehackt

1. Für die Füllung **Zitronenzesten, Thymian, Rosmarin** und **Knoblauch** in einer Schüssel oder einem Mörser zerstoßen, damit die Öle entweichen. Gleichmäßig in die **Sardinen** verteilen. **2.** In einer feuerfesten Form das **Salz** zur Hälfte etwa 1 cm dick verteilen. Die gefüllten Sardinen darauflegen und mit dem restlichen **Salz** gut bedecken. Im vorgeheizten Ofen bei 220 °C Umluft 15 Minuten garen. **3.** Die Sardinen behutsam aus dem Salz nehmen und anhaftendes Salz abstreifen. Die Fische auf den Rücken legen, aufklappen und die Füllung entfernen. Dann vom Schwanzende her den Grätenstrang herausziehen, dabei auch auf kleine Gräten achten. Die Sardinen umdrehen und die Haut abziehen. Auf einer Platte anrichten, mit **Olivenöl** und **Zitronensaft** beträufeln und mit **Petersilie** bestreuen. Dazu Brot und Aioli (siehe Seite 43) – ein Traum!

ZUBEREITUNGSZEIT **15 MINUTEN** ZEIT GESAMT **25 MINUTEN**

CHORIZO, AVOCADO, GERÖSTETES BROT UND POCHIERTES EI

Katerfrühstück gefällig? Hier ein Klassiker meinerseits.

FÜR 4 PORTIONEN

4 Scheiben Brot vom Vortag
80 ml Olivenöl
2–4 Chorizo-Würste, längs halbiert (spanische Wurst, in Supermärkten)
1 geröstete Paprikaschote (siehe Seite 66)
2 reife Avocados, halbiert und mit einer Gabel zerdrückt
4 Bioeier, pochiert (siehe Seite 70)
1 Handvoll Sprossen (Sorte nach Belieben)
Zesten von ½ unbehandelten Zitrone

1. Brotscheiben mit **Olivenöl** beträufeln und von beiden Seiten goldbraun anbraten. Zum Entfetten auf etwas Küchenpapier setzen. In dieselbe Pfanne die **Chorizo** geben und leicht ausbraten. **2.** Brotscheiben auf einen Teller geben, **geröstete Paprika** und **Avocado** daraufgeben und darauf die Chorizo setzen. Mit dem **Ei** abschließen. **3.** Mit **Sprossen** und **Zitronenzesten** krönen und noch etwas Öl aus der Pfanne aufträufeln.

VON DER LUXUSJACHT UNTER DIE BRÜCKE

Obdachlos zum zweiten Mal

Habt ihr euch schon einmal ganz realistisch ausgemalt, wie es euch gehen würde, wenn ihr auf der Straße stündet? Ich meine, nicht einfach nur kein Geld mehr zu haben, sondern auch Job und Wohngelegenheit wären weg. Wie wäre euch zumute,

WENN IHR UNTER BRÜCKEN SCHLAFEN UND EUCH AUS MÜLLTONNEN ERNÄHREN MÜSST,

wenn ihr vom Rest der Gesellschaft verachtet werdet und obendrein jede Nacht Angst habt, dass euch auch noch einer an die Gurgel will? Lasst euch gesagt sein, eure Ängste und die vielen Ungewissheiten fangen an, wie Piranhas erst nur an euch zu nagen und dann immer erbarmungsloser nach euch zu schnappen, bis sie euch fast auffressen. Ich war in dieser Lage. Keine schöne Zeit. Es fiel mir auch nicht leicht, innerlich wieder Tritt zu fassen, denn nicht nur die äußeren Umstände machten mir zu schaffen. Das Schlimmste war, dass auch noch meine langjährige Beziehung in die Brüche gegangen war und mir dadurch fürs Erste meine Zukunftsperspektiven genommen waren. Aber ich habe den ganzen Schlamassel nicht nur überstanden, sondern ihn sogar etwas stärker als vorher hinter mir gelassen. Cannes ist für mich mit vielen erfreulichen Erinnerungen verbunden. Es erinnert mich aber auch daran, wie es ist, besonders tief in der Scheiße zu stecken.

Aber der Reihe nach!

Es war meine erste Saison in Europa. Ich kam gerade von der „Le Grand Bleu“ und genoss den strahlenden Azurhimmel der Côte d'Azur. Die Filmfestspiele hatten begonnen und auf dem Boulevard de la Croisette von Cannes drängte sich ein aufgekratztes und amüsierwilliges Volk, die Luft knisterte. Ich war hochmotiviert und bereit, volle Leistung zu bringen. Zu Hause in Neuseeland, wo ich inzwischen mit meiner langjährigen Freundin zusammenlebte, schien alles in bester Ordnung zu sein. Das Leben machte mir Spaß. Einen Anschlussjob gab es auch schon, ich hatte mich für die „Satine“, eine 35 Meter lange italienische Benetti-Jacht, verpflichtet.

Das Filmfestival ist der ideale Anlass, jeden Tag haufenweise Leute aufs Schiff einzuladen. Es war ein ständiges Kommen und Gehen und von morgens bis abends wurden Fingerfood in Form von Highend-Canapés – mein Part – und selbstverständlich Champagner angeboten. Damit wäre ich fast schon ausgelastet gewesen. Aber ich musste immer auch noch das Essen für die Crew zubereiten, ebenfalls keine Kleinigkeit, die sich mit links erledigen ließ. Die „Satine“ war ein kleines Schiff und die Aufenthaltsräume für die Besatzung befanden sich unerfreulicherweise im Kombüsenbereich. Für mich artete diese Situation in zusätzlichem Stress aus, da ich durch die ständige Präsenz meiner Kollegen immer wieder in meiner Arbeit gestört wurde. Die nervliche Anstrengung wurde zunehmend spürbar.

Alles in allem kannte ich solche Belastungen bereits.

DU SCHUFTEST NICHT NUR 20, SONDERN VIELLEICHT 24 STUNDEN AM STÜCK.

Kein Teil deines Körpers, der nicht schmerzt und Erlösung einfordert, kein emotionales Verlangen, das nicht langsam austrocknet und bewässert werden will. Du bist so fertig, dass du nicht mal zu einem kurzen Telefonat nach Hause fähig bist. Trotzdem oder gerade deswegen musst du sehr aufpassen, dass deine Kontakte nicht abreißen. Bei Kollegen hatte ich schon gesehen, dass selbst die stärksten und besten Beziehungen wie die „Titanic“ absoffen, weil sich die Partner oder Partnerinnen daheim verständlicherweise stark vernachlässigt, womöglich sogar vergessen fühlten. Du musst dich also kümmern – und wenn du das nicht tust, geht bei dir zu Hause gnadenlos alles den Bach runter. Job und Privatleben führen einen erbitterten Kampf gegeneinander und du bist das Opfer. Oft ist es sogar so, dass du dich nicht mal um dich selbst kümmern kannst, und du fühlst dich körperlich wie seelisch zunehmend wie ein Wrack. Zum einen will dich die Arbeitsbelastung in die Knie zwingen, zum anderen musst du zumindest nach außen hin den Anschein wahren, du seist total super drauf – schon ein Lächeln geht an die Kraftreserven. Schließlich bist du so weit, dass ein paar Grundsatzfragen ganz unerbittlich an deine Tür klopfen, und sie schaffen es immer hereinzukommen: Warum machst du diesen Job überhaupt? Was ist er dir unterm Strich wert? Warum tust du dir diese endlose Schufterei an und riskierst deine Gesundheit? Warum begibst du dich in die geballte Gesellschaft von Arschlöchern, um die du sonst einen Riesenbogen machen würdest? Bedeutet dir diese Arbeit auf dem Schiff tatsächlich mehr als der Mensch, den du liebst und der dir, wie du immer wieder vor dir selbst beteuerst, am meisten bedeutet?

Ich will aber nicht übertreiben. Man kann immer in ein Stadium geraten, in dem man vor lauter Arbeit völlig platt ist und am liebsten alles hinschmeißen möchte, aber zwischendurch bieten sich dann doch Momente zum Luftholen. So fand ich trotz der immensen Belastung ab und zu ein paar wenige Stunden, die ich in meiner Kabine allein verbringen konnte. Ich nutzte sie zum Ausruhen oder Schlafen und um meine Freundin in Neuseeland anzurufen. Letzteres war aber nicht so einfach, denn wegen der Zeitverschiebung und weil ich mich nie auf einen festen Gesprächstermin verabreden konnte, kamen wir immer seltener zusammen. Wenn eben möglich, haben wir täglich telefoniert, was anfänglich auch einigermaßen klappte. Doch dann war plötzlich drei Tage lang Funkstille zwischen uns. Sonderbar, dachte ich. Das wollte nicht richtig ins Bild unserer Beziehung passen. Ich versuchte, sie bei jeder sich mir bietenden Gelegenheit ans Telefon zu bekommen, aber vergeblich. Was war los, steckte etwas dahinter?

Als ich ein paar Tage später an Land war, um Lebensmittel zu besorgen, ging ich in eine Telefonzelle. Ich wählte die Nummer ihres Arbeitsplatzes und sie nahm ab. Endlich hörte ich wieder ihre Stimme. „Wie geht's dir?", fragte ich sie. Sie antwortete nicht gleich. „Na ja, wie soll es mir gehen?" Diese zurückhaltende Art kannte ich nicht von ihr, sonst war sie immer sehr zugewandt und liebevoll. Ich spürte, dass etwas im Busch war. „Was ist los? Du klingst so anders." Wieder eine Pause. „Am besten sage ich es dir gleich", begann sie, „ich halte es nicht mehr aus. Du bist nie da, ich habe gar nichts von dir. Glaub mir, ich habe es mir

ZWEI WOCHEN MUSSTE ICH MICH AUS MÜLLTONNEN ERNÄHREN. WENN ICH NICHTS FAND, ASS ICH EBEN GAR NICHTS.

lange überlegt – ich habe beschlossen, mich von dir zu trennen.“ Nun war es heraus. Ihre Worte trafen mich ins Mark. Wir sprachen noch ein bisschen und ich versuchte, sie umzustimmen, es half aber nichts. Sie blieb bei ihrer Entscheidung.

Unter der Sonneneinstrahlung hatte sich die Telefonzelle beklemmend aufgeheizt.

KAUM HING DER HÖRER IN DER GABEL, BRACH ICH ZUSAMMEN. MEINE KNIE GABEN NACH UND ICH SACKTE ZU BODEN.

Tränen sind sonst nicht meine Sache, jetzt aber begann ich, hemmungslos zu flennen. Die Trauer über den Bankrott meiner Beziehung brach sich ebenso Bahn wie insgesamt mein seelisches Ungleichgewicht, das nun ein Ventil gefunden hatte. Es dauerte Minuten, bis ich die Fassung wiederfand. Wann hatte ich das letzte Mal so geweint? Es musste gewesen sein, als ich zwölf Jahre alt war und meine Mutter beerdigt wurde.

Meine Heimat Neuseeland, die während meiner Reisen immer als sicherer Pol in mir geruht hatte, erschien mir plötzlich verschlossen. Ich fühlte mich aus meinem Paradies ausgesperrt. Ich war nicht nur über die Maßen traurig, sondern machte mir auch jede Menge Vorwürfe. Wie hätte ich dieses Desaster verhindern können? War ich zu selbstsüchtig, dass ich nur mich und meinen Traum als Koch auf See sah? Hätte ich diese Entwicklung nicht absehen können und hätte ich nicht zwischendurch zu ihr nach Hause fliegen müssen? Hätte, hätte, hätte. Jetzt war es zu spät. An diesem Tag veränderte sich etwas in mir. Es war eine Zäsur und danach war nichts mehr wie vorher. Das gewohnt Leichte, Positive und Fröhliche in mir war plötzlich dahin.

Nach meinem Zusammenbruch habe ich versucht, meine Verfassung vor den anderen zu verbergen. Habe versucht, professionell zu agieren, aber das hat bald nicht mehr geklappt. Der innere Druck war noch längst nicht abgebaut und so stark, dass er nach einem weiteren Ventil suchte. Damit war eine unheilvolle Ahnung verbunden – wie und wann würde es passieren? Ich suchte Trost im Kühlschrank. Bei Wein, Bier, Spirituosen und anderen alkoholischen Getränken konnte sich jeder frei bedienen – und ich griff zu.

DER ALKOHOL MACHTE MICH ZUSÄTZLICH FERTIG – WIE NICHT ANDERS ZU ERWARTEN. ICH FÜHLTE MICH WIE EINE KERZE, DIE VON BEIDEN ENDEN ABBRANNTE.

Wie lange würde ich diesen Zustand durchhalten können? Meine Arbeit habe ich noch einigermaßen hinbekommen. Aber ich geriet zunehmend mit dem Captain aneinander. Er war allgemein sehr launisch, dauernd schlug seine Stimmung um. Gestern kam man gut mit ihm zurecht, heute überhaupt nicht, morgen vielleicht so lala. Es ging das Gerücht, dass er kokste. Normalerweise habe ich mit Hierarchien keine Probleme und ich sehe ein, dass es Kommandeure wie die Captains geben muss – ich selbst bin als Küchenchef ja auch der Befehlshaber in meinem Bereich. Jedenfalls machte er mir ständig Vorwürfe, oft aus nichtigen Gründen und auch viel zu persönlicher Art. Es war absehbar, wohin das führen würde, und kurz darauf knallte es heftig zwischen uns. Ich haute ihm Sätze um die Ohren wie „Fick dich doch ins Knie." oder „Du bist doch nur ein ganz kleines Licht" – was er tatsächlich war – und weitere Unverschämtheiten mehr. Natürlich war er zutiefst beleidigt. Ich sah ein, dass die Opfer- oder Sündenbockrolle zur Entlastung meiner Unausgeglichenheit leider nun an ihm hängen geblieben war. Verdient hatte er es trotz allem, dass ihm endlich mal jemand die Meinung sagte, er war halt einfach ein richtiges Arschloch. All das und vieles andere war mir einfach egal. In mir war ein Wüten, ich hatte verloren, was mir das Wichtigste gewesen war. Was hätte dieser Typ mir noch nehmen können?

Die erwartbare Konsequenz war, dass ich innerhalb einer Stunde gefeuert wurde. Üblicherweise ist es in solchen Situationen so, dass die Kapitäne sich zwar schon entschlossen haben, dich rauszuschmeißen, dich aber noch so lange wie möglich deine Arbeit machen lassen, um dich dann vielleicht erst am Abend oder im nächsten Hafen von Bord zu kegeln. Minuten später stand ich an Land. Was nun?

Ich hatte damals Glück im Unglück, weil mir mein Vertrag zwei Extramonatsgehälter garantierte. Obwohl ich nur 20 Tage gearbeitet hatte, standen mir 25.000 Euro zu. Ein schwacher Trost zwar, aber das Finanzielle gab mir für einen Moment wieder etwas Stabilität. Das Problem war allerdings, dass mir das Geld nach Neuseeland überwiesen wurde, wo aber meine Ex alle Konten aufgelöst hatte. Vermutlich ist die Überweisung erst einmal hin- und hergeirrt, ich kam jedenfalls nicht dran. Wäre das Geld für mich verfügbar gewesen, hätte ich sofort einen Flug nach Neuseeland gebucht. Ich wollte natürlich wissen, was mit meiner Freundin schiefgelaufen war, denn ich litt. Abgesehen davon gab es jede Menge zu regeln. Ob ein Besuch in Neuseeland tatsächlich sinnvoll gewesen wäre, ist für mich bis heute ein interessantes Gedankenspiel geblieben. Wahrscheinlich hätte ich doch nichts ändern können und unverrichteter Dinge wieder nach Europa zurückfliegen müssen. Wahrscheinlich war es doch besser so. Wie ging es dann weiter? Meine Situation war eindeutig.

ICH SASS IN CANNES FEST UND HATTE NUR NOCH MEINEN RUCKSACK. VON MEINEM WENIGEN GELD KONNTE ICH MIR NICHT EINMAL DIE HINTERLETZTE ABSTEIGE LEISTEN.

Das desillusionierende Fazit: Ich war zum zweiten Mal in meinem Leben auf der Straße gelandet. In Antibes, wo die Agenturen waren, wollte ich aber nicht die Nächte verbringen, weil dort die Kriminalität relativ hoch war und mir die Verhältnisse zu unsicher erschienen. So habe ich nach den Filmfestspielen drei Wochen draußen am Hafenbecken von Cannes gelebt. Die Situation war alles andere als toll. Aber ich hatte in meiner Jugend schon mal eine sehr viel längere Zeit mehr oder weniger auf der Straße gelebt. Dank dieser Erfahrung wusste ich, was das Leben unter Brücken bedeutete, und kannte ein paar Regeln. In einem Nebenhafen fand ich ein Plätzchen, das ich mir mit anderen Obdachlosen teilte. Anfangs konnte ich mir noch etwas zu essen kaufen, aber dann hatte ich nicht mal mehr dafür Geld. Drei Wochen musste ich mich aus Mülltonnen und durch Betteln ernähren. Wenn ich nichts fand, aß ich eben gar nichts.

Fürs Erste sah es so aus, als sei ich aus der Bahn geworfen worden. Aber war ich das wirklich? Jedenfalls verlor ich meine Ziele nicht aus den Augen, zweifelte nie daran, dass ich mit der Seefahrt wie bisher weitermachen würde. Ich fühlte mich wie ein Pirat und habe mich voller Zuversicht stets an den Gedanken geklammert, dass diese Notlage nur vorübergehend sein würde und es auf jeden Fall ganz normal weitergehen könnte. Ich wollte mich nicht aufgeben, denn wenn man ernsthaft anfängt, an sich zu zweifeln, geht es unweigerlich noch weiter bergab. Irgendwann habe ich mich wieder gefangen und kam wieder auf die Beine. Bald stand ich wieder auf einem Boot, feste Planken unter den Füßen.

Die Beziehung zu meiner damaligen Liebe hatte sechs Jahre gedauert. Monate nach unserer Trennung erfuhr ich, was geschehen war. Sie hatte mit demjenigen, den ich bereits als meinen späteren Trauzeugen ausgewählt hatte, ein Verhältnis angefangen. Natürlich versetzte mir diese Tatsache einen heftigen Stich. Aber ich kam gar nicht dazu, in Selbstmitleid zu baden, denn längst hatte ich in meinem neuen 18-Stunden-Job Fuß gefasst und genoss es, nach dem vorübergehenden Abstieg mein Leben voller Zuversicht wieder im Griff zu haben.

ZUBEREITUNGSZEIT **15 MINUTEN** ZEIT GESAMT **14 TAGE**

PIRI-PIRI-SAUCE

(AFRICAN BIRDEYE-CHILI-SAUCE)

Piri-Piri aus der afrikanischen Bantusprache Swahili heißt übersetzt „Pfeffer-Pfeffer". Die Sauce hat portugiesische und afrikanische Ursprünge. Perfekt als Marinade für alles, was man auf den Grill legen kann!

FÜR 4 PORTIONEN

12 Birdeye-Chilischoten, die Samen entfernt für alle, die keine Extremschärfe mögen (ersatzweise kleine rote Chilis)
1 TL Salz
Zesten von 1 unbehandelten Zitrone
100 ml weißer Essig
2 Knoblauchzehen, zerstoßen
200 ml Olivenöl

Chilis mit **Salz** und **Zitronenzesten** in ein sehr heiß ausgespültes Einmachglas geben. Mit einem Löffel gut hineindrücken. 1 Woche in den Kühlschrank stellen. Nach 7 Tagen **Essig, Knoblauch** und **Olivenöl** einrühren. Weitere 7 Tage im Kühlschrank ruhen lassen. Stückig oder püriert servieren.

ZUBEREITUNGSZEIT **15 MINUTEN** ZEIT GESAMT **25 MINUTEN**

PALOMITAS PICANTE

(FEURIGES POPCORN)

Mit Abstand das beste Popcorn, das ich je gegessen habe. Für alle, die bisher nur süßes Popcorn kannten: Traut euch! Ihr werdet es nicht bereuen.

FÜR 4 PORTIONEN

GEWÜRZMISCHUNG

2 TL Koriandersamen
2 TL Kreuzkümmelsamen
1 TL Chiliflocken
2 TL geräuchertes Paprikapulver (in Gewürz- und manchen Teegeschäften, im Internet)
1 TL Knoblauchpulver
1 TL Zwiebelpulver
2 TL Fleur de Sel

POPCORN

60 ml Pflanzenöl
150 g Maiskörner für Popcorn

1. Für die Gewürzmischung alle **Zutaten** in einer Pfanne trocken rösten und dann im Mörser zerstoßen oder durch die Kaffeemühle drehen. **2.** Für das Popcorn in einem nicht zu kleinen Topf das **Öl** auf mittlerer Stufe erhitzen. Mit einem **Maiskorn** testen, ob das Fett heiß genug ist, das Korn sollte aufpoppen. Die restlichen **Maiskörner** in den Topf geben und mit einem gut schließenden Deckel abdecken. Den Topf gelegentlich schütteln. Nach etwa 90 Sekunden sollten alle Körner aufgesprungen sein. Mit der Gewürzmischung bestreuen, gut vermischen und sofort servieren.

ZUBEREITUNGSZEIT **5 MINUTEN** ZEIT GESAMT **40 MINUTEN**

GERÖSTETE PAPRIKASCHOTEN

Zu verwenden als Dip oder zum Überkrusten von Fleisch, Fisch oder Meeresfrüchten. Oder einfach über einen Salat streuen. Ein irres Aroma. Und easy, easy, easy!

FÜR 4 PORTIONEN

8 ganze Paprikaschoten
100 ml Olivenöl
Salz
frisch gemahlener schwarzer Pfeffer

1. Paprika in einer Schüssel in der Hälfte des **Olivenöls, Salz** und **Pfeffer** wenden. Auf ein mit Backpapier oder einer Silikonmatte ausgelegtes Ofenblech setzen. Im vorgeheizten Ofen bei 220 °C Umluft 15–20 Minuten rösten. Nach 8 Minuten wenden, die Haut darf ein wenig schwarz werden. **2.** Aus dem Ofen in eine Schüssel geben, mit Klarsichtfolie abdecken und etwa 15 Minuten in den Kühlschrank stellen. Dann die Haut und die Samen der weichen Paprika unter fließendem Wasser entfernen. Das Paprikafleisch in verschließbare Dosen geben, mit restlichem **Olivenöl** beträufeln und in den Kühlschrank stellen.

ZUBEREITUNGSZEIT **15 MINUTEN** ZEIT GESAMT **20 MINUTEN**

MIGAS

(KRÜMEL)

Die perfekte Lösung, um altes Brot zu verwerten. Am besten ein paar Tage vorher den Brotlaib in 2 × 2 cm große Stücke reißen und so an der Luft austrocknen lassen.

FÜR 4 PORTIONEN

1 kleine Chorizo, gehackt (spanische Wurst, in Supermärkten)
2 Knoblauchzehen, in Scheiben geschnitten
2 TL edelsüßes Paprikapulver
10 Kirschtomaten, halbiert
400 g Grünkohl, in sehr feine Streifen geschnitten
200 g schwarze Bohnen, gekocht
2 gute Handvoll Sauerteigbrot, in Krümel gerieben
100 ml Olivenöl
Saft von 1 Zitrone
1 Frühlingszwiebel, in sehr feine Streifen geschnitten

1. Chorizo mit **Knoblauch** und **Paprikapulver** etwa 1,5 Minuten bei mittlerer Hitze in einer Pfanne braten. **Kirschtomaten, Grünkohl** und **Bohnen** dazugeben und kurz durchschwenken. Die entstehende Flüssigkeit etwas einkochen lassen. Dann kurz **Brotkrümel, Olivenöl, Zitronensaft** und **Frühlingszwiebeln** einrühren und sofort servieren. **2.** Ein bisschen Harissa und Hummus passen sehr gut dazu.

ZUBEREITUNGSZEIT **30 MINUTEN** ZEIT GESAMT **45 MINUTEN**

PAPAS ARRUGADAS CON MOJO PICÓN

(KANARISCHE KARTOFFELN MIT MOJO)

Ursprünglich in Meereswasser gekocht – wer die Möglichkeit hat, sollte das unbedingt mal ausprobieren. Gut gesalzenes Wasser aus dem Hahn tut es aber auch. Gepaart mit einer Mojo Picón.

FÜR 4 PORTIONEN

1 kg Babykartoffeln, ungeschält
150 g grobes Meersalz

MOJO

3 geröstete Paprikaschoten (siehe Seite 66)
3 Knoblauchzehen, geschält
1 EL edelsüßes Paprikapulver
1 Bund Koriander
200 ml Olivenöl
1 Chilischote, entkernt, je nach Vorliebe der Schärfe
2 Scheiben Weißbrot, entrindet
100 ml Sherry-Essig

1. Kartoffeln mit kaltem Wasser bedecken, das **Salz** zugeben und al dente kochen. Auf einem mit Backpapier ausgelegten Blech im vorgeheizten Ofen bei 180 °C Umluft 15–25 Minuten backen, bis sie leicht bräunlich werden und eine schöne Salzkruste zeigen. **2.** Für die Mojo in der Zwischenzeit alle **Zutaten** in der Küchenmaschine pürieren. Papas arrugadas mit Mojo tränken – und los geht's!

ZUBEREITUNGSZEIT **10 MINUTEN** ZEIT GESAMT **15 MINUTEN**

ESPÁRRAGOS A LA PARRILLA

(GEGRILLTER SPARGEL MIT POCHIERTEM EI)

Ich bin ein sehr großer Fan von gegrilltem Gemüse, aber der grüne Spargel ist mit Abstand mein Favorit. In diesem Rezept wird das Eigelb der pochierten Eier zur Sauce für den Spargel. Fantastisch!

FÜR 4 PORTIONEN

60 ml Essig
Salz
4 Bioeier
2 Bund grüner Spargel, die Enden um ca. 2 cm gekürzt
20 ml Olivenöl
frisch gemahlener schwarzer Pfeffer
100 g Manchego oder Parmesan, gerieben
1 Handvoll Sprossen (Sorte nach Belieben)

1. 1,2 l Wasser mit **Essig** und etwa ½ TL **Salz** mischen und aufkochen. Die **Eier** einzeln in eine Suppenkelle aufschlagen und einzeln in das siedende Essigwasser gleiten lassen. 3 Minuten ziehen lassen. Herausnehmen und abtropfen lassen. **2. Spargel, Olivenöl, Salz** und **Pfeffer** in einer Schüssel vermischen. Sofort auf die Grillplatte oder den Grillrost legen und von allen Seiten anbräunen. Das dauert kaum länger als 2 Minuten. **3.** Mit pochiertem Ei, **Käse** und **Sprossen** servieren.

ZUBEREITUNGSZEIT **15 MINUTEN** ZEIT GESAMT **25 MINUTEN**

SOBRASADA, HIGADOS DE POLLO Y VERDURAS

(WURST, HÄHNCHENLEBER UND GEMÜSE)

Würzig und bodenständig, eine Wucht! Wo ist die Jury, die vor dieser Köstlichkeit auf die Knie geht?

FÜR 4 PORTIONEN

Olivenöl zum Braten plus 50 ml zum Beträufeln
100 g Sobrasada-Wurst (in spanisch-portugiesischen Geschäften oder gut sortierten Supermärkten) oder eine andere luftgetrocknete spanische Wurst, gewürfelt
200 g Hähnchenleber
½ Zwiebel, in sehr feine Würfel geschnitten
2 Knoblauchzehen, in Scheiben geschnitten
100 g Erbsen (frisch oder TK-Ware)
½ Paprikaschote, in sehr feine Streifen geschnitten
1 kleine gelbe Zucchini, in Würfel geschnitten
400 g Babyspinat
Salz
frisch gemahlener schwarzer Pfeffer
Saft von ½ Zitrone

1. In einer Pfanne etwas **Öl** erhitzen. **Sobrasada, Hähnchenleber, Zwiebeln** und **Knoblauch** 3 Minuten von allen Seiten knusprig anbraten. Hähnchenleber herausnehmen und **Erbsen, Paprika** und **Zucchini** in die Pfanne geben. Weitere 5 Minuten braten. **2.** Hähnchenleber wieder in die Pfanne geben. Den **Spinat** hineinmischen und mit **Salz** und **Pfeffer** würzen. **Zitronensaft** und **Olivenöl** aufträufeln. **3.** Mit Reis, Patatas bravas (spanische Kartoffelspalten mit Rosmarin, Knoblauch, Paprikapulver und Fenchelsaat aus der Pfanne, dazu eventuell eine würzige Salsa auf Tomatenbasis) oder einfach einem kleinen Salat servieren.

ZUBEREITUNGSZEIT **20 MINUTEN** ZEIT GESAMT **30 MINUTEN**

MEJILLONES A LAS HIERBAS Y SOBRASADA

(MUSCHELN UND SOBRASADA IM KRÄUTERFOND)

Wenn Meeresfrüchte und Fleisch sich treffen, nennt man das auch „Surf 'n' Turf". In meiner Küche kommt es öfter zu solchen unverhofften Vermählungen. Für Liebhaber solcher Kombinationen ein Fest für den Gaumen. Also nicht abschrecken lassen, nur weil man es nicht kennt und es sich vielleicht nicht vorstellen kann.

FÜR 4 PORTIONEN

KRÄUTERMISCHUNG

20 g Thymianblättchen, gehackt
20 g Rosmarinnadeln, gehackt
50 g Schnittlauch, in Röllchen geschnitten
100 g Petersilienblättchen, gehackt
100 g Basilikumblättchen, gehackt
50 g Estragonblättchen, gehackt

50 ml Pflanzenöl
3 kg Miesmuscheln, gewaschen und von den Barthaaren befreit
300 g Sobrasada-Wurst (in spanisch-portugiesischen Geschäften oder gut sortierten Supermärkten) oder eine andere luftgetrocknete spanische Wurst, gewürfelt
1 große Zwiebel, in sehr feine Streifen geschnitten
200 ml Weißwein

1. In einem großen Topf das **Öl** erhitzen. **Muscheln** hinzugeben und 3 Minuten mit Deckel kochen. **Sobrasada** und **Zwiebeln** dazugeben und 1 Minute ausbraten. **2. Weißwein** hinzufügen und weitere 4 Minuten kochen. Jetzt die gehackten **Kräuter** dazugeben und sofort servieren.

ZUBEREITUNGSZEIT **15 MINUTEN** ZEIT GESAMT **20 MINUTEN**

GAMBAS AL AJILLO

(GARNELEN IN KNOBLAUCH)

Ein eigentlich ganz schlichtes Gericht, das sich aber bestens dazu eignet, Knoblauch-Verschmäher für den Rest ihres Lebens zu glühenden Knoblauch-Liebhabern zu bekehren. Mit dem heißen Öl und den Garnelen entwickeln die Zehen ein unwiderstehliches Aroma, das unverwechselbar nach den Küchen der spanischen Inseln duftet.

FÜR 4 PORTIONEN

100 ml Olivenöl
6 Knoblauchzehen, in Scheiben geschnitten
24 große Garnelen (frisch oder aufgetaut)
1 kleine Chilischote, ganz oder gehackt
100 ml Weißwein
50 g Petersilie, gehackt
Saft von ½ Zitrone

1. Olivenöl in einer Pfanne erhitzen. Den **Knoblauch** darin bei mittlerer Hitze frittieren. Achtung, nicht zu dunkel werden lassen, da er sonst bitter wird! **2. Garnelen** und **Chilischote** dazugeben und kurz kräftig anbraten. Mit **Weißwein** ablöschen und die Flüssigkeit einkochen lassen. Mit **Petersilie** bestreuen und mit **Zitronensaft** beträufeln. Dazu gegrilltes Fladenbrot (siehe Seite 177) – umwerfend.

ZUBEREITUNGSZEIT **20 MINUTEN** ZEIT GESAMT **6 STUNDEN**

SANGRÍA

Bevor sich jetzt jemand gelangweilt abwendet, weil er Sangría in Spanien- und Inselurlauben zur Genüge getrunken hat, sollte er erst einmal meine Jachtparty-bewährte Version probieren. Sie ist einfach besser als das, was man üblicherweise bekommt. Damit lässt sich auch jede lahme Gartenfete in Fahrt bringen. Versprochen!

FÜR 4 PORTIONEN

1,5 l Rotwein (Merlot oder Cabernet Sauvignon)
100 ml Brandy
200 ml frisch gepresster Orangensaft
100 g Puderzucker
200 g Erdbeeren, halbiert
2 unbehandelte Orangen, gut gewaschen und in dünne Scheiben geschnitten
2 unbehandelte Limetten, gut gewaschen und in dünne Scheiben geschnitten
2 unbehandelte Zitronen, gut gewaschen und in dünne Scheiben geschnitten
20 Minzblätter, zwischen zusammengeklatschten Handflächen geschlagen
20 Basilikumblätter, zwischen zusammengeklatschten Handflächen geschlagen

1. **Rotwein, Brandy, Orangensaft** und **Puderzucker** gut vermengen, bis sich der Zucker vollständig aufgelöst hat. **2.** Alle anderen **Zutaten** dazugeben und erneut gut vermengen. 6–18 Stunden im Kühlschrank ziehen lassen. Ab geht die Post!

VENEDIG
GENUA
ITALIEN
VIAREGGIO
RIMINI
SAN REMO
KORSIKA
ROM
BONIFACIO
SASSARI
NEAPEL
SARDINIEN
PALERMO
SYRAKUS
MALTA
COMINO

ITALIEN
KORSIKA
SARDINIEN
MALTA

ZUBEREITUNGSZEIT **10 MINUTEN** ZEIT GESAMT **8 STUNDEN**

MASCARPONE-KÄSE

Wenn ich an Mascarpone denke, fällt mir sofort Tiramisu ein. Es handelte sich vor 26 Jahren um eines der ersten Patisserie-Rezepte, mit denen ich zu tun hatte. Ich hatte zuvor noch nie von Mascarpone gehört, aber als mir gezeigt wurde, wie man ihn ganz einfach selbst macht, war ich begeistert. Wer hätte gedacht, dass es nur zwei Zutaten sind, die diesen Frischkäse so einzigartig machen: Zitrone und Sahne – bang!

FÜR CA. 400 G

600 ml Sahne
1 EL Zitronensaft

AUSSERDEM

Musselintuch, Käseleinen
oder ein ungefärbtes,
dicht gewebtes Baumwolltuch
Thermometer

Die **Sahne** in einem Topf auf 85 °C erhitzen. Den **Zitronensaft** dazugeben. Etwa 4 Minuten bei 85 °C mit dem Holzlöffel durchrühren. Auf ein mit Musselintuch ausgelegtes Sieb schütten und mit den Ecken des Tuchs abdecken. Etwa 8 Stunden zum Abtropfen in den Kühlschrank stellen. Den Mascarpone aus dem Tuch nehmen und verbrauchen oder in einer verschließbaren Box maximal 1 Woche gekühlt aufbewahren.

ZUBEREITUNGSZEIT **5 MINUTEN** ZEIT GESAMT **45 MINUTEN**

BALSAMICO-REDUKTION

Hier eine Alternative zu den weit überteuerten und überzuckerten Produkten namens Crema di Balsamico, die man heutzutage überall erhält oder serviert bekommt. Für meine Zubereitung reicht schon ein einfacher Balsamico vom Discounter. Ansonsten muss man nur etwas Geduld haben, da die Reduktion Zeit braucht.

FÜR CA. 500 ML

1 l dunkler Balsamico
2 EL Honig

Balsamico und **Honig** in einen Topf geben und bei kleiner Hitze einkochen lassen – die Mischung darf nicht kochen! Das dauert etwa 45 Minuten. Ideal, um Salatdressings oder Fleischgerichte aufzupeppen. Ich gebe auch in meine Gemüsesuppen immer einen guten Schuss.

ZUBEREITUNGSZEIT **30 MINUTEN** ZEIT GESAMT **1 STUNDE 30 MINUTEN**

FOCACCIA

Manche Gerichte zeigen erst mit gegrillter Focaccia als Beigabe, was in ihnen steckt. Man sollte also etwas Übung haben, dass man sie bei Bedarf schnell auf den Tisch bringt. Nach dem Backen hält sie sich hervorragend bis zu 2 Tage, lässt sich also gut vorbereiten. Sobald sie etwas hart wird, eignet sie sich noch gut zum Grillen oder als Paniermehl.

FÜR 4 PORTIONEN

STARTER

3 Tütchen Trockenhefe
1 TL Zucker
100 g Mehl

TEIG

90 ml Olivenöl
plus etwas für die Form
2 TL Salz
430 g Mehl
Fleur de Sel
1 TL Thymianblättchen
1 TL Rosmarinnadeln

1. Für den Starter 90 ml Wasser, **Hefe** und **Zucker** in einer großen Schüssel gut vermischen und 10 Minuten stehen lassen. Dann das **Mehl** gut einarbeiten und weitere 15 Minuten abgedeckt an einem warmen Ort stehen lassen. **2.** Für den Teig 240 ml warmes Wasser, **Olivenöl, Salz** und **Mehl** mit dem Starter zu einem geschmeidigen Teig verarbeiten. Er sollte elastisch sein und gut zusammenhalten. Zu einem Ball formen und in eine eckige Ofenform setzen, die gut mit **Olivenöl** ausgepinselt wurde. Nun den Teig parallel zu den Formkanten über Kreuz einschneiden, dabei mit dem Messer zu einem Drittel in die Tiefe gehen. Die dadurch entstehenden Teigecken in die jeweiligen Ecken der Form ziehen. Mit Klarsichtfolie abdecken und etwa 30 Minuten an einem warmen Ort gehen lassen. Das Volumen sollte sich dabei verdoppeln. **3.** Die Folie entfernen, dann in den Teig mit **eingeölten** Fingerkuppen Vertiefungen eindrücken. Etwas **Olivenöl** aufträufeln und mit **Fleur de Sel** bestreuen. **4.** Im vorgeheizten Ofen bei 190 °C Umluft 30 Minuten backen. Nach dem Backen aus der Form heben und auf einem Rost abkühlen lassen. **Thymian** und **Rosmarin** darauf verteilen. Mit Dips ein wahrer Gaumenschmaus. **5.** Der Teig eignet sich dünn ausgerollt auch für die Zubereitung von Pizzen.

ZUBEREITUNGSZEIT **10 MINUTEN** ZEIT GESAMT **15 MINUTEN**

GREMOLATA

FÜR 4 PORTIONEN

400 g Petersilienblätter, gewaschen
2 Knoblauchzehen, geschält
80 ml Olivenöl
Zesten von 1 unbehandelten Zitrone
1 Prise Salz

In einem Mixer **Petersilie** und **Knoblauch** zusammen ganz fein hacken. Das **Olivenöl** nach und nach dazugeben, bis eine gut pürierte Masse entstanden ist, die Konsistenz sollte wie die von Aioli sein. Mit **Zitronenzesten** und **Salz** würzen und in einem verschließbaren Gefäß aufbewahren.

ZUBEREITUNGSZEIT **10 MINUTEN** ZEIT GESAMT **20 MINUTEN**

PESTO

FÜR 4 PORTIONEN

2 Bund Basilikum, Blätter abgezupft
120 g Parmesan, gerieben
50 g Pecorino, gerieben
80 g Pinienkerne, in der Pfanne ohne Fett goldbraun geröstet
1 EL gerösteter Knoblauch (siehe Seite 39)
80 ml Olivenöl
Saft von ½ Zitrone
Salz
frisch gemahlener Pfeffer

Basilikum 10 Sekunden in kochendes Wasser und dann sofort in Eiswasser geben. Das macht das Pesto länger haltbar und intensiviert die Farbe. Basilikum gut ausdrücken und mit **Parmesan, Pecorino, Pinienkernen** und **Knoblauch** in der Küchenmaschine zu einer gleichmäßigen, feinen Masse verarbeiten. Mit **Olivenöl** und **Zitronensaft** verrühren und mit **Salz** und **Pfeffer** würzen.

ZUBEREITUNGSZEIT **20 MINUTEN** ZEIT GESAMT **25 MINUTEN**

SALSA VERDE

FÜR 4 PORTIONEN

1 Bund Schnittlauch
1 Bund Petersilie, Blättchen abgezupft
1 Bund Basilikum, Blättchen abgezupft
4 Zweige Thymian, Blättchen abgezupft
½ Zweig Rosmarin, Nadeln abgezupft
1 Bund Kerbel, Blättchen abgezupft
2 Stängel Estragon, Blättchen abgezupft
10 Minzblätter
2 EL Kapern
4 Cornichons (aus dem Glas)
3 Anchovisfilets
2 Schalotten, in sehr feine Würfel geschnitten
2 Knoblauchzehen, geschält
1 EL Dijon-Senf
Saft von ½ Zitrone
Salz
frisch gemahlener schwarzer Pfeffer
100 ml Olivenöl

1. Auf einem großen Schneidebrett alle **Kräuter** zusammen grob hacken. Dann mit **Kapern, Cornichons, Anchovisfilets, Schalotten** und **Knoblauch** sehr fein hacken. **2.** In eine Schale geben und mit **Senf, Zitronensaft, Salz** und **Pfeffer** würzen. Mit **Olivenöl** bedecken – und fertig ist die Salsa verde.

Gremolata – der Klassiker aus Norditalien – ist lombardisch und bedeutet Gehacktes, Durchgemixtes. Sie wird zum Servieren löffelweise als würzende Zutat hauptsächlich zu Schmorgerichten gereicht. Ossobuco ist dafür das bekannteste Gericht. Ich habe Italiener getroffen, die fast süchtig danach waren.

Der Begriff „Pesto“ stammt vom italienischen „pestare“, was so viel wie „zerstampfen“ bedeutet und darauf hinweist, dass diese Würzsauce ursprünglich im Mörser zubereitet wurde. Aber mit dem Küchenmixer geht es schneller und das Pesto wird cremiger. Es gibt wahrscheinlich Hunderte oder sogar Tausende Pesto-Rezepte und alle sind ganz einfach. Kauft deshalb nie ein fertiges Pesto im Supermarkt, das selbst gemachte ist um Schiffslängen besser!

Salsa verde – die kalte Kräutersauce ist tausendfach einsetzbar, meist wird sie zu gekochtem Fleisch oder zu Fisch und kalten Braten serviert. Ich liebe es ab und zu ganz schlicht und mache sie mir zu Pellkartoffeln oder Salzkartoffeln – super!

ZUBEREITUNGSZEIT **25 MINUTEN** ZEIT GESAMT **3 STUNDEN**

POMODORI SECCHI

(GETROCKNETE TOMATEN)

Knusprig und nussig im Geschmack und perfekt für die Zubereitung von Salaten, Fischgerichten, Tartar de boeuf, Carpaccio, Pasta sowie Reisgerichten. Zudem eine großartige Möglichkeit, schon etwas ältere Tomaten zu verarbeiten und ihnen kulinarischen Glanz zu verleihen.

FÜR 4 PORTIONEN

16 Tomaten von alten hocharomatischen Heirloom-Sorten, gehäutet und halbiert
40 ml Olivenöl
2 EL Fleur de Sel
2 EL brauner Zucker
1 EL frisch gemahlener schwarzer Pfeffer
10 Thymianzweige
2 Rosmarinzweige

1. Die **Tomaten** mit der Schnittstelle nach oben auf ein mit Backpapier oder einer Silikonmatte ausgelegtes Backblech setzen. **Olivenöl, Fleur de Sel, Zucker, Pfeffer, Thymian** und **Rosmarin** gleichmäßig darauf verteilen. **2.** Das Blech bei 80 °C Umluft etwa 3 Stunden in den vorgeheizten Ofen schieben. Die Ofentür soll angelehnt sein, dafür Holzlöffel zwischen Ofentür und -korpus klemmen.

ZUBEREITUNGSZEIT **5 MINUTEN** ZEIT GESAMT **10 MINUTEN**

CAPPERI FRITTI

(FRITTIERTE KAPERN)

Unter Kapern versteht man die noch geschlossenen Blütenknospen des Kapernstrauchs, aber auch die Früchte, die Kapernäpfel. Für diese Zubereitung sollte man die Knospen verwenden. Perfekt zu einem Rindercarpaccio.

FÜR 4 PORTIONEN

300 ml Pflanzenöl
100 g frische Kapern (ersatzweise welche aus dem Glas)

1. In einem tiefen Topf das **Öl** stark erhitzen. Zum Testen der richtigen Temperatur eine **Kaper** hineingeben und abwarten, ob sie wie gewünscht aufspringt. Sonst das Öl weitererhitzen. **2.** Die restlichen **Kapern** in zwei Durchgängen frittieren. Vorsicht, sie enthalten viel Flüssigkeit und können „explodieren"! Nach dem Frittieren auf etwas Küchenpapier abtropfen lassen. **3.** Das Öl nach Gebrauch gut verschlossen und gekühlt aufbewahren. Es eignet sich perfekt zum Braten von Fleisch, Fisch oder Gemüse und würzt mit dem Aroma der Kapern.

DER FEHLTRITT

Wenn der Alkohol dich fast umbringt

Wenn du richtig in der Scheiße steckst, hast du nur einen Gedanken im Kopf: Du willst da so schnell wie möglich und heil wieder herauskommen. Manchmal schaffst du es – und wenn es dann überstanden ist, wäre eigentlich etwas Demut angebracht. Aber kaum bist du dem Unheil entronnen, brüstest du dich damit, was für ein toller Hecht du doch bist, weil du es bezwungen hast. Seht alle her, mir geht es prächtig! Klug sein: Das geht wirklich anders. Statt dich zu fragen, wie du womöglich durch deine eigene Blödheit in das Drama geraten bist, lässt du dich von deiner Eitelkeit blenden und stolperst schon in die nächste Dummheit. Und dann stürzt du noch tiefer. So ist es mir ergangen, als der erste harte Sturm überstanden war.

Auf dem Weg zu den Azoren, wo wir Diesel und Proviant aufnehmen wollten, kam ein massives Unwetter auf. Diesen Orkan – ich befand mich gerade auf meiner ersten Atlantiküberquerung – nahm nicht nur ich, der Atlantikneuling, als ernsthafte Bedrohung wahr.

ER WAR SO HEFTIG, DASS UNS UNTER DECK ALLES UM DIE OHREN FLOG, UND KEINER WAR MEHR SICHER, OB WIR DAS UFER JEMALS WIEDER LEBEND ERREICHEN WÜRDEN.

Selbst große Jachten zeigen in Extremsituationen, dass sie doch anfällig sind. Von einem Moment auf den anderen hat man nicht mehr das Gefühl, sich in sicherer Luxusumgebung zu befinden, sondern auf einem Himmelfahrtskommando. Das Schiff, auf dem ich steckte, war mit seinen 32 Metern Länge nun alles andere als ein Gigant und bot den Wellen kaum mehr Widerstand als ein Stück Treibholz, wenn sie sich bis zu zehn Meter hoch auftürmten. Dass es schon 1972 gebaut worden, also alles andere als neu war, konnte man bei jeder Woge, die über den Bug kam, hören, so knarrend und knackend litt die Konstruktion. Mir war, als wolle die wütende See Respekt in mich hineinprügeln. In manchen Momenten dachte ich ohne jede Koketterie, gleich sei es aus. Es wollte und wollte auch kein Ende nehmen, das Toben der Winde und des Wassers zog sich über vier Tage und Nächte hin, es war kaum noch auszuhalten. Am fünften Tag erwachte ich, zur Sicherheit festgezurrt auf meinem Bett, nach ein paar Stunden Schlaf. Gerade noch hatte die See uns alle verschlucken wollen, doch jetzt hatte sie sich beruhigt. Es war absolut windstill. Die meteorologischen Dämonen hatten sich verzogen.

Ich ging auf Deck und stand wieder fest auf meinen Beinen. Ich spürte die warme Sonne auf meiner Haut und sah auf das Wasser. Es war in einem Zustand, den wir „ölige See" nennen – glatt wie ein dicker Ölteppich, unter dem sich kleine Wellen verlieren. Ein wunderschöner Anblick und ein geiles Gefühl. Ich fühlte mich unbesiegbar und so männlich wie nie zuvor. Was bitte sollte mir jetzt noch passieren? Diesem unheilvollen Schicksal gerade entkommen, hielt ich mich für unverletzlich. Gerade aus dieser fatalen Einstellung heraus musste ich schon bald eine Erfahrung machen, die mich für mein späteres Leben prägte.

Wir nahmen wieder Kurs auf die Meerenge von Gibraltar – mit Ziel Palma de Mallorca. Vorher aber mussten wir einen Zwischenstopp auf Madeira einlegen, weil wir es nicht bis zu den Azoren geschafft hatten, um unsere Vorräte wieder aufzufüllen. Die portugiesische Insel lag vor der Küste Marokkos wie ein Perle im Atlantik.

Madeira war neu für mich. Den Namen der Insel verband ich bis dahin nur mit dem gleichnamigen Wein, aus dem man feine Saucen kochen, den man aber auch sehr gut trinken kann. An Bord hatte ich von einem alten Bekannten unseres Captains gehört. Nach allem, was ich wusste, betrieb der Mann auf der Insel direkt an der Hafenmauer eine Art Kneipe, großartige Sonnenuntergänge inklusive. Und es sollte dort nicht nur Drinks geben. Na ja, es war keine klassische Bar, sondern mehr ein Etablissement, in dem die Kellnerinnen zu mehr als nur zum Cocktailmixen bereit waren.

VON EINEM MOMENT
AUF DEN ANDEREN
HAT MAN NICHT
MEHR DAS GEFÜHL,
SICH IN SICHERER
LUXUSUMGEBUNG
ZU BEFINDEN,
SONDERN AUF EINEM
HIMMELFAHRTS-
KOMMANDO.

EIN FEHLTRITT UND ES PASSIERTE: ICH STÜRZTE ZWISCHEN KAIMAUER UND JACHT IN DIE TIEFE.

NACH DEM ÜBERSTANDENEN STURM UND WOCHEN DER ABSTINENZ WAR ICH JETZT GENAU IN DER STIMMUNG, DIE SAU RAUSZULASSEN.

Sollte ich vorher noch einen Funken Ergebenheit in mir gehabt haben, so war er jetzt von meiner enthemmten Lebensgier ausgedrückt worden. Nach dem Anlegen und einem schnell gekochten Abendessen zog ich unter dem Einfluss von mehreren Cervezas mit der Crew los. Nur die für die Sicherheit zuständigen Watchkeeper mussten natürlich bleiben. Nach einer endlos scheinenden Taxifahrt erreichten wir die Bar. Sie war tatsächlich so, wie ich sie mir vorgestellt hatte. Ich sog die Atmosphäre ganz tief in mich hinein: den Duft des Hafens, das Parfüm der hübschen Frauen, die knapp bekleidet an der Bar lehnten, das warme Gold der Abendsonne beim Eintauchen ins Meer und den dezenten Sound von Chillout-Trance, der die warme Luft vibrieren ließ. Ich stand da im Bewusstsein, als Mann, als Koch und vor allem als Seemann, der nun auch in mir erwacht war, gereift zu sein. Ich fühlte mich als Mensch, den in den vergangenen Tagen und Wochen neues Leben erfüllt hatte.

Wir setzten uns. Der Chef des Hauses begrüßte uns warmherzig, aber sicher auch nicht uneigennützig, da er genau wusste, was ausgehungerte Seeleute begehren.

An die Einzelheiten der nächsten Stunden kann ich mich nicht mehr genau erinnern. Vielleicht ist es auch ganz gut so. Ich weiß nur noch, dass die Damen begannen, uns abzufüllen – und zwar total. Man muss sich das so vorstellen: Du sitzt draußen vor dem Lokal unter freiem Himmel auf einem bequemen Stuhl, legst den Kopf nach hinten und öffnest erwartungsvoll den Mund. Die Mädchen nähern sich von hinten und gießen dir den Alkohol aus zwei oder drei Flaschen gleichzeitig direkt in den Mund. Wir hatten schließlich Cocktails bestellt. Der Effekt ist kalkuliert: Du wirst scharf und willst nur noch mit einer dieser Frauen ins Bett. Und du bist blöd genug, jeden Gedanken an die Verträglichkeit dieses Rituals zu ignorieren, und lässt dich weiter abfüllen.

Dann ging es nachträglich unter nicht mehr klärbaren Umständen zu Tequila über – mit allem, was dazugehört. Den letzten, an den ich mich erinnern kann, trank ich aus dem Bauchnabel von Marisol, einer wunderschönen jungen Frau mit dunklen Locken und einer von der Sonne gebräunten Olivenhaut. Das Salz klebte an ihrem Hals und die Zitronenscheibe hielt sie mit ihren Zähnen und Lippen. Daran immerhin erinnere ich mich noch.

Ich kann nicht mit Bestimmtheit sagen, ob der hier wiedergegebene Fortgang der Geschichte mir nachträglich erzählt wurde oder auf eigenen Erinnerungsfetzen basiert. Ist eigentlich auch egal. Auf jeden Fall kam jetzt der schmerzhafte Teil. Völlig betrunken verließen wir die Kneipe und stiegen in ein Taxi. In meinem Suff muss ich wohl versucht haben, mich auf den Taxifahrer zu werfen, um ihn in meinem unkontrollierten Stimmungsüberschwang zu küssen – aus purer Dankbarkeit für die Fahrt, klar.

DER TYP WURDE ABER AUGENBLICKLICH AGGRESSIV UND ZOG OHNE VORWARNUNG EIN MESSER.

Mein Kollege Ali ging dazwischen, riss mich von ihm weg und konnte ihn gerade noch daran hindern zuzustechen. Welcher Teufel muss mich geritten haben, einen Taxifahrer küssen zu wollen? Schließlich kamen wir am Hafen an und ich bin aufs Schiff getorkelt.

Das heißt, ich habe es versucht. Während unserer Abwesenheit hatten die Gezeiten eingesetzt und das Schiff lag nun fast zwei Meter tiefer. Was soll ich sagen: So besoffen wie ich war, begriff ich die veränderte Situation nicht! Ein Fehltritt und es passierte: Ich stürzte zwischen Kaimauer und Jacht in die Tiefe. Ein jäher Ruck beendete den Sturz – ich war mit einem Bein in einen der alten Autoreifen geraten, die als Fender zwischen Boot und Kaimauer angebracht waren. Wie ein halbtoter Thunfisch hing ich da nun auf halber Höhe, bewegungsunfähig. Unter mir nur Wasser, tiefes Wasser. An Schwimmen wäre in meinem Zustand nicht zu denken gewesen. Ob vor Schreck oder Schmerz bewusstlos geworden oder einfach auch nur zu betrunken, ich weiß es nicht – ich war jedenfalls nicht in der Lage, auf die Rufe der anderen zu reagieren. Meine Kollegen haben mich dann irgendwie mit vereinten Kräften herausgezogen und stellten mich wieder auf meine Beine. Kaum stehend, stürzte ich der Länge nach hin und schlug mit dem Gesicht auf. Hart, sehr hart. Ich muss am Rande einer Alkoholvergiftung gewesen sein. Glücklicherweise hatte ich Kollegen bei mir, die zwar selbst alles andere als nüchtern waren und sich gehen ließen, die sich aber noch um mich kümmern konnten. Sie haben mich dann gestützt und begleitet, bis ich endlich in meiner Kabine in meinem Bett lag.

Stunden später setzte meine Erinnerung wieder ein. Die ersten Sinneseindrücke waren ein höllisch schmerzendes Bein, eine brennende Fleischwunde auf der Stirn, ein auf den Arm geschriebener Name, blutverklebte Hände, ein blutverklebtes Gesicht. Im Schädel das Gefühl, als wäre ich zwischen zwei kollidierende Kreuzfahrtschiffe geraten. Ich versuchte, das gedankliche Wirrwarr meines langsam einsetzenden Bewusstseins zu ordnen. Es war wie das Erwachen aus einem Albtraum. Hämmern im Kopf, Sehstörungen, Schmerzen im ganzen Körper. Ich wollte mich aufrichten – es gelang nicht. Mein Kopf schlug unter Dröhnen zurück aufs Kissen.

ICH ERSTARRTE. WARUM KONNTE ICH MICH NICHT RICHTIG BEWEGEN? WAS – VERDAMMT NOCH MAL – WAR PASSIERT? HATTE ICH EINEN SCHLAGANFALL GEHABT?

Der Gedanke war furchtbar. Würde ich jetzt für den Rest meiner Tage dahinsiechen, mich vollsabbern und vollscheißen und nie wieder ein selbstbestimmter, frei agierender Mensch sein? Ihr glaubt gar nicht, in welche Panik euch eine solche Vorstellung versetzen kann. Es waren wahrscheinlich nur wenige Minuten, die ich in dieser Verzweiflung durchlebte, aber sie gehören zu den schlimmsten meines Lebens, ich stöhnte auf wie unter Folter. Daran erinnere ich mich.

Aus heutiger Sicht war es ein Erlebnis, das mich nachdenklicher gemacht hat. Das Leben ist kein Selbstbedienungsladen, in dem man sich reuelos und ohne zu bezahlen bedienen kann. Anders als beim Unwetter auf dem Atlantik war die Gefahr diesmal auch nicht von außen gekommen. Mir wurde klar, dass meine größte Bedrohung am Ende ich selbst sein konnte. Zurück blieb eine tiefe Dankbarkeit, dass weder das gezückte Messer noch die Stürze mit dauerhaften Folgen verbunden waren. Und die Erkenntnis, dass ich mich freiwillig und fahrlässig in eine gefährliche Situation gebracht hatte, mit der ich ohne rettende Hände aus eigener Kraft nicht mehr fertig geworden wäre.

Vielleicht klingt es in diesem Zusammenhang pathetisch, wenn ich absolut ehrlich sage, was mich als Erstes wieder auf meine sehr wackeligen Beine brachte: mein Pflichtgefühl! Es rief mich unerbittlich zur Räson. Wenn ich meinen Job mache, dann mache ich ihn richtig – und ich war ja im Dienst. Und trotz meines Alkoholpegels hatte ich sowieso keine andere Wahl. Das Schiff würde vier Stunden später nach Mallorca ablegen und ich musste schnell wieder an Land, um für die Bordküche einzukaufen. An Erholung danach war aber auch nicht zu denken, es standen erst noch 16 lange Stunden Dienst an. Nun, ich hab's hingekriegt. Aber gut ging es mir erst Tage später.

ÜBRIGENS: DER NAME AUF MEINEM ARM WAR DER VON MARISOL.

Ein Name, der sich für immer in mein Gedächtnis gebrannt hat. Seitdem verbinde ich ihn genauso mit der Insel Madeira wie den gleichnamigen Wein.

DAS LEBEN IST KEIN SELBSTBEDIENUNGS-LADEN, IN DEM DU DICH REUELOS UND OHNE ZU BEZAHLEN BEDIENEN KANNST.

ZUBEREITUNGSZEIT **10 MINUTEN** ZEIT GESAMT **20 MINUTEN**

POLENTA CON FUNGHI PORCINI

(STEINPILZ-POLENTA)

FÜR 4 PORTIONEN

PILZE

30 g getrocknete Steinpilze
200 g Champignons, grob geschnitten
1 Schalotte, in sehr feine Würfel geschnitten
2 Knoblauchzehen, in sehr feine Würfel geschnitten
½ TL Chiliflocken
20 ml Olivenöl

POLENTA

600 ml Milch
1 Rosmarinzweig
4 Thymianzweige
100 g Polenta
1 EL Butter
50 g Parmesan, gerieben
Salz
frisch gemahlener schwarzer Pfeffer

GARNITUR

8 Scheiben Pancetta (italienischer Bauchspeck), gegrillt
4 Bioeier, pochiert (siehe Seite 70)
1 Handvoll Sprossen (Sorte nach Belieben), gut abgespült
etwas geräuchertes Paprikapulver
(in Gewürz- und manchen Teegeschäften, im Internet)

1. Für die Pilze die **Steinpilze** in einer Schale mit 180 ml kochendem Wasser übergießen und 5 Minuten darin einweichen. Dann auf ein Sieb schütten, dabei den Pilzfond auffangen. Die Pilze gut ausdrücken. **2.** In einer Pfanne **Champignons, Schalotten, Knoblauch** und **Chiliflocken** in **Olivenöl** erhitzen und gut Farbe annehmen lassen. Steinpilze dazugeben und 2 Minuten anbraten. Pilzfond angießen und einkochen, bis er fast verdampft ist. Zur Seite stellen. **3.** Für die Polenta die **Milch** mit **Rosmarin** und **Thymian** in einem Topf zum Kochen bringen. **Polenta** mit dem Schneebesen einrühren und etwa 10 Minuten bei kleiner Hitze und unter gelegentlichem Rühren quellen lassen. Dann die Kräuterzweige entfernen. **4. Butter, Parmesan, Salz** und **Pfeffer** unterrühren und dann alles mit den Pilzen vermengen. Auf Tellern mittig anrichten. **5.** Für die Garnitur **Pancetta, pochiertes Ei, Sprossen** und zum Schluss eine Prise **geräuchertes Paprikapulver** obenauf geben.

ZUBEREITUNGSZEIT **15 MINUTEN** ZEIT GESAMT **45 MINUTEN**

POMODORINI

(DIE ULTIMATIVE KIRSCHTOMATENSAUCE)

Tomaten, Tomaten, Tomaten – ich könnte eine ganze Atlantiküberquerung mit täglich anderen Zubereitungen ausgestalten. Hier eine von x Ideen.

FÜR 4 PORTIONEN

4 Thymianzweige
1,5 kg Kirschtomaten, auf eine aromatische Sorte achten
2 Schalotten, grob gehackt
4 Knoblauchzehen, geschält
2 EL Olivenöl
100 g Basilikumblätter
Salz
frisch gemahlener schwarzer Pfeffer

1. Thymian, Tomaten, Schalotten, Knoblauch und **Olivenöl** in einer Schüssel wenden und dann zusammen gleichmäßig auf einem mit Backpapier oder einer Silikonmatte ausgelegten Blech verteilen. Im vorgeheizten Ofen bei 210 °C Umluft etwa 20 Minuten im Ofen rösten. Die Tomaten sollten dabei etwas Bräunung erhalten und verschrumpeln. **2.** Die Thymianzweige entfernen und den gesamten Rest mit der entstandenen Flüssigkeit in eine Küchenmaschine geben. Mit **Basilikum, Salz** und **Pfeffer** gut 5 Minuten pürieren. Wer mag, kann die Sauce zusätzlich noch passieren. **3.** Für Pizza, Pasta, Dressings sowie Fleisch-, Fisch- und Meeresfrüchtegerichte. Die Einsatzmöglichkeiten sind praktisch unbegrenzt.

ZUBEREITUNGSZEIT **20 MINUTEN** ZEIT GESAMT **1 STUNDE**

PASTA, PASTA

(NUDELTEIG)

Basisrezept für einen Pastateig, den man beliebig zum Kochen und Füllen verwenden kann. Selbst gemachte Nudeln schmecken nicht nur besser, die Zubereitung macht auch noch Spaß. Hebt die Stimmung bei Tisch. Also: Pronto!

FÜR 4 PORTIONEN

600 g Mehl (Type 00) plus etwas für die Arbeitsfläche
1 EL Salz
4 Eier
4 Eigelb
40 ml Olivenöl

1. Mehl und **Salz** im der Küchenmaschine bei mittlerer Geschwindigkeit vermengen. Nach und nach erst die **Eier,** dann die **Eigelbe** dazugeben. **2.** Wenn gefärbt werden sollte (siehe Seite 100), wäre das der richtige Moment, um die gewünschte Farbe einzuarbeiten. Dabei unbedingt beachten, dass die färbenden Zutaten weitere Feuchtigkeit in den Teig bringen – deshalb etwa 50 g Mehl mehr verarbeiten. **3.** Ohne Färbung jetzt nur noch **Olivenöl** und 2 EL Wasser einarbeiten. Es sollte sich ein feiner, aber fester Teig entwickeln. Mit der Hand weitere 5 Minuten auf einer mit **Mehl** bestäubten Arbeitsfläche durchkneten, bis er elastisch geworden ist. In Klarsichtfolie gewickelt etwa 30 Minuten im Kühlschrank bis zur weiteren Verarbeitung ruhen lassen.

ZUBEREITUNGSZEIT **10 MINUTEN** ZEIT GESAMT **15 MINUTEN**

NATÜRLICHE FARBEN FÜR PASTA

Das Kochen mit natürlichen Farbgebern macht zwar etwas mehr Mühe, aber ich finde das Arbeiten mit Farben aus dem Chemielabor, wie man sie in Supermärkten bekommt, einfach langweilig. Außerdem ist an natürlichen Farben absolut nichts Ungesundes und ich finde die Nuancen auch schöner. Beim Färben ist darauf zu achten, dass der Teig nicht zu weich oder zu fest wird. Wenn also flüssige Farbe zugegeben wird, die Flüssigkeitsmenge an anderer Stelle reduzieren oder mehr Mehl hineingeben. Wer mit trockenen Zutaten färbt, sollte entweder geringfügig die Mehlmenge reduzieren oder ein paar Tropfen Wasser zusätzlich hineingeben.

GRÜN 1 kg Spinat (Stängel entfernt) und 100 ml Wasser im Mixer so fein wie möglich pürieren. Masse durch ein Sieb streichen. Die durchgesiebte Flüssigkeit in einen großen Topf geben und zum Kochen bringen. Sobald sie aufgekocht ist, den Topf vom Herd ziehen. Mit einer Schaumkelle den grünen Schaum – das ist unsere Spinatmatte – in eine Schüssel schöpfen. Je nach gewünschter Farbintensität zum Nudelteig geben. Die Spinatmatte lässt sich gut tiefkühlen.

SCHWARZ Für schwarze Nudeln nimmt man üblicherweise Tintenfischtinte (im Fischgeschäft). Deshalb schmecken die Nudeln aber keineswegs fischig. Ich möchte den Geschmack mit der endlosen Weite und Frische der See vergleichen. Zum Färben wird nur sehr wenig Tinte gebraucht – und bitte aufpassen, dass die Kleidung nichts abbekommt!

GELB Gelbe Pasta lässt sich am besten mit etwas Kurkuma oder – wenn man es orientalisch mag – mit Madras-Curry herstellen.

ROT Für rote Nudeln kann man Tomatenmark nehmen, das nicht so intensiv färbt wie der Saft von Roter Bete (siehe unten).

ZUBEREITUNGSZEIT **1 MINUTE** ZEIT GESAMT **1 STUNDE**

ROTE-BETE-SAFT

Selbst gemachter Saft aus Rote-Bete-Knollen hat den Vorteil, dass er garantiert keine Zusatzstoffe enthält. Man sollte für einen später folgenden Bedarf gleich etwas mehr Saft zubereiten, als man aktuell braucht, und den Überschuss entweder einkochen oder einfrieren.

FÜR 400 ML SAFT BZW. 40 ML EINGEKOCHT

ca. 1,3 kg rohe Rote-Bete-Knollen (ungeschält gewogen)

oder 400 ml Saft ohne Zusatzstoffe (aus der Flasche)

Die **Knollen** schälen und mithilfe eines Entsafters zu Saft verarbeiten. Den Saft in einem Topf auf mäßiger Hitze einkochen, bis nur noch 40 ml – das sind 3–4 EL – übrig sind. Zum Färben von Lebensmitteln – siehe zum Beispiel Farben für Pasta oben.

ZUBEREITUNGSZEIT **30 MINUTEN** ZEIT GESAMT **45 MINUTEN**

CIPOLLINE IN AGRODOLCE

(SÜSSSAURE ZWIEBELN)

Nicht ganz unitalienisch und meine Interpretation der korsischen Küche. Diese Cipolline dürfen auf keinem Antipasti-Buffet fehlen, aber auch auf einem New-York-Style-Sandwich mit Pastrami, Senf und Dillgurken machen sie sich gut. Perfekt überall da, wo man etwas mehr süßliche Säure braucht, um das Gericht abzurunden.

FÜR 4 PORTIONEN

80 g Rosinen
40 ml Olivenöl
1 ½ kg Perlzwiebeln, geschält
80 ml dunkler Balsamico-Essig
1 EL Zucker
Salz
frisch gemahlener schwarzer Pfeffer

1. **Rosinen** in einer kleinen Schüssel mit 100 ml kochendem Wasser übergießen und 30 Minuten zur Seite stellen. **2.** In der Zwischenzeit eine Pfanne auf mittlere Hitze vorheizen. **Olivenöl** erhitzen und die **Perlzwiebeln** hineingeben. Etwa 10 Minuten goldbraun rösten. **3.** Rosinen abgießen und mit **Balsamico, Zucker, Salz** und **Pfeffer** zu den Zwiebeln in die Pfanne geben. Die Flüssigkeit etwa 2 Minuten einkochen, bis sich ein Sirup bildet.

ZUBEREITUNGSZEIT **15 MINUTEN** ZEIT GESAMT **20 MINUTEN**

CHARCUTERIE

(WURSTPLATTE)

Keine Lust, warm zu kochen? Dieses Gericht ist perfekt für den heißen Sommerabend auf der Terrasse. Da die traditionellen Zutaten der auch von Frankreich geprägten korsischen Küche nicht überall verfügbar sind, habe ich hier einige gängigere Produkte als Alternativen eingesetzt.

FÜR 4 PORTIONEN

12 Scheiben Lonzu (ersatzweise Kassler)
12 Scheiben Coppa (ersatzweise Südtiroler Schinken oder Nackenschinken)
12 Scheiben Salsiccia (ersatzweise Salami)
12 Scheiben Prizuttu (ersatzweise roher Schinken)
120 g Paté (ersatzweise eine gute grobe Leberwurst)
20 Cornichons
8 Radieschen
12 Kirschtomaten

AUSSERDEM

Brot
Butter
Rucola
hochwertiges Olivenöl

1. Für die Auswahl eine große Platte nach Lust und Laune mit allen **Zutaten** belegen. **Brot** und **Butter** sowie knackige **Rucolablätter** dazu reichen. Mit **Olivenöl** beträufeln. **2.** Dazu ein Glas Pastis oder Bier und der Abend ist perfekt.

ZUBEREITUNGSZEIT **1 STUNDE** ZEIT GESAMT **1 STUNDE 30 MINUTEN**

RAVIOLI AI CARCIOFI

(ARTISCHOCKEN-RAVIOLI)

Vor einigen Jahren arbeitete ich für einen italienischen Herrn, der für sein Leben gern Ravioli aß. Und das jeden Tag, oft sogar zweimal. Natürlich wollte er nicht immer dieselben Füllungen und ich musste mir regelmäßig etwas Neues einfallen lassen. Als ich ihn eines Tages mit dieser Zubereitung überraschte, war es um ihn geschehen: Zwei ganze Wochen wollte er seine Pasta nur noch so und nicht anders. Er war so verliebt in das Gericht, dass seine Privatköche in Rom und New York das Rezept in ihr Repertoire übernehmen mussten. Dabei ist die geschmackliche Besonderheit kein großes Geheimnis: Kurz vor dem Servieren löffele ich braune Salbeibutter über die Nudeln.

FÜR 4 PORTIONEN

½ Zwiebel, in sehr feine Würfel geschnitten
250 g Artischockenherzen (aus dem Glas oder TK-Ware)
120 g Butter
50 g Petersilie, gehackt
100 g Parmesan, gerieben
2–3 Eigelb
Saft von ½ Zitrone
¼ TL frisch geriebene Muskatnuss
Salz
frisch gemahlener schwarzer Pfeffer
Nudelteig (siehe Seite 99; die halbe Menge ist hierfür ausreichend)
20 frische Salbeiblätter

1. **Zwiebeln** und **Artischockenherzen** in 40 g **Butter** etwa 5 Minuten andünsten. Mit **Petersilie, Parmesan,** einem **Eigelb, Zitronensaft, Muskat, Salz** und **Pfeffer** in der Küchenmaschine nicht zu fein pürieren. **2.** Den **Nudelteig** etwa 2 mm dünn ausrollen und mit einem Ring oder einem Glas von 6 cm Durchmesser zu Kreisen ausstechen. Die Masse mit einem Esslöffel mittig auf die Teigstücke setzen. Ein bis zwei **Eigelbe** mit etwas Wasser verrühren. Die Teigränder mit dem Eigelb-Wasser-Gemisch einpinseln und dann einen weiteren Nudelkreis darauflegen. Nun behutsam die beiden Hälften von der Mitte nach außen hin zusammendrücken. Es sollen keine Lufteinschlüsse entstehen. Die Ränder fest zusammendrücken. **3.** Portionsweise in kochendes **Salzwasser** geben, sodass sie nicht zusammenkleben. 5 Minuten garen, herausnehmen, abtropfen lassen und auf vorgewärmte Teller geben. **4.** Die restlichen 80 g **Butter** in einer Pfanne stark erhitzen. Wenn sie anfängt, dunkel zu werden, die **Salbeiblätter** zufügen und etwa 20 Sekunden in der Butter frittieren. Dann sofort über die Ravioli geben und servieren.

ZUBEREITUNGSZEIT **1 STUNDE** ZEIT GESAMT **1 STUNDE 45 MINUTEN**

TORTA DI CASTAGNE E CIOCCOLATO

(MARONEN-SCHOKOLADEN-TARTE)

Korsika ist bekannt für seine Maronen. Sie gedeihen dort an hohen Bäumen, unter denen Vieh weidet. Maronen spielen in der Küche eine beachtliche Rolle und werden auf der Insel sogar zu Bier verarbeitet. Als Kind habe ich sie schon geliebt, wenn ich sie auf dem Weihnachtsmarkt essen durfte. Als ich dann auf Korsika einen 10-Kilo-Sack geschenkt bekam, fing ich an, damit zu experimentieren. Dabei entstand das Rezept für diese Tarte.

FÜR CA. 8 PORTIONEN

BODEN

250 g Mehl plus etwas für die Arbeitsfläche
200 g Kakaopulver
120 g Puderzucker
1 Prise Salz
250 g Butter
2–3 Eigelb

FÜLLUNG

200 ml Milch
200 ml Sahne
80 g Zucker
1 Vanilleschote und das ausgeschabte Mark
1 Prise Salz
200 g Maronen (Kastanien; aus dem Glas), geröstet und geschält
150 g dunkle Kuvertüre
2–3 Eier

ZUM SERVIEREN

etwas Mascarpone (siehe Seite 81)

AUSSERDEM

getrocknete Hülsenfrüchte zum Blindbacken

1. Für den Boden in der Küchenmaschine **Mehl, Kakao, Puderzucker, Salz, Butter** und **Eigelbe** zu einem zusammenhängenden Teig verarbeiten. Herausnehmen und weitere 5 Minuten auf einer mit **Mehl** bestäubten Arbeitsfläche kneten. 1 Stunde in Klarsichtfolie gewickelt im Kühlschrank ruhen lassen. **2.** Für die Füllung in der Zwischenzeit **Milch, Sahne, Zucker, Vanilleschote, Vanillemark, Salz** und **Maronen** in einem Topf bei mittlerer Hitze etwa 20 Minuten köcheln lassen, bis die Maronen weich sind. Vanilleschote entfernen. **Kuvertüre** dazugeben und unterrühren. Die Mischung dann in der Küchenmaschine 2–3 Minuten pürieren, bis eine glatte Masse entstanden ist. Zum Schluss die **Eier** dazugeben und alles weitere 30 Sekunden pürieren. **3.** Den Teig aus dem Kühlschrank nehmen und weitere 5 Minuten ruhen lassen. Auf einer mit **Mehl** bestäubten Arbeitsfläche etwa 3 mm dick ausrollen und in eine **bemehlte** Tarteform setzen. Die Seiten gut andrücken und den Boden mit einer Gabel gleichmäßig einstechen. 5 Minuten in das Gefrierfach stellen. **4.** Aus dem Gefrierfach nehmen. Den Teig zum Blindbacken mit Backpapier belegen, das etwas größer als die Grundfläche der Form ist. Mit **Kichererbsen** oder anderen **getrockneten Hülsenfrüchten** belegen. So wird verhindert, dass sich der Teig beim Backen hebt und Blasen wirft. **5.** Im vorgeheizten Ofen bei 190 °C Umluft etwa 12 Minuten erhitzen. Backpapier und Kichererbsen entfernen und weitere 5 Minuten backen. **6.** Aus dem Ofen nehmen und kurz abkühlen lassen. Jetzt die Füllung daraufgeben. Bei 155 °C Umluft etwa 25 Minuten backen. Die Füllung soll fest werden. Die Tarte vor dem Portionieren gut auskühlen lassen. **7.** Zum Servieren etwas **Mascarpone** dazugeben.

MACHETE AM HALS

Verdammt knapp daneben

Schon mal von der Äquatortaufe gehört? Ein meist brutales Ritual in zahllosen Varianten, das Seeleute traditionell Neulingen antun, die zum ersten Mal den Äquator überqueren. Da sind schon schlimme Sachen passiert und mancher braucht Wochen, bis er sich davon erholt hat. Auf Jachten gehört sie ebenfalls zur Kultur, wenn auch eher auf spielerische Art und Weise. Aber auch dabei können die Späße an Bord ziemlich heftig ausfallen.

Man sollte sich für seine Jokes aber unbedingt die richtigen Leute aussuchen, denn nicht jeder hat ein Gemüt, das in Humor gebadet hat. Umgekehrt sollte man selbst auch nicht zimperlich sein und einstecken können. Wo nun die Grenzen dieses Humors sind, lässt sich beim besten Willen nicht festlegen oder vorhersehen. Als Sensibelchen hat man allein schon aus diesem Grund an Bord nichts verloren und sollte deshalb lieber an Land bleiben.

Ich habe nicht nur Hurrikane und tropische Wirbelstürme mit haushohen Wellen überlebt, sondern bin auch sonst mit vielen Wassern gewaschen und lasse mich nicht so leicht unterkriegen – erst recht nicht von irgendwelchen Faxen aus dem Kollegenkreis.

Doch all das sollte mich nicht vor dem schützen, was mit einem harmlosen Spaß begann und innerhalb von Sekunden zu einer lebensbedrohlichen Situation wurde.

Wir lagen im Hafen von Palma. Meine erste Saison war noch nicht vorbei, aber es war schon das dritte Schiff, auf dem ich arbeitete – woran man, nebenbei bemerkt, sieht, wie schnelllebig dieses Geschäft ist. Mein Job auf der „Heavenly Days" war eigentlich beendet, aber der Captain hatte mich gebeten, fürs Erste zu bleiben, da noch einige Arbeiten an Bord gemacht werden mussten. Neue Verpflichtungen standen bei mir gerade nicht an, so what? Gegen einen kleinen Zusatzverdienst ist ja nie etwas einzuwenden.

Es gab da so einen kleinen Spaß, den ich in der Küche gern anzettelte. Ich machte ihn mit den Leuten, die einfach reingeschneit kamen, dieses saublöde Kannst-du-nicht-mal oder Hast-du-nicht-mal von sich gaben, weil sie irgendetwas zu essen wollten, und dabei einfach nur nervten. Die Köche unter euch wissen, wovon ich spreche. Wenn also so eine Pflaume reinkam, schnappte ich mir immer mein großes Kochmesser, sprang mit gefletschten Zähnen auf denjenigen zu und tat mit übertriebener Gestik so, als würde ich ihm den Arm absäbeln. Das Ganze war völlig ungefährlich! Na ja, nicht ganz. Wie auch immer, ich hatte kurz zuvor das Messer, flink und vom groben Auge kaum zu erfassen, umgedreht, sodass die stumpfe Seite der Klinge nach unten zeigte und nichts passieren konnte. Es ist auch nie etwas passiert, aber das Entsetzen bei denen, die das Spielchen noch nicht kannten, war immer groß.

SIE SCHRIEN AUF, SCHRECKTEN ZURÜCK UND STANDEN MANCHMAL WEISS WIE GISCHT AN DER WAND. ICH HAB'S JEDES MAL GENOSSEN! ACH JA, DIE KLEINEN FREUDEN DES KOCHALLTAGS HALT ...

Manche waren allerdings so dämlich, nicht zu kapieren, was ich damit eigentlich sagen wollte – und bald standen sie schon wieder da mit ihren Ansinnen.

Die wohl nervigste Frage, die man einem Koch stellen kann, lautet: „Was gibt es heute zu essen?" Sobald sie in mein Ohr dringt, bin ich auf Krawall gebürstet und sage dann so freundliche Sachen wie: „Heute gibt es gar nichts, morgen auch nicht. Verpiss dich und fange dir einen Fisch. Lass dich hier nie wieder blicken!" Du musst in solchen Situationen immer übertreiben, wirklich. Du musst mit Worten um dich hauen, sonst glaubt dir keiner, dass du es ernst meinst.

Zur Crew gehörte auch ein Amerikaner, Dan, ein absoluter Lebemann mit über 25 Jahren See-Erfahrung auf dem Kerbholz. Ein Seemann, wie man ihn aus Hollywood-Filmen wie „Der rote Korsar" mit

ICH SCHNAPPTE MIR IMMER MEIN GROSSES KOCHMESSER UND SPRANG MIT GEFLETSCHTEN ZÄHNEN AUF DENJENIGEN ZU!

MIT BEIDEN HÄNDEN GRIFF ICH VOLLER VERZWEIFLUNG AN DIE MACHETE, UM SIE VON MIR WEGZUDRÜCKEN.

Burt Lancaster kennt. Bei jeder Gelegenheit haben wir uns gegenseitig veralbert. Ich habe ihn mit seinen amerikanischen Eigenarten aufgezogen und er mich mit meinen deutschen. Die Verarsche ging aber nie so weit, dass sie den anderen tatsächlich beleidigte, es war ein kleines Zeremoniell unter Kumpels, die sich in Wirklichkeit gar nichts wollen. Dan – Dannyboy – hatte ebenfalls die Angewohnheit, in falschen Momenten in der Küche aufzukreuzen und zu fragen, was es denn zu essen gäbe. Im Gegensatz zu den anderen Kollegen habe ich Dannyboy dann nie angeblafft, sondern immer die lustige Messernummer abgezogen. Hat zwar nicht viel geholfen, weil er drei Tage später doch wieder mit dieser bescheuerten Frage angeschissen kam, es machte aber Spaß.

Einmal war ich im Aufenthaltsbereich der Crew. Dannyboy war zwar nicht mit im Raum, aber ich wusste, dass er uns hören konnte, da er in unmittelbarer Nähe in seiner Kabine war. Ich hatte gerade mit einem Kollegen ein paar derbe Witze auf Dans Kosten gemacht. Nicht weiter bemerkenswert, solche Szenen spielen sich zigmal am Tag ab.

Plötzlich kam er völlig überraschend und kreischend, als wäre er von einer Tarantel gestochen worden, in den Aufenthaltsbereich gestürmt, in einer Hand eine Machete. Ein Riesending! Woher in aller Welt hatte er eine Machete? Blitzte mir noch durch den Kopf. Warum hatte er überhaupt eine? Ich hatte sie noch nie gesehen. Dann stürzte er sich mit gespieltem Kriegsgebrüll – „OAAAAAAAH!" – auf mich und ich habe ebenso theatralisch „OOOH!" und „AAAAH!" zurückgebrüllt. Dabei gebärdete er sich, als wolle er mir mit der Machete den Hals, also den Kopf abschneiden – genau so, wie ich es mit dem Küchenmesser immer an seinem Arm gemacht hatte. Er hatte die Klinge dieses Riesenteils umgedreht, sodass die Schneide von mir weg zeigte, um mich nicht zu verletzen. Das konnte ich gerade noch erkennen, bevor wir in unseren Nahkampf gingen. Doch dann spürte ich einen heftigen Schmerz am Hals, es wurde feucht und warm. Er hatte mir ins Fleisch geschnitten. Panik!

MIT BEIDEN HÄNDEN GRIFF ICH VOLLER VERZWEIFLUNG AN DIE MACHETE, UM SIE VON MIR WEGZUDRÜCKEN.

Doch ehe ich begriff, was ich tat, war es schon geschehen: Ich hatte meine Hände mit voller Kraft in die geschärfte Klinge geschlagen. Ich schrie auf, diesmal aus echtem Schmerz. Dan hatte bereits kapiert, dass hier kein Schwank mehr aufgeführt wurde, und während wir voneinander abließen, bemühten sich auch schon die anderen, uns zu trennen. Ich spürte, wie mir das Herz bis in den Hals schlug. Er brannte, als sei ein glühender Grillspieß hineingestochen worden. Blut sickerte in mein Shirt, wo sich ein anfänglich kleiner Fleck schnell zu einem beängstigenden Flatschen ausdehnte. Von meinen Händen tropfte es auf den Boden, die Finger hatten alle einen Schnitt abbekommen. Entsetzte Gesichter.

Der Captain wurde sofort verständigt, der Notarzt kam und ich musste zur Behandlung umgehend ins nächste Krankenhaus gebracht werden. So schlimm waren die Verletzungen. Sieben Stiche waren nötig, um mich am Hals wieder zusammenzuflicken. Der Arzt erklärte mir anschließend, dass ich meinem Gott danke solle, der Schnitt sei nur einen Zentimeter an der Hauptschlagader vorbeigegangen. Wäre sie getroffen worden – Ausgang ungewiss.

Nach ein paar Stunden befand ich mich wieder auf dem Schiff. Ich stand immer noch unter Schock und war ziemlich sauer auf Dan, der mich ins Krankenhaus begleitet hatte. „Sauer" hört sich für das, was geschehen war, wahrscheinlich viel zu zurückhaltend an. War das nicht ein Akt von fahrlässiger Körperverletzung gewesen? Hatte Dan mich nicht beinahe umgebracht? Er gab sich die größte Mühe, sich bei mir zu entschuldigen. Es täte ihm unendlich leid, das habe er doch nicht gewollt, er könne mir nie wieder vor die Augen treten, ohne an dieses Massaker und seine grenzenlose Dummheit zu denken. Die Sache setzte ihm wirklich zu, er tat nicht nur so. Dabei kam heraus, wie es zu diesem Unglück kommen konnte. Dan hatte zwar die Klinge so gedreht, dass die Schneide von mir weg zeigte. Aber er hatte übersehen, dass seine Machete auf der anderen Seite der Klinge einen Sägerücken hatte, wie es zum Beispiel bei kolumbianischen Macheten üblich ist. Die Säge hatte meinen Hals grob aufgerissen und eine zerfetzte Wunde hinterlassen. Aber die stumpfen Zacken waren nicht bis zur Schlagader durchgedrungen. Was habe ich ein Riesenschwein gehabt!

ZWEI NACHTRÄGE Zum einen meine Verletzungen. Die Hände waren nach relativ kurzer Zeit wieder voll einsatzfähig, weil weder Sehnen noch Gelenke etwas abbekommen hatten. Anders verlief es mit meinem Hals. Man hatte im Krankenhaus die Wunde offenbar nicht richtig desinfiziert. Schon bald entzündete sie sich – und das nicht zu knapp. Sie eiterte drei Monate lang. Erst dann war ich wieder vollständig okay.

Zum anderen Dan. Natürlich stand etwas zwischen uns, obwohl mir klar war, dass keine Absicht dahintergesteckt hatte und alles im Grunde ein höchst bedauerliches Missgeschick gewesen war. Dan war nach dem Vorfall ungemein betroffen und wollte mit mir wieder ins Reine kommen. Ich konnte ihm so recht auch gar keinen Vorwurf machen, außer dass er nicht an die Säge gedacht hatte.

Abgesehen davon war die Geschichte mit den komödiantischen Messerattacken ursprünglich auf meinem Mist gewachsen. Ein paar Tage später, als sich unsere Wege trennten, haben wir uns wieder voll und ganz vertragen. Warum Dannyboy – jetzt war er's wieder – die Machete besaß, ob er sie sich als Souvenir irgendwo gekauft oder ob er sie zur Selbstverteidigung hatte, habe ich nie erfahren. Ich habe jedenfalls daraus gelernt, dass man solche Angriffe auch nicht zum Spaß inszenieren darf. Seitdem gehört meine Messernummer der Vergangenheit an.

Und die Moral von der Geschicht: Mit scharfen Klingen spielt man nicht!

ZUBEREITUNGSZEIT **20 MINUTEN** ZEIT GESAMT **1 STUNDE 15 MINUTEN**

BISCOTTI

(MANDEL-ORANGEN-BISCOTTI)

Der Klassiker aus Italien wurde mir in Neuseeland zum ersten Mal zum Probieren gegeben. Mein erster Gedanke war, dass das nur etwas für Leute mit guten Zähnen sei – und ich fragte mich ernsthaft, ob die Dose mit den Keksen wohl schon ein halbe Ewigkeit unter dem Sofa gelegen hatte. Dann wurde mir erklärt, dass man das Gebäck erst in Kaffee tunkt und etwas weich werden lässt, bevor man es isst. Ich erspare mir den Arbeitsschritt des Trocknens meist – und das nicht nur meinen Zähnen zuliebe. Ich mag das Gebäck so einfach lieber.

FÜR 4 PORTIONEN

375 g Mehl
plus etwas zum Verarbeiten
300 g Zucker
150 g Mandeln mit Haut, geröstet
Zesten von 1 unbehandelten Orange
3 Eier
1 Eigelb

1. Alle **Zutaten** in eine Schüssel geben und mit den Händen zu einem Teig verarbeiten. Mit **bemehlten** Händen einen oder zwei kleinere Laibe formen und auf ein mit Backpapier oder einer Silikonmatte ausgelegtes Blech setzen. Im vorgeheizten Ofen bei 180 °C Umluft 30–40 Minuten backen. **2.** Herausnehmen, kurz auskühlen lassen und dann in etwa 1 cm dicke Scheiben schneiden. Traditionell legt man die Scheiben auf einen Rost und trocknet sie im Ofen 30 Minuten bei 100 °C Umluft.

ZUBEREITUNGSZEIT **30 MINUTEN** ZEIT GESAMT **45 MINUTEN**

RISOTTO ALLA MARINARA

(MEERESFRÜCHTERISOTTO)

Risotto ist wohl das beliebteste Reisgericht Italiens und war ursprünglich eine Vorspeise. Man sollte auf jeden Fall einen möglichst hochwertigen Risottoreis verwenden und andere Reissorten erst gar nicht in Erwägung ziehen.

FÜR 4 PORTIONEN

80 ml Olivenöl
½ Zwiebel, in sehr feine Würfel geschnitten
2 Knoblauchzehen, in sehr feine Würfel geschnitten
300 g Risottoreis
150 ml trockener Weißwein
800 ml Fisch- oder Gemüsefond
100 g Butter
4 Safranfäden
8 Venusmuscheln in der Schale, gesäubert
12 Miesmuscheln in der Schale, gesäubert
4 Jakobsmuscheln ohne Schale, gesäubert
12 Garnelen, geschält und entdarmt
Salz
frisch gemahlener schwarzer Pfeffer
1 Bund Schnittlauch, fein geschnitten
Saft von 1 Zitrone

1. In einem flachen Topf das **Olivenöl** erhitzen. **Zwiebeln** und **Knoblauch** darin anschwitzen. **Reis** einrühren und 1 Minute im heißen Öl bewegen, er soll aber keine Farbe annehmen. Mit **Weißwein** ablöschen und einkochen. **Fond,** die Hälfte der **Butter** und **Safran** dazugeben und unter gelegentlichem Rühren bei mittlerer Hitze einkochen. Das dauert etwa 20 Minuten. Am Ende sollte der Reis die Flüssigkeit aufgesogen und noch Biss haben. **2.** Restliche **Butter** in einer Pfanne nicht zu heiß erhitzen. Alle **Meeresfrüchte** darin kurz durchschwenken. Die Meeresfrüchte mit dem Sud zum Reis geben und alles gut vermischen. Mit **Salz** und **Pfeffer** würzen. **3.** Zum Servieren mit **Schnittlauch** bestreuen und mit **Zitronensaft** beträufeln.

ZUBEREITUNGSZEIT **20 MINUTEN** ZEIT GESAMT **30 MINUTEN**

VONGOLE, PROSCIUTTO SERRANO E SHERRY

(VENUSMUSCHELN MIT SERRANOSCHINKEN UND SHERRY)

Es ist nicht ungewöhnlich, dass in meinen Schiffsküchen oft mehrere Jamóns Ibérico hängen. Ein einziges Exemplar in Spitzenqualität kostet je nach Qualität bis zu 3.000 Euro. Man kann einem Produkt den Preis vielleicht nicht ansehen, man kann ihn aber herausschmecken. Es muss aber nicht gleich der Ferrari unter den Serranoschinken sein, um dieses Gericht zu einem Erfolg zu machen. Es gibt preisgünstige Alternativen.

FÜR 4 PORTIONEN
500 g Linguine
40 ml Olivenöl plus etwas zum Beträufeln
1 Zwiebel, in sehr feine Würfel geschnitten
3 Knoblauchzehen, in Scheiben geschnitten
12 Kirschtomaten
60 ml trockener Sherry
1 kg frische Venusmuscheln
4 Safranfäden
Salz
frisch gemahlener Pfeffer
50 g Petersilie, gehackt
80 g Serranoschinken (am besten ein Endstück), gewürfelt oder in Streifen geschnitten
evtl. Parmesan, gerieben

1. Linguine nach Packungsangabe al dente kochen. **2.** In der Zwischenzeit **Olivenöl** in einem Topf oder einer Pfanne erhitzen. **Zwiebeln** und **Knoblauch** darin anschwitzen. **Tomaten** und **Sherry** dazugeben und etwa 2 Minuten mitkochen. **Muscheln** und **Safranfäden** zufügen und 3 Minuten weiterkochen, bis sich die Muscheln öffnen. Alle ungeöffneten Muscheln entfernen. Mit **Salz** und **Pfeffer** würzen und die **Petersilie** einrühren. **3.** Linguine zu den Muscheln geben. Gut durchschwenken und den **Serranoschinken** zufügen. Etwas **Olivenöl** aufträufeln und **Parmesan** dazu reichen.

ZUBEREITUNGSZEIT **15 MINUTEN** ZEIT GESAMT **20 MINUTEN**

SPAGHETTI AGLIO E OLIO

(SPAGHETTI MIT KNOBLAUCH, OLIVENÖL UND CHILI)

Spaghetti lassen sich von elegant bis deftig grenzenlos vielseitig zubereiten. Hier eine ganz einfache, aber sehr überzeugende Idee, wie man Gästen ohne besonderen Aufwand eine schnelle und würzige Freude machen kann.

FÜR 4 PORTIONEN

NUDELN

50 g Salz
1 guter Schuss Olivenöl
500 g Spaghetti

SAUCE

200 ml Olivenöl
10 Knoblauchzehen, in sehr feine Würfel geschnitten
3 Chilischoten, Samen entfernt, gehackt
100 g Petersilie, gehackt
200 g Rucola- oder Bärlauchblätter, grob gehackt
Zesten und Saft von 1 unbehandelten Zitrone
120 g Parmesan, gerieben

1. Für die Nudeln in einem Topf reichlich Wasser mit **Salz** und **Öl** zum Kochen bringen und die **Spaghetti** darin al dente kochen. Durch ein Sieb abschütten und zurück in den heißen Topf geben. **2.** Für die Sauce gleichzeitig in einem zweiten Topf das **Olivenöl** erhitzen und dann bei geringer bis mittlerer Hitze den **Knoblauch** darin rösten; er sollte goldbraun werden. **Chili** einrühren und den Topf vom Herd nehmen. **3.** Knoblauch-Chili-Öl, **Petersilie, Rucola, Zitronenzesten, Zitronensaft** und **Parmesan** zu den Nudeln geben und alles gut vermischen. Buon appetito!

ZUBEREITUNGSZEIT **20 MINUTEN** ZEIT GESAMT **1-4 WOCHEN**

HELWA TAT-TORK

(SÜSSE TÜRKISCHE HALVA)

Dieses Dessert arabischen Ursprungs findet man überall im mediterranen Raum. Die beste Halva habe ich auf Malta kennengelernt. Obwohl ich mich nicht zu den Naschkatzen zähle, macht mich diese Halva zugegebenermaßen schwach. Mit Eiscreme oder einfach nur zu einem guten Glas Tee oder starkem Mokka servieren.

FÜR 4 PORTIONEN

280 g Tahini (Sesampaste, z. B. in türkischen Geschäften)
Mark von 1 Vanilleschote
100 g Pistazien, ungesalzen und geröstet
40 g getrocknete Kirschen oder andere Früchte wie Rosinen und Gojibeeren
200 g Zucker

AUSSERDEM

gehackte Pistazien zum Bestreuen

1. **Tahini** mit **Vanille, Pistazien** und **Kirschen** in der Küchenmaschine pürieren. **2.** 150 ml Wasser mit dem **Zucker** in einem Topf präzise auf 140 °C erhitzen – dafür ein Thermometer benutzen. Rühren, bis sich der Zucker aufgelöst hat. Nun unter ständigem Rühren in die Tahini-Masse geben. Es dauert nicht lange, bis die Masse Festigkeit ähnlich wie Brandteig annimmt. **3.** In eine gewünschte Form füllen (entweder kleine Terrinenform von 20 × 10 cm oder hohe viereckige Backform von 20 × 20 cm), abkühlen lassen und verschlossen aufbewahren. Halva mindestens 1 Woche vor dem Gebrauch zubereiten, damit sich das Aroma der Pistazien und Kirschen entfalten und vermischen kann. Im Idealfall lässt man die Masse 4 Wochen durchziehen. Vor dem Servieren in kleine Quadrate schneiden und mit den gehackten **Pistazien** bestreuen.

ZUBEREITUNGSZEIT **1 STUNDE** ZEIT GESAMT **2 STUNDEN**

STUFFAT TAL-QARNIT

(OKTOPUS-EINTOPF)

Tintenfische sind trotz ihres Namens keine richtigen Fische und kommen in allen Meeren vor. Ich finde die Krake beziehungsweise den Oktopus am interessantesten, er hat das beste Fleisch. Es gibt auch noch die Arten Sepia und Kalmar.

FÜR 4 PORTIONEN

1 kg Oktopus (Krake)
Salz
60 ml Olivenöl
plus etwas zum Beträufeln
2 große Zwiebeln,
in sehr feine Würfel geschnitten
4 Knoblauchzehen,
in sehr feine Würfel geschnitten
2 EL Tomatenmark
300 ml Weißwein
4 große Tomaten,
gehäutet und
in Achtel geschnitten
1 EL Zucker
1 EL Kapern
12 Kalamata-Oliven ohne Stein
50 g Minze, gehackt
50 g Petersilie, gehackt
50 g Schnittlauch, fein geschnitten
frisch gemahlener schwarzer Pfeffer
Saft von ½ Zitrone

1. Oktopus gut waschen, dann Augen, Schnabel und Innereien entfernen. Damit das Fleisch zarter wird, 4 Tage einfrieren. Alternativ den gesäuberten Tintenfisch in einen Stoffbeutel stecken und – am besten außerhalb des Hauses – mehrfach mit voller Wucht auf eine Stufe oder einen anderen harten Untergrund schlagen. Man kann den Kraken auch ohne das Einfrieren oder Schlagen verarbeiten, dann ist er aber etwas zäh. **2.** Einen großen Topf mit gut **gesalzenem** Wasser zum Kochen bringen. Den eventuell aufgetauten Oktopus darin 20 Minuten köcheln lassen. Herausnehmen. Nach kurzem Auskühlen Körper und Arme in etwa 5 cm große Stücke schneiden und zur Seite stellen. **3.** In einem Topf **Olivenöl** erhitzen. **Zwiebeln** und **Knoblauch** darin goldbraun anbraten. Oktopus zugeben und 5 Minuten Farbe annehmen lassen. Das **Tomatenmark** einrühren und weitere 5 Minuten auf mittlerer Hitze rösten. Jetzt **Weißwein, Tomaten** und **Zucker** zugeben und abgedeckt 30 Minuten auf mittlerer Hitze köcheln lassen. **Kapern** und **Oliven** zufügen und alles noch einmal 30 Minuten abgedeckt köcheln lassen. **4.** Deckel abnehmen und den Sud etwa 10 Minuten einkochen, bis sich eine sämige Sauce ergibt. **Minze, Petersilie** und **Schnittlauch** untermengen. Mit **Salz, Pfeffer** und **Zitronensaft** würzen. Zum Servieren mit **Olivenöl** beträufeln. **5.** Ob mit Spaghetti, gegrilltem Fladenbrot, Salat oder ohne alles – schmeckt immer!

EIN 7-JÄHRIGER CHEF

42 Eissorten und das perfekte Frühstücksei

Wenn Kinder an Bord sind, werde ich ganz verrückt vor Begeisterung. Es dauert nie lange, bis die lieben Kleinen in der Küche stehen und bespaßt werden wollen. Was täte man als unterbeschäftigter Koch auch lieber? Man wartet geradezu auf solche Momente, weil sie einen endlich aus der quälenden Langeweile herausreißen, der man bis zu 18 Stunden am Tag ausgesetzt ist. Kinder haben die liebenswerte Angewohnheit, sich erst ausgiebig durch Kuchen und Süßspeisen zu futtern, um dann gemeinsam eine Pizza zu backen. Geht ja ganz schnell. Anschließend spielen sie immer dicht um die Beine des Kochs herum Fangen. Oder sie veranstalten in der Küche ein Versteckspiel, was rein theoretisch nur dann hinderlich wäre, wenn beim Kochen Stress aufkäme. Aber wann passiert das schon? Der Koch hat glücklicherweise alle Zeit der Welt und muss sich nicht auch noch auf andere Tätigkeiten konzentrieren, sondern kann sich hingebungsvoll den Kindern widmen. Doch, ernsthaft, ich mag Kinder. Aber ich mag auch meinen Job, den ich gern gut erledigen möchte. Natürlich kenne ich auch die Spielregeln: Wenn der Eigner oder seine Gäste Kinder mit an Bord bringen und die in der Küche aufkreuzen, kann ich sie nicht rausschmeißen wie einen Ingenieur, der im ungünstigsten Moment eine Extrawurst gebraten haben möchte. Ich muss dann versuchen, für mich und die Kinder das Beste aus der Situation zu machen, was oft nicht einfach für mich ist. Es hat aber auch schon sehr schöne Momente mit Kindern gegeben. Die meisten Kleinen, mit denen ich auf diese Weise zusammenkomme, sind noch richtige Kinder – verspielt, lebendig und bereit, sich an die Hand nehmen zu lassen. Es gibt auch Gegenbeispiele. Das sind Kinder mit einer überraschend ausgeprägten Persönlichkeit. Mit ihnen muss man ganz anders umgehen.

Die Jacht, auf der ich damals arbeitete, gehörte einem 7-jährigen russischen Jungen. Nennen wir ihn Viktor. Mit eigener Schaffenskraft dürfte er das Schiff kaum erworben haben, man munkelte, es sei ein Geburtstagsgeschenk gewesen, was in Milliardärskreisen durchaus vorstellbar wäre. Was sind schon 90.000.000 Euro unter Freunden? Viktor war mit seinem Vater beziehungsweise seiner Familie an Bord. Man merkte ihm sofort an, dass er sich seiner besonderen Position bewusst war. Obwohl er noch klein war, konnte man die aufkeimende Persönlichkeit in seinem Wesen schon deutlich erkennen. Ich vermutete, dass in seiner Entwicklung eine gute schulische Bildung und die Einflüsse eines weltläufigen Lebensstils innerhalb der Familie zum Ausdruck kamen. Das Selbstbewusstsein der Eltern hatte sich wahrscheinlich auch schon auf ihn übertragen. Er wirkte zwar noch immer kindlich und verspielt, wie es in diesem Alter üblich ist, aber er war bereits dabei, diese Eigenschaften abzustreifen. Deutlich erkennbar nahm er bereits die Züge eines businessorientierten Menschen an. Er schien genau zu wissen, was er wollte. Das äußerte sich auch mir gegenüber.

Jeden Morgen wünschte Viktor ein Ei zum Frühstück. Nicht einfach nur weich oder hart gekocht. Er wollte es ganz präzise vier Minuten und 23 Sekunden gekocht haben. Keine Ahnung, wie er darauf gekommen ist. Nichts leichter als das, dachte ich, mit Stoppuhren kann ich umgehen. Ich habe also das Ei jeden Morgen aus dem Kühlschrank genommen, damit es immer dieselbe Temperatur hatte, bevor es ins Wasser kam. Darin habe ich es dann so lange gegart, wie der junge Herr es wollte. Ich fand die Tatsache, dass ein 7-Jähriger derartige Wünsche hat, bemerkenswert. Ich kann nicht sagen, wie andere Köche vor oder nach mir mit dieser speziellen Aufgabe umgegangen

DIE JACHT, AUF DER ICH DAMALS ARBEITETE, GEHÖRTE EINEM 7-JÄHRIGEN RUSSISCHEN JUNGEN. VIKTOR.

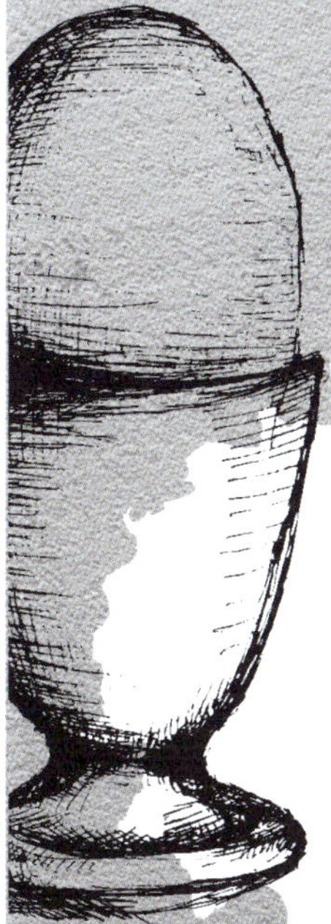

04:23

SEINE LEIDENSCHAFT FÜR GUTES EIS ÜBERTRAF NOCH DIE FÜR EXAKT GEKOCHTE EIER.

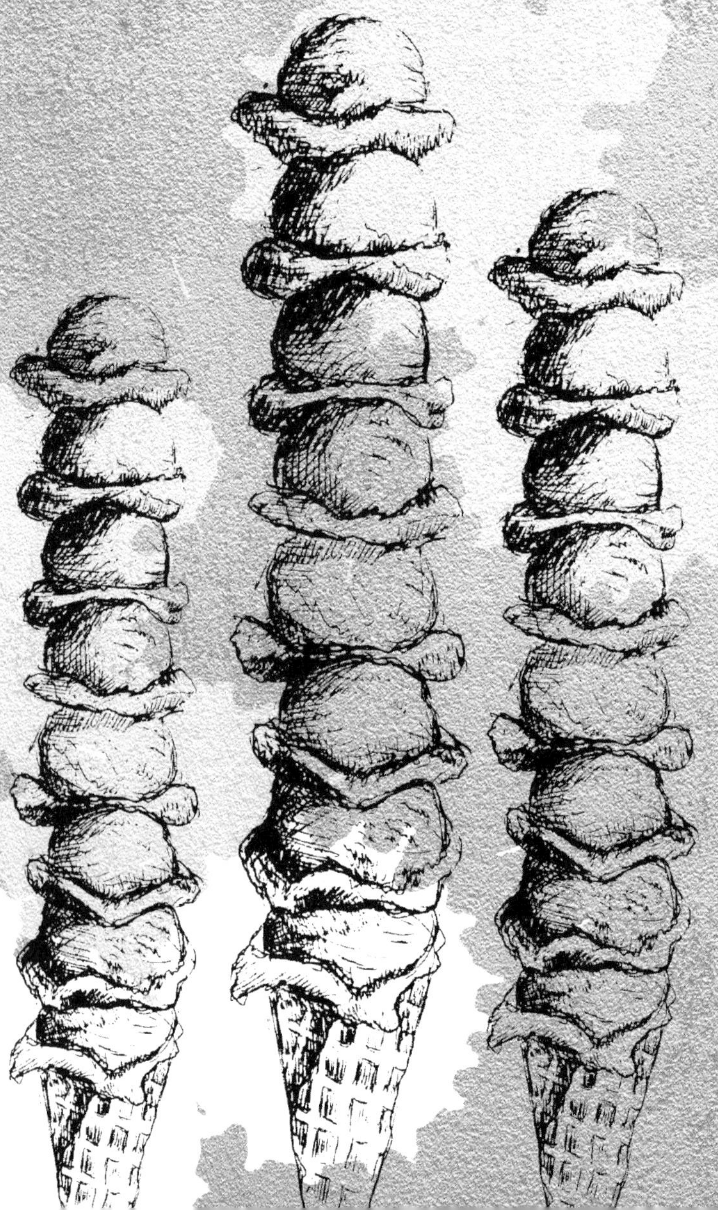

sind, ich habe sie jedenfalls genauso sorgfältig und professionell erledigt wie alle anderen Wünsche der Familie. Und das war auch gut so. Eines Morgens nach dem Frühstück stand Viktor in der Küche. Er stellte sich vor mich hin und sagte etwas, das fast wie eine offizielle Erklärung klang. „Chef Stephan", begann er wie sonst auch –

„Chef" ist die englische Bezeichnung für „Koch", um das nur mal schnell zu klären –,

„Chef Stephan, das war heute das beste Ei, das ich je in meinem Leben gegessen habe." Wörtlich! Auch wenn ich in der Herstellung eines 4:23-Minuten-Eies keine besondere Leistung sehe, so habe ich mich in diesem Moment doch gefreut. Ich antwortete ihm angemessen und mit einem verschmitzten Grinsen: „Danke, Sir, ich werde mich weiter bemühen." Die Hacken habe ich allerdings nicht zusammengeschlagen.

Mir war schnell klar, dass Viktor deutlich mehr Ahnung vom Essen und von kulinarischen Dingen hatte als der Durchschnittssiebenjährige. Wahrscheinlich besaß er einen geschulteren Geschmack als mancher Erwachsene, der sich nur von Fast Food ernährt. Denn wenn ihn ein 4:23-Minuten-Ei als das beste überzeugt hat, dann musste er bewusst Vergleiche angestellt haben. Hätte ich ihn vielleicht mal testen sollen, indem ich ihm ein 4:22-Minuten- oder ein 4:24-Minuten-Ei unterschob? Nein, auf dieses kindische Niveau wollte ich mich erst gar nicht begeben.

Bei vielen Reisen habe ich beobachtet, dass Russen, jedenfalls diejenigen, für die ich gearbeitet habe, ein großes Faible für Eiscreme haben. So auch Viktor, was mich kaum wunderte – für mich übrigens deshalb der „Eisprinz". Seine Leidenschaft für gutes Eis übertraf noch die für exakt gekochte Eier. Und das wollte was heißen. An Bord dieses Schiffes gab es so viele verschiedene Eissorten, wie ich sie vorher und nachher nie irgendwo wieder angetroffen habe. Ich habe durchgezählt und kam auf 42 Eiscremes und Sorbets. Welcher hippe Eissalon hat schon eine solche Auswahl?

Selbstverständlich war keine der Eissorten gekauft, ich habe sie alle selbst gemacht. Und selbstverständlich war auch, dass jede Sorte aus frischen Zutaten zubereitet wurde. Für ein Erdbeereis beispielsweise habe ich niemals Erdbeersirup oder Ähnliches verwendet, sondern ausschließlich frische Erdbeeren. Auch Zutaten wie Milchpulver oder Glukose als Ersatz für Frischmilch und Zucker hatten in meinen Zubereitungen nichts zu suchen.

Die strengen Regeln galten ebenso für die süßen Sorten aus Früchten, Karamell, Cookies, Schokolade, Brownies, Cheesecake, Lakritz, Nüssen, Kernen oder Kräutern und so weiter, wie auch für die damals sehr populären salzigen Kreationen etwa mit Schinken und Speck. Letztere konnten den Eisprinzen allerdings nicht sehr begeistern.

Auf anderen Jachten habe ich später eine ähnlich ausgeprägte Eiscremekultur vorgefunden, wenn auch nicht in diesem Ausmaß. Immerhin hatten sie Gefrierschränke, die speziell für die Lagerung von Eiscreme konstruiert und von oben bis unten mit allen möglichen Geschmacksrichtungen gefüllt waren.

DIE 42 SORTEN FÜR VIKTOR STANDEN ÜBRIGENS NICHT ALS SAMMLUNG AUF EINER LISTE – DAS GESAMTE SORTIMENT HATTE JEDERZEIT VOLLSTÄNDIG ZU SEIN.

Unter Hausfrauenbedingungen wäre ich vielleicht überfordert gewesen, um den Vorrat ständig komplett zu halten. Glücklicherweise stand mir bei der Herstellung eine beeindruckende moderne Spezialmaschine zur Verfügung, besser und schneller als jede andere Maschine die mir je unter die Finger gekommen ist.

Es gab eine Eiskarte, die der Familie jeden Mittag vorgelegt wurde. Der Eisprinz bestellte regelmäßig sechs verschiedene Eissorten. Die Prozedur sah so aus, dass sechs in einer Gefriertruhe tiefgekühlte Martinigläser jeweils mit einer anderen Kugel gefüllt wurden. Kältedampfend kamen sie vor Viktor auf den Tisch. Manchmal aß er sie alle auf, manchmal naschte er nur davon. Er widmete ihnen aber immer seine ganze Aufmerksamkeit.

Je länger ich mit ihm an Bord war, desto mehr begann er mich zu interessieren. Ich wollte einfach wissen, inwieweit sein Auftreten gespielt, gut antrainiert oder tatsächlich schon Teil seiner Persönlichkeit geworden war. Habe es allerdings nie wirklich herausgefunden, weil wir uns viel zu selten über den Weg liefen.

Einmal allerdings konnte ich ihn etwas näher kennenlernen. Unverhofft stand er bei mir in der Küche. „Na, besondere Wünsche?", fragte ich ihn. „Chef Stephan, zeig mir, wie du Eis machst", sagte er, „ich will wissen, wie das geht." Ich war zwar nicht versessen darauf, den Kinder-Entertainer zu spielen, aber da ich gerade nicht extrem unter Hochdruck stand, konnte ich den kleinen Kursus einschieben. Ich stellte die Eismaschine auf die Arbeitsplatte und legte ein paar Früchte, Sahne, Vanille und weitere Gewürze dazu, die gut harmonierten. „Daran dachte ich nicht", sagte er gleich, „können wir ein Eier-Eis machen?" Ich wusste nicht, was ich hätte erwarten sollen, aber das mit dem Eier-Eis kam überraschend.

„Lass mich raten", sagte ich, „du meinst ein Eis aus einem 4:23-Minuten-Ei, oder?" „Genau das meine ich", bestätigte er. Ich hatte noch ein paar gekochte Eier – keine exakten 4:23-Minuten-Exemplare, aber welche Rolle spielte das jetzt? Wir fingen an. Ich zeigte ihm den kinderleichten Umgang mit der Maschine und erklärte ihm kurz, wie überhaupt Eis entsteht. „Dann los!" So gut es ging, ließ ich ihn allein hantieren, viel hätte er gar nicht falsch machen können.

Bald war das Eis fertig – ein Eier-Eis auf Sahnebasis mit etwas Salz und einem Tropfen Tabasco. Es hätten sich weitere Würzzutaten angeboten, aber er wollte den Eiergeschmack möglichst pur haben. Er probierte. „Nicht schlecht", meinte er. Er probierte noch einmal, schloss die Augen und ließ das Gefrorene auf seiner Zunge zergehen. Dann sah er mich wieder an und meinte: „Solange es kalt ist, schmeckt es wie Eis. Wenn es aber im Mund warm geworden ist, schmeckt es so ähnlich wie mein Frühstücksei." „Besser oder schlechter?" Lange musste er nicht überlegen. „Schlechter", antwortete er, „ich wüsste nicht, ob ich beim Mittagessen oder beim Frühstück sitze." Schlaues Kerlchen, dachte ich. Von Eier-Eis war danach nie wieder die Rede.

ZUBEREITUNGSZEIT **30 MINUTEN** ZEIT GESAMT **45 MINUTEN**

INSALATA QARA

(SALAT MIT KÜRBIS, SPINAT, HÄHNCHEN UND WALNÜSSEN)

Dieses Gericht wurde von den Crewmitgliedern der „Phönix", dem Schiff der privaten Flüchtlingshilfsorganisation MOAS, inspiriert. Wir verließen gerade Porto Augusta in Sizilien in Richtung Valetta auf Malta. Die „Phönix" hatte dort am Vortag etwa 100 Schiffbrüchige an Land gebracht und die Zeit, um Proviant und Treibstoff an Bord zu nehmen, war knapp. Die Crew kam mir erschöpft und ausgehungert vor. Ich wollte diesen engagierten Frauen und Männern etwas Stärkendes und Aufbauendes zubereiten und fragte jeden Einzelnen nach seinen Vorlieben. Daraus entstand dieser Salat.

FÜR 4 PORTIONEN

MARINADE

Saft und Zesten von 2 unbehandelten Zitronen
4 Thymianzweige
2 Rosmarinzweige
4 Knoblauchzehen, zerdrückt
Saft von 2 Orangen

FLEISCH

4 Maispoulardenbrüste mit Haut
20 ml Pflanzenöl und 60 g Butter

SALAT

1 Butternut-Kürbis, geschält und gewürfelt
20 ml Olivenöl
Salz
frisch gemahlener schwarzer Pfeffer
150 g Walnüsse
400 g Babyspinatblätter
5 Korianderstängel, mit Stängeln grob gehackt

DRESSING

1 EL Honig
1 EL Tahini (Sesampaste, z. B. in türkischen Geschäften)
Saft von 3 Limetten, Zesten von 1 unbehandelten Limette
1 EL Sesam, geröstet
2 EL Olivenöl

1. Für die Marinade alle **Zutaten** vermischen. **Poulardenbrüste** am besten schon am Vortag hineinlegen. **2.** Für den Salat **Kürbis, Olivenöl, Salz** und **Pfeffer** in einer Schüssel verschwenken. Auf ein mit Backpapier oder einer Silikonmatte ausgelegtes Blech geben. Im vorgeheizten Ofen bei 200 °C Umluft etwa 20 Minuten im Ofen rösten. **Walnüsse** dazugeben und weitere 5 Minuten rösten. Aus dem Ofen nehmen und auf dem Blech auskühlen lassen. **3.** Brüste aus der Marinade nehmen und mit Küchenpapier abtrocknen. Brüste mit der Haut nach unten in heißem **Öl** in einer ofenfesten Pfanne knusprig anbraten. Wenden und dann die Pfanne 5 Minuten bei 200 °C Umluft in den Ofen stellen. Thymian, Rosmarin und Knoblauch herausnehmen und zurückstellen. **4.** Für das Dressing in der Zwischenzeit alle **Zutaten** und 2 EL heißes Wasser in der Küchenmaschine durchmixen. Das Dressing in eine Schüssel füllen. Kürbis, Walnüsse, **Spinat** und **Koriander** darauflegen, aber noch nicht vermischen. **5.** Die Pfanne aus dem Ofen nehmen, dabei auf den heißen Griff achten. Thymian, Rosmarin und Knoblauch sowie **Butter** in die Pfanne geben. Sobald die Butter geschmolzen ist, das Fleisch mit dem Fett überziehen. Weitere 5 Minuten bei 200 °C Umluft zurück in den Ofen stellen. **6.** Die Brüste erneut glasieren und dann schräg halbieren. Jeweils in die Mitte von vier Tellern setzen. Den Sud aus der Pfanne gleichmäßig darauf verteilen. Den Salat jetzt durchmischen und über oder neben die Brüste geben. Ready to rock! Total lecker!

ZUBEREITUNGSZEIT **30 MINUTEN** ZEIT GESAMT **50 MINUTEN**

SHEPHERD'S PIE

(LAMMHACK MIT KARTOFFELSTAMPF)

Als die Kartoffel so um 1790 von Südamerika nach Europa kam und sehr schnell zu einem Hauptnahrungsmittel für die Arbeiterklasse wurde, entstand eine damals sehr populäre Zubereitung unter der Bezeichnung „Cottage Pie". Bald kam die Shepherd's Pie dazu. Der Unterschied besteht darin, dass die Cottage Pie mit Rind und die Shepherd's Pie mit Lamm zubereitet wird.

FÜR 4 PORTIONEN

6 große Kartoffeln, geschält und geviertelt
Salz
100 g Butter
200 g saure Sahne
(ersatzweise Crème fraîche)
frisch gemahlener schwarzer Pfeffer
frisch geriebene Muskatnuss
50 ml Olivenöl
1 Zwiebel, in sehr feine Würfel geschnitten
2 Knoblauchzehen,
in sehr feine Würfel geschnitten,
oder 2 EL gerösteter Knoblauch (siehe Seite 39)
½ Stange Staudensellerie, klein geschnitten
½ Möhre, in sehr feine Würfel geschnitten
50 ml Pflanzenöl
600 g Lammhackfleisch
1 EL Tomatenmark
200 ml Rotwein
200 ml Rinder-
oder Geflügelbrühe
1 Dose Tomaten, püriert
4 Thymianzweige
1 Rosmarinzweig
100 g Erbsen (frisch oder TK-Ware)
100 g Maiskörner
(aus der Dose; ohne Flüssigkeit)
1 EL Worcestershiresauce
200 g Cheddar, gerieben
50 g Schnittlauch, fein geschnitten

1. Die **Kartoffeln** in **Salzwasser** gerade weich kochen. Abgießen und 10 Minuten ausdämpfen lassen. Mit **Butter** und **saurer Sahne** stampfen. Mit **Salz, Pfeffer** und **Muskat** würzen. **2.** In einem Topf in heißem **Olivenöl Zwiebeln, Knoblauch, Staudensellerie** und **Möhre** glasig anschwitzen. Herausnehmen und zur Seite stellen. **3.** Topf erneut aufsetzen und etwas **Pflanzenöl** darin stark erhitzen. **Lammhack** darin scharf anbraten, bis es nach Röstaromen duftet. Die zurückgestellte Zwiebelmischung und das **Tomatenmark** zugeben und alles 5 Minuten weiterrösten. Mit **Rotwein** ablöschen und die Flüssigkeit stark einkochen. **Brühe, pürierte Tomaten, Thymian** und **Rosmarin** hinzufügen und alles etwa 20 Minuten köcheln lassen. **Erbsen, Mais** und **Worcestershiresauce** zufügen. Mit **Salz** und **Pfeffer** würzen und alles noch einmal 5 Minuten köcheln lassen. Kräuterzweige entfernen **4.** Das Lamm in vier ofenfeste Suppentassen oder ähnliche Formen verteilen. Kartoffelstampf daraufsetzen – wer mag, kann das mit einem Spritzbeutel machen und seinen kreativen Bedürfnissen freien Lauf lassen. **Cheddar** aufstreuen und die Tassen im vorgeheizten Ofen bei 180 °C Umluft 20 Minuten überbacken. Mit **Schnittlauch** bestreuen und sofort servieren.

ZUBEREITUNGSZEIT **20 MINUTEN** ZEIT GESAMT **50 MINUTEN**

HOBZ U BUTIV PUDINA

(BROT-UND-BUTTER-PUDDING)

Man könnte auch von einem süßen Semmel- oder Serviettenknödel sprechen, da die Zubereitung sehr ähnlich ist. Der Unterschied besteht darin, dass hier keine Knödel gerollt werden und sie nicht herzhaft sind.

FÜR 4 PORTIONEN

10 Scheiben Brioche (siehe Seite 13; schon etwas älter und angetrocknet), in Würfel von 2 cm Kantenlänge geschnitten
80 g Rosinen
1 Prise frisch geriebene Muskatnuss
40 g Butter
150 ml Sahne
150 ml Milch
1 Vanilleschote und das ausgeschabte Mark
100 g Zucker
4 Eier
Zesten von ½ unbehandelten Zitrone
80 g Kuvertüre, gehackt
10 g weiche Butter

AUSSERDEM

4 mittelgroße Marmeladengläser

1. Brioche, Rosinen und **Muskat** in eine Schüssel geben. **Butter, Sahne, Milch, Vanillemark** und **-schote** in einen Topf geben und zum Kochen bringen. **Zucker** und **Eier** mit **Zitronenzesten** sabayonartig schaumig rühren. Sobald die Butter-Milch-Sahne aufgekocht ist, unter ständigem Rühren sofort in den Schaum geben. **2.** Die Masse zur Brioche geben und gut durchmengen. 10 Minuten quellen lassen, dann die **Kuvertüre** unterarbeiten. Die Masse auf vier mit der weichen **Butter** eingefettete Marmeladengläser verteilen. Die offenen Gläser in eine Ofen- oder Backform mit Wasser stellen, sie sollen zu drei Vierteln hoch im Wasser stehen. Mit Alufolie abgedeckt 20 Minuten bei 160 °C Umluft in den vorgeheizten Ofen setzen. Dann die Folie entfernen und weitere 10 Minuten im Ofen lassen. Der Pudding ist fertig, wenn an einem hineingestochenen und wieder herausgezogenen Holzspieß nichts haften geblieben ist. **3.** Mit Eiscreme servieren.

ZUBEREITUNGSZEIT **20 MINUTEN** ZEIT GESAMT **1 STUNDE 30 MINUTEN**

PIE POT

(PIE IM GLAS)

Aus Großbritannien kommend, hat sich die Pie vor allem in den englischen Kolonien weit verbreitet. Besonders in Neuseeland, meiner zweiten Heimat, und in Australien ist sie zu einem unkomplizierten Klassiker geworden. In diesem Rezept erkläre ich, wie man den Teig, „the crust", herstellt. Die Füllung kann jeder nach Lust und Laune selbst bestimmen, sie darf nur nicht zu feucht beziehungsweise flüssig sein. Manchmal ist vom Vortag im Kühlschrank noch ein Rest, der sich anbietet (siehe Zutatenliste). Hauptsache, es schmeckt. Und viel falsch machen kann man gar nicht. Auch süße Varianten sind denkbar. Have a pie mate, have a pie day!

FÜR 4 PORTIONEN

250 g Mehl
½ TL Salz
2 TL Backpulver
100 g Rindertalg oder Nierenfett
50 g kalte Butter, gewürfelt
½ EL Zitronensaft
1 Eigelb

FÜLLUNG

nach Belieben, z. B. Reste von Bolognesesauce, Gulasch, Curry, Ragout oder ähnlichen Zubereitungen

AUSSERDEM

4 kleine Einmachgläser

1. **Mehl, Salz** und **Backpulver** in der Küchenmaschine gut durchmischen. **Talg** und **Butter** dazugeben und in kurzen Intervallen acht- bis zehnmal vermischen. **Zitronensaft** in zwei bis drei Intervallen, anschließend in sechs bis acht Intervallen 3–4 EL Eiswasser ohne Eisstückchen einarbeiten. Auf einer Arbeitsfläche zu einer Kugel formen. Wenn nötig, noch ein wenig durchkneten, aber nicht zu stark, da das Kneten den Teig trocken macht. Den Teig in Klarsichtfolie wickeln und 1 Stunde kalt stellen. Danach bei Zimmertemperatur weitere 5 Minuten ruhen lassen. **2.** Die Gläser mit Teig randhoch auskleiden. Den restlichen Teig ausrollen und mithilfe eines Einmachglasdeckels vier Kreise ausstechen. **Füllung** in die Gläser verteilen und die Teigränder mit **Eigelb,** das mit 40 ml Wasser verrührt wurde, einpinseln. Die Teigdeckel daraufsetzen und mit einer Gabel rundherum andrücken. Ein kleines kreisrundes Loch in der Mitte schneiden und das herausgeschnittene Stück wieder in die entstandene Öffnung legen. Die Oberfläche mit dem restlichen Eigelb-Wasser-Gemisch einpinseln. Im vorgeheizten Ofen bei 190 °C Umluft 20–30 Minuten backen.

SLOWENIEN
KROATIEN
IZOLA
TROGIR
SPLIT
MONTENEGRO
KOTOR
DURRËS
ALBANIEN
STEPHAN STAATS
BUNDESREPUBLIK
DEUTSCHLAND
REISEPASS
SARANDE

ALBANIEN MONTENEGRO KROATIEN SLOWENIEN

ZUBEREITUNGSZEIT **1 STUNDE** ZEIT GESAMT **10–12 STUNDEN**

KOS

(NATURJOGHURT)

Neben Brot, Nudeln, Mandelmilch, Ketchup, Mayonnaise, Pesto, Marmelade, Müsli und zahllosen Lebensmitteln mehr machen wir an Bord von Luxusjachten auch unseren Joghurt selbst. Die Zubereitung ist eigentlich ganz einfach, vor allem, wenn man zu Hause in der Küche steht und nicht mit Wellengang zu kämpfen hat.

FÜR 4 PORTIONEN

1 l Milch
200 g Naturjoghurt oder Joghurtkulturen

AUSSERDEM

verschließbare Einmach- oder Marmeladengläser, sterilisiert oder mit kochendem Wasser ausgespült

1. **Milch** einmal aufkochen – das dient dazu, alle unerwünschten Bakterien zu eliminieren. Dann auf 45 °C abkühlen lassen. Zur Kontrolle entweder ein Thermometer benutzen oder den Fingertest machen: Wenn man einen Finger gerade noch in die Milch halten kann, ohne sich zu verbrennen, stimmt die Temperatur. Nun den **Joghurt** in die Milch rühren. **2.** Die Masse jetzt in Gläser füllen und mit Deckeln verschließen. Die Gläser in einen Topf stellen und mit sehr heißem Wasser bis zum oberen Rand der Gläser auffüllen. Den Topf zum Beispiel mit einem dicken Badetuch abdecken oder umwickeln und 10–12 Stunden in der Küche oder einem anderen Raum stehen lassen. Den fertigen Joghurt anschließend in den Kühlschrank stellen. Dort ist er etwa 2 Wochen haltbar.

ZUBEREITUNGSZEIT **35 MINUTEN** ZEIT GESAMT **1 STUNDE 30 MINUTEN**

TAVE KOSI

(LAMM UND JOGHURT)

Lamm und Joghurt sind einfach füreinander gemacht. Eines der wenigen kulinarischen Traumpaare, die diese Bezeichnung wirklich verdient haben.

FÜR 4 PORTIONEN

FLEISCH

2 EL Butter
1 EL Olivenöl
600 g Lammschulter, in Würfel von 1,5 cm Kantenlänge geschnitten
80 g Mehl
Salz
frisch gemahlener schwarzer Pfeffer
1 TL gemahlener Kreuzkümmel
2 Knoblauchzehen, in sehr feine Würfel geschnitten
40 g Reis (Jasmin oder Basmati)
1 TL Oregano
150 ml Fond/Brühe

JOGHURT

2 EL Butter
20 g Mehl
400 g Naturjoghurt (zum Selbstmachen siehe oben)
2 Eier, verschlagen
¼ TL frisch geriebene Muskatnuss
Salz
frisch gemahlener Pfeffer

1. Für das Fleisch erst die **Butter** und dann das **Öl** in einem Topf erhitzen. **Lamm, Mehl, Salz, Pfeffer** und **Kreuzkümmel** in einer Schüssel vermischen. Dann in den Topf geben und etwa 10 Minuten bei mittlerer Hitze goldbraun braten. **Knoblauch, Reis** und **Oregano** und Wasser oder **Fond/Brühe** dazugeben und bei aufgelegtem Deckel bei kleiner Hitze etwa 25 Minuten köcheln lassen. Die Masse in eine feuerfeste Form geben. **2.** Für den Joghurt zuerst eine Mehlschwitze herstellen: Die **Butter** in einer Pfanne zerlassen. **Mehl** dazugeben und bei kleiner Hitze 2 Minuten glatt rühren. **3.** Von der Herdplatte nehmen. **Joghurt, Eier, Muskat, Salz** und **Pfeffer** einrühren. Gleichmäßig über dem Lamm in der Form verteilen. Im vorgeheizten Ofen bei 170 °C Umluft 40–60 Minuten garen. Wenn das Lamm nach 40 Minuten nicht zart genug ist, einfach weiterbacken, bis es die gewünschte Konsistenz hat. Zum Servieren mit gehackten Kräutern bestreuen und einen kleinen Salat dazu reichen.

ZUBEREITUNGSZEIT **10 MINUTEN** ZEIT GESAMT **15 MINUTEN**

TARATOR

(JOGHURT-GURKEN-SUPPE)

Ein weiterer Sommerklassiker, den man unbedingt mal probiert haben sollte. Selbst eingeschworene Suppenesser, die sonst nichts von kalten Zubereitungen halten, habe ich hiermit überzeugt. Meine Empfehlung: Macht den Joghurt unbedingt selbst – oder besorgt ihn in einem arabischen Supermarkt, falls einer in der Nähe ist.

FÜR 4 PORTIONEN

2 Salatgurken
2 TL gerösteter Knoblauch (siehe Seite 39)
½ TL Salz
600 g Naturjoghurt (zum Selbstmachen siehe Seite 136)
1 kleines Bund Dill, gehackt
6 Minzblätter, in sehr feine Streifen geschnitten
100 ml Gemüsebrühe oder -fond
2 EL Olivenöl
1 EL heller Balsamico-Essig

1. **Gurken** schälen, halbieren und den wässrigen Innenteil entfernen. Das feste Fruchtfleisch mittelfein reiben. Mit **Knoblauch** und **Salz** gut vermischen. **Joghurt, Dill, Minze, Brühe, Olivenöl** und **Balsamico** dazugeben und wieder alles gut vermengen. 30 Minuten in das Gefrierfach stellen und gelegentlich umrühren. **2.** Dazu passt gegrilltes Fladenbrot oder Focaccia. Vegetariern könnten außerdem karamellisierte gehackte Walnüsse und Sprossen schmecken, den Fleischessern gegrillte Chorizo.

ZUBEREITUNGSZEIT **30 MINUTEN** ZEIT GESAMT **1 STUNDE 15 MINUTEN**

FESTEK BAKLAVA

(PISTAZIEN-BAKLAVA)

Ich war nie ein Fan von Baklava, bis ich bei einem Marktbesuch diese nicht ganz so süße und vor Pistazien nur so strotzende Variante probiert habe. Ich war so hin und weg, dass ich davon etwas für die Crew und selbstverständlich für die Eigner der Jacht mit an Bord nahm – und mich natürlich sofort selbst daran versucht habe.

FÜR 4 PORTIONEN

100 ml Olivenöl
und etwas zum Einfetten der Form
100 ml Butter, zerlassen
9 Filoteigblätter
(in Supermärkten und
türkischen Geschäften)
450 g sehr grüne Pistazien,
fein gehackt

SIRUP

200 g Honig
2 grüne Kardamomkapseln
(im Asia- und Gewürzladen
sowie in gut sortierten Supermärkten)
50 ml Orangenblütenwasser
(in Apotheken, Drogeriemärkten,
arabischen oder türkischen Geschäften)
1 EL Limettensaft

1. **Olivenöl** und **Butter** vermischen. Auf einer Arbeitsfläche drei **Filoteigblätter** überlappend nebeneinanderlegen und großzügig mit der Öl-Butter-Mischung einpinseln. Mit 150 g **Pistazien** bis in alle Ecken und an alle Ränder gleichmäßig bestreuen. Mit drei weiteren **Filoteigblättern** belegen und wie zuvor mit der Öl-Butter-Mischung einpinseln und mit 150 g **Pistazien** bestreuen. Den Vorgang ein drittes Mal wiederholen. **2.** Für den Sirup 200 ml Wasser, **Honig** und **Kardamom** aufkochen und etwas einkochen lassen. **Orangenblütenwasser** und **Limettensaft** dazugeben. **3.** Die Teiglagen mithilfe eines Kochlöffelstiels zu einer Wurst aufrollen. In eine gefettete Back- oder Ofenform legen. 20–25 Minuten im vorgeheizten Ofen bei 125 °C Umluft backen. Herausnehmen und sofort mit dem noch heißen Sirup übergießen. Abkühlen lassen und genießen.

Ich habe über die Jahre wahrscheinlich jede uns bekannte Art von Früchten zu Saft verarbeitet. Selten aber mit so viel Finesse und Fingerspitzengefühl, wie sie Granatäpfel erfordern. Macht einen Heidenspaß, der aber – zurückhaltend formuliert – zu Unsauberkeiten führen kann, wenn man nicht aufpasst.

Die Orangenreduktion: überaus vielseitig verwendbar zur Herstellung oder zum Anrichten von Dressings, Eiscremes, Limonaden und Desserts sowie von Fleisch-, Fisch-, Geflügel- und Meeresfrüchtegerichten.

Die Quitte, meiner Meinung nach eine völlig unterbewertete Frucht, kann ohne großen Aufwand zu einer köstlichen Paste verarbeitet werden. Zu Käse einfach unschlagbar. Aber auch auf einer frisch getoasteten Scheibe Brioche zu empfehlen.

ZUBEREITUNGSZEIT **1 STUNDE** ZEIT GESAMT **1 STUNDE**

SIRUP OD ŠIPKA

(GRANATAPFELSIRUP)

FÜR 4 PORTIONEN

SAFT ca. 12 Granatäpfel (für ca. 1 l Saft) **SIRUP** 1 l Granatapfelsaft (siehe Teilrezept), Saft von 1 Limette, 100 g Honig oder Palmzucker

1. Für den Saft **Granatäpfel** sanft rollen, halbieren und dann mit der Schalenseite nach oben über eine Schüssel halten. Mit dem Rücken eines Kochlöffels kräftig auf die Schale schlagen, damit die Kerne herausfallen. Den Rest der Kerne herausbrechen und dann alle weißen Partikel aus der Schüssel entfernen. **2.** Kerne mit etwas Wasser in den Küchenmixer geben und pürieren. Die so entstandene Pulpe durch ein mit einem Musselintuch, einem Käseleinen oder einem ungefärbten, dicht gewebten Baumwolltuch ausgelegtes Sieb geben und gut abtropfen lassen. Zum Schluss den Inhalt im Tuch gut auswringen. **3.** Für den Sirup alle **Zutaten** in einem Topf vermischen und bei geringer Temperatur einkochen. Im Kühlschrank 2–3 Wochen haltbar. **4.** Der reine Saft eignet sich für Desserts und Dressings.

ZUBEREITUNGSZEIT **15 MINUTEN** ZEIT GESAMT **40 MINUTEN**

SMANJENJE NARANČE

(ORANGENREDUKTION)

FÜR 4 PORTIONEN

15 helle Orangen (ersatzweise 15 Blutorangen)

1. Orangen auspressen. Den Saft durch ein Sieb geben. Bei kleiner Hitze stark einkochen und dabei mit einer Kelle den sich bildenden Schaum gelegentlich abschöpfen. In sterilisierte oder mit kochendem Wasser ausgespülte Glasflaschen füllen und verschließen. Im Kühlschrank aufbewahren. **2.** Überaus vielseitig verwendbar zur Herstellung oder zum Anrichten von Dressings, Eiscremes, Limonaden und Desserts sowie von Fleisch-, Fisch-, Geflügel- und Meeresfrüchtegerichten.

ZUBEREITUNGSZEIT **2 STUNDEN** ZEIT GESAMT **3 STUNDEN**

DUNJA ZALIJEPE

(QUITTENPASTE)

FÜR 4 PORTIONEN

1 kg Quitten, geschält, entkernt, geachtelt, 1 Vanilleschote und das ausgeschabte Mark, 1 TL Zesten von 1 unbehandelten Zitrone, 50 ml Zitronensaft, Zucker, Butter zum Einfetten

1. In einem Topf **Quitten, Vanillemark** und **-schote** sowie **Zitronenzesten** und **-saft** mit Wasser bedecken und 30–40 Minuten kochen. Abschütten und die Vanilleschote entfernen. **2.** Die Quitten in einer Küchenmaschine pürieren. Masse abwiegen und dann **Zucker** in derselben Gewichtsmenge abwiegen. Quittenmasse in einen Topf geben und erhitzen. Jetzt den Zucker einrühren und weiterrühren, bis er sich aufgelöst hat. Bei schwacher Hitze 1–1,5 Stunden unter gelegentlichem Rühren köcheln lassen. **3.** Die Paste in eine mit **gebuttertem** Backpapier ausgelegte Ofenform geben. Im vorgeheizten Ofen bei präzise 52 °C Umluft etwa 1 Stunde trocknen und dann auskühlen lassen. In ein verschließbares Behältnis füllen und kühl stellen.

DER KOLLEGE

Zustände wie im Knast

Die Zeit auf einer Luxusjacht ist besonders. Sie ist eine Auszeit vom normalen Leben. Ich meine das nicht im Sinn von Urlaub, sondern eher im Sinn von Knast. Eine amerikanische Langzeitstudie hat ergeben, dass auf Jachten, die monatelang unterwegs sind, eine Kultur entsteht, die der in Knästen sehr ähnlich ist. Dort ändern sich Denken und Verhaltensweisen – und müssen es auch, wenn man hinter Gittern überleben will. Die Zeit auf dem Schiff macht ebenfalls etwas mit dir, sie verändert dich. Und nicht immer zum Guten. Du magst in deiner vertrauten Umgebung an Land eine noch so freundliche und friedliebende Natur sein, auf See bricht der Urmensch aus dir heraus. Wenn du an Bord arbeitest, bekommst du es mit Bedingungen zu tun, die oft gnadenlos sind. Da musst du schon aus einem sehr harten Holz geschnitzt sein, um daran nicht zu zerbrechen. Womit ich nicht sagen will, dass ich ein gefühlloses Riff wäre, auch an mir ist nicht immer alles abgeprallt. Ich habe aber schon Kollegen gesehen, die in die Knie gegangen sind und nach ihrer Mama gejammert haben. Gestandene Männer, die in Tränen aufgelöst vor mir standen und um die Kündigung flehten, bis hin zu Deserteuren, die aus Verzweiflung nachts einfach abhauten. Und das, obwohl die jeweiligen Situationen oft noch lange nicht jene Schmerzgrenze erreicht hatten, bis zu der sie sich noch hätten steigern können. Klingt womöglich abgestumpft, aber nach über zwölf Jahren auf See weiß ich oder bilde mir zumindest ein zu wissen, wovon ich rede.

Bevor ich zur Geschichte von Claude komme, werde ich am besten noch etwas konkreter, damit ihr euch vorstellen könnt, was ich überhaupt meine. Ein ganz normaler branchenüblicher Anstellungsvertrag sieht vor, dass man 16 bis 20 Stunden am Tag arbeiten muss – und das sieben Tage die Woche. Man ist sechs bis zehn Monate am Stück im Dienst, freie Tage gibt es nicht. Eventuell eine ruhige Kugel zu schieben, kann man sich von vornherein abschminken. Man muss ranklotzen und damit rechnen, dass man bis an alle Grenzen gefordert wird. Glaubt mir, alle, aber auch wirklich alle ganz normalen Bedürfnisse kommen dabei zu kurz. Man kommt kaum zum Schlafen, nur sehr unregelmäßig zum Essen, Körperpflege wird Luxus, Ruhemomente sind so rar wie Perlen in Zuchtaustern und jede Art von Sex allein oder mit anderen kann man vergessen. Dazu wäre man auch viel zu schwach, selbst wenn man wollte. Von Sport will ich gar nicht erst reden und auch nicht von Auszeiten wegen Krankheit. Dafür tröstet man sich mit jeder Menge Alkohol, um dem niemals enden wollenden Druck wenigstens etwas entgegenzusetzen. Andererseits macht einen der Alk zusätzlich fertig, was man wiederum mit mehr Alk zu kompensieren versucht. Es ist eine Spirale ohne Ende. Nicht zu vergessen die Enge in den Arbeitsbereichen und Schlafquartieren. Ständig ist man mit jemandem auf Tuchfühlung, man hat nie eine Chance, jemandem aus dem Weg zu gehen, alle sind sich viel zu nah, sich gegenseitig oft überdrüssig.

DA LEGT MAN SICH NICHT NUR EINEN PANZER ZU, MAN WIRD AUCH INTOLERANT, UNFAIR UND VOR ALLEM AGGRESSIONSGELEITET. OHNE DASS MAN ES WILL, KOMMT UNWEIGERLICH HASS IN EINEM AUF.

Es ist einfach so. Es muss kein Blitz einschlagen, um einen zum Explodieren zu bringen, der pure Gedanke an ein Streichholz reicht da schon. Wenn man ganz, ganz großes Glück hat, kennt man jemanden an Bord, dem man sich mit seinen Nöten anvertrauen kann – theoretisch jedenfalls, man müsste ja Zeit dafür haben. Und er auch. Ich versichere, ich übertreibe nicht!

Als ich die Möglichkeit bekam, auf einer Jacht als Küchenchef anzuheuern, auf der ich zehn Jahre zuvor schon mal als Beikoch gearbeitet hatte, wusste ich zwar ganz allgemein, welche Situation auf mich zukommen würde. Aber ich ahnte nicht, dass dieses Mal das Tier in mir in Flammen stehen würde.

Auslöser des Dramas war Claude. Bei unvoreingenommener Betrachtung war er ein halbwegs netter, witziger Kerl. Hätten wir uns an Land kennengelernt, wären wir zwar keine engen Freunde geworden. Aber hin und wieder ein Bier, das hätte ich mir vorstellen können.

Ich hatte bei einer Agentur für einen Dreimonatstrip unterschrieben und dabei schon das Wichtigste erfahren: Ich sollte Claude nach meiner Ankunft ersetzen, da er dem Anspruch der Jacht nicht gewachsen war, und es war vorgesehen, dass er das Schiff nach meiner Ankunft umgehend verlassen sollte. Von alledem wusste er allerdings noch nichts. Die Crew, die er sich mit seinem Essen vergrault hatte, bezeichnete ihn hinter vorgehaltener Hand als faulen Sack.

An Bord sprach ich als Erstes mit dem Captain darüber, ob es sinnvoll wäre, Claude zumindest vorläufig doch noch zu behalten. Er könnte mich insgesamt mit der Lage auf dem Schiff vertraut machen. Vor allem könnte er mir alles über die Essgewohnheiten der Eigner erzählen, die im Übrigen in weniger als 72 Stunden an Bord sein sollten. Ich kannte die Leute nicht und hätte nicht gewusst, was ich ihnen anbieten sollte.

Wir entschieden uns deshalb zähneknirschend dafür, ihn noch ein paar wenige Wochen zu behalten. Damit war auch klar, was das für ihn bedeutete: Claude würde nun als Souschef unter mir weiterarbeiten müssen. Natürlich war ich damit nicht glücklich. Denn zu einem neuen Chef mit eigenen Vorstellungen gehört immer auch eine komplett frische Küchenmannschaft, damit sich alle aufeinander einstellen

ER HATTE EINE MENTALITÄT, DIE VON TRÄGHEIT, DICKFELLIGKEIT UND LASCHHEIT GEPRÄGT WAR.

FAULTIER
(FOLIVORA, AUCH TARDIGRADA ODER PHYLLOPHAGA)
TÄGLICHER SCHLAF: 15 BIS 18 STUNDEN

NUN KAM ER EINEN SCHRITT AUF MICH ZU UND BLIES SICH VOR MIR AUF.

können und keine alten Gewohnheiten zu Reibereien führen. Hätte ich damals geahnt, welche Spannungen sich zwischen Claude und mir ergeben würden, wäre ich vielleicht doch zum Captain gegangen und hätte gesagt, dass Claude besser die Segel streichen sollte. Aber als Neuling an Bord dachte ich, es wäre pfiffiger, ihn erst mal an Bord zu halten.

Wir trafen zum ersten Mal an Bord zusammen. Es war ein strahlend blauer Tag. Ich war während der Nacht nach fast 30 Stunden Reisezeit mit der letzten Maschine angekommen und hatte sogar Gelegenheit zu vier Stunden Schlaf gehabt. Um fünf Uhr morgens stand ich pünktlich zu Dienstbeginn in der Galley.

Um acht ließ sich endlich auch Claude blicken. Da er wusste, wer ich war, und ich wusste, wer er war, tauschten wir ein förmliches Hallo, gaben uns die Hand und stellten uns gegenseitig vor.

Ich will nicht sagen, dass es zwischen uns gleich fröstelte. Aber die übliche Einvernehmlichkeit, die sich bei neuen Kollegen fast immer sofort einstellt, wenn lange Wochen gemeinsamer Arbeit und des Aufeinanderangewiesenseins vor ihnen liegen, blieb aus. Von der ersten Sekunde an war klar, dass wir nicht richtig miteinander konnten.

CLAUDE STIESS MICH VON ANFANG AN AB, WESENSMÄSSIG UND KÖRPERLICH.

Äußerlich war er ein französischer Typ. Er hatte einen französischen Pass, war in der Karibik geboren und hatte eine Mentalität, die von Trägheit, Dickfelligkeit und Laschheit geprägt war. Ich muss es leider so sagen. Er vermittelte, wie ich schnell feststellte, immer eine gummiartige, lurige Haltung: Mann, reg dich doch nicht so auf, sollen die anderen einen doch am Arsch lecken, das muss man alles ganz locker sehen, das dankt dir sowieso keiner und so weiter.

Mich machen solche Leute wahnsinnig. Mag sein, dass er anderswo damit durchkommen kann, aber in die Küche auf einem Schiff passt das überhaupt nicht, da muss man präzise, zuverlässig und diszipliniert sein. Dazu kam – auch eine Beobachtung schon während der ersten Tage auf See – seine mangelnde Körperhygiene. In der Küche ist es meist heiß und stickig und du schwitzt wie ein Tier. Normalerweise stellst du dich deshalb dreimal am Tag unter die Dusche, wenn du Zeit dafür findest. Das muss sein, sonst verkommst du buchstäblich im eigenen Saft. Claude aber duschte nur einmal am Tag. Der Kerl war zwar nicht direkt schmutzig, aber immer irgendwie schmierig, ölig, klebrig, hatte immer Ränder unter den Fingernägeln und einen tödlichen Mundgeruch. Wenn du dann 24/7 mit so einem Typen zusammen bist, wirst du schnell wuschig.

Sein fehlendes Hygienebewusstsein zeigte sich überdeutlich auch im Zustand der Küche, wie ich sie von ihm übernahm. In den Schubladen und Schränken überall Schimmel, Krümel, Reste und tote Insekten, alles war versifft und versaut. Er hatte monatelang nicht geputzt. Dazu die Unordnung in den Schränken. Man muss bedenken: Wir waren auf einer der größten und luxuriösesten Jachten der Welt. Aber wenn einer nicht wirklich an seinem Job interessiert ist, sondern nur die Kohle sieht, kann die Sache nicht funktionieren – hat sie ja auch nicht. Denn damals vor der großen Weltwirtschaftskrise konnte man noch gut verdienen, den Schiffseignern saß das Geld ziemlich locker. Ich habe dann als Erstes die Küche einen ganzen Tag zugemacht und den Laden wieder auf Vordermann gebracht. Den Dreck fotografierte ich vorsorglich.

Ich war erst wenige Tage an Bord, als mich der Captain kommen ließ. Was denn los sei, wollte er wissen. Ob ich ihm erklären könnte, warum drei Viertel der Besatzung schon seit ein, zwei Wochen ein Magen-Darm-Problem hätten. Einen Augenblick war ich überrascht, davon hatte ich noch nichts mitbekommen. Ich fühlte mich aber nicht angesprochen, da die Symptome schon vor meiner Zeit eingesetzt hatten. Ich musste nur eins und eins zusammenzählen, um die Ursache der mutmaßlichen Infektionen zu kennen. Die Leute hatten sich mit Keimen aus der Küche infiziert. Ich zeigte ihm die Fotos: Das ist hier los, sagte ich, vielmehr, das war hier los. Ich zeigte ihm auch Bilder von der Küche, wie sie nach meiner Putzaktion aussah. Es war die klassische Situation: Du bist nicht verantwortlich, musst als Chef aber deinen Kopf hinhalten. Auch wenn sich daraus für mich keine Konsequenzen ergaben, so hatte ich diese wenig erfreuliche Begegnung Claude zu verdanken.

Als ich zurück in die Küche kam, war er gerade dabei, Gläser zu polieren. Ich sah, wie er sich dabei mit dem Abtrockentuch völlig ungeniert ständig durch die verklebten Mundwinkel fuhr und sich – wieder mit dem Tuch – den Schweiß von der speckigen Stirn wischte. Da war bei mir der Ofen aus. „Kannst du das bitte lassen?", fuhr ich ihn schroff an. Er wusste sofort, was ich meinte. „Nimm gefälligst ein Taschentuch!" Ich riss ihm das Tuch aus der Hand. „Dahinten sind frische." „Hey, nun reg dich mal nicht so auf", kam er mir auf seine schwammige Art, „sieht doch keiner. Und die Gläser sind alle okay." Langsam begann sich die Atmosphäre aufzuladen.

Am nächsten Tag, Claude und ich waren gerade beim Gemüseputzen, kam Simone vom Service herein. Sie war Claudes Freundin. „As-tu un moment?", sprach sie ihn an. „Immédiatement?", fragte er zurück. Ich warf ihnen einen strengen Blick zu, sie wussten sofort, warum. Es war nicht das erste Mal, dass sie vor mir Französisch miteinander sprachen. Es gibt ein ungeschriebenes Gesetz an Bord, dass überall und in allen Situationen immer nur Englisch gesprochen wird, damit jeder alles mitbekommt. Das hat auch viel mit Sicherheit zu tun, etwa im Brandfall. In welcher Sprache sich die beiden in privaten Momenten unterhalten, ist mir absolut egal. Im Dienst muss es Englisch sein. Simone und Claude haben aber immer nur Französisch miteinander geredet, immer! Anfangs habe ich sie freundlich darauf aufmerksam gemacht und sie höflich gebeten, Englisch zu sprechen. Sie haben es einfach ignoriert. Ich habe Simone sogar mal Küchenverbot erteilt, um das Problem zumindest vordergründig zu lösen. Aber sie kam doch immer wieder runter und sie machten so weiter, als wäre ich nicht anwesend.

Was die beiden nicht wussten: Ich bin selbst halber Franzose, da meine Mutter aus Frankreich stammte. Mein Französisch ist zwar nicht perfekt, reichte aber aus, um den Sinn der Gespräche zwischen den beiden zu verstehen. Als es erneut zu der sich ständig wiederholenden

Situation kam und ich sie zum hundertsten Mal fragte, warum es so schwierig sei, die Sprachregelung an Bord zu akzeptieren, lachten sie mich aus. Auf Französisch sagten sie zu mir, ich sei eine kleine deutsche Nazisau und solle meine Fresse halten. Da bin ich ausgerastet. Ich schnappte mir ein großes Metallblech und schlug es mit einer solchen Wucht auf eine Granitfläche, dass mir vom Knall die Trommelfelle schmerzten.

Ich erwiderte in fast fließendem Französisch:

„DIE KLEINE DEUTSCHE NAZISAU HAT GENUG VON EURER RESPEKTLOSEN ART. WENN NICHT AUGENBLICKLICH ENGLISCH GESPROCHEN WIRD, SITZEN WIR NOCH HEUTE ALLE BEIM CAPTAIN."

Ich holte Luft und sah Claude an. „Geht das nicht in deinen hohlen Schädel rein?", habe ich ihn weiter angefahren. Verdutzt über die Tatsache, dass ich alles verstanden hatte, verschlug es Simone die Sprache und sie schwieg nur noch. Nun kam er einen Schritt auf mich zu und blies sich vor mir auf. „So redest du nicht mit mir. Ich schlitze dich auf", zischte er mich an. Er hatte ein Messer in der Hand. Ich sah es gerade noch rechtzeitig. „Komm doch", gab ich zurück und packte eine Pfanne, die gerade in Reichweite stand, und schwang sie in seine Richtung. Jetzt kannte ich kein Halten mehr. „Komm doch", forderte ich ihn auf, „los, komm, oder hast du keine Eier in der Hose?"

Wie blindwütige Kampfhunde standen wir uns gegenüber. Ich hatte keine Angst, dafür aber das sehr bestimmte Gefühl, eine riesige Dummheit zu begehen. Die Flammen der Wut prasselten in mir mit einer Macht, dass ich mich kaum noch beherrschen konnte. Ihm erging es wahrscheinlich nicht anders. Es können nur Sekunden gewesen sein, die wir uns so gegenüberstanden, es kam mir aber wie viele langgezogene Minuten vor. Plötzlich fühlte ich Hände und Arme an mir. Sie fassten mich mit hartem Griff und rissen mich mit Macht von Claude weg. Mehrere Crew-Leute hatten unseren lauten Streit mitbekommen und gingen nun entschlossen zwischen uns, bevor sich die Sache noch weiter zuspitzte und es womöglich zu einem Unglück kam. Das war unser beider Glück.

Noch heute frage ich mich, wann ich wohl je so wütend und unbeherrscht gewesen war. Welcher Teufel hatte in mir die Oberhand gewonnen, dass ich mich überhaupt erst auf einen solchen Konflikt eingelassen habe? Oder habe ich mich von Claude manipulieren lassen, bis ich da war, wo er mich haben wollte? Niemand toleriert an Bord eine Schlägerei, Handgreiflichkeiten sind ein absolutes Tabu. Denn egal, wer angefangen hat – wenn der Captain von der Sache Wind kriegt, fliegen beide unwiderruflich vom Schiff. Ich hatte mich immer für einigermaßen souverän und selbstbestimmt gehalten. Aber dieses Erlebnis machte mir zumindest klar, dass es noch eine andere Seite in mir gab. Eine, die sich leicht reizen ließ, bis sie ungehemmt ausbrach und dann kein Halten mehr kannte. Natürlich war mir sofort klar, dass im Grunde die beinahe klaustrophobische Situation an Bord und die vielen anderen Härten der Auslöser gewesen waren und mit mir gespielt hatten. Doch jetzt wusste ich, welche Macht diese mir bisher wenig bekannte Seite in mir besaß. Es war eine Lektion: Auch wenn du im Allgemeinen ganz friedlich bist, es lauert trotzdem eine Bestie in dir, selbst wenn sie gerade schläft. Und: Pass gut auf dich auf, wenn du in Situationen oder an Leute gerätst, die das Tier wecken und aus dem Käfig lassen könnten. Am besten dreht man sich in solchen Momenten einfach um und geht in eine andere Richtung.

Zu Claude ist nur noch zu sagen, dass er kurz darauf seine Koffer packte und die Arbeit verweigerte. Damit forderte er seine eigene fristlose Kündigung heraus. Er änderte zwar am nächsten Morgen seine Meinung wieder, doch zu spät – sein Ticket war bereits gebucht.

Die letzten beiden Wochen der Charter kämpften mein dritter Koch und ich allein. Nachdem die Eigner und ihre Gäste sehr zufrieden und ohne Ahnung von den beschriebenen Geschehnissen wieder abgereist waren, nutzte ich die nächsten sechs Wochen dafür, die Küche wieder in den Zustand zu versetzen, in dem ich sie zehn Jahre zuvor kennengelernt hatte. Ich verbrachte noch über zwei Jahre mit dem Eigner auf seiner Jacht und wir umrundeten zweimal den Globus.

ES WAR EINE LEKTION: AUCH WENN DU IM ALLGEMEINEN GANZ FRIEDLICH BIST, ES LAUERT TROTZDEM EINE BESTIE IN DIR, SELBST WENN SIE GERADE SCHLÄFT.

ZUBEREITUNGSZEIT **20 MINUTEN** ZEIT GESAMT **30 MINUTEN**

ĆEVAPČIĆI

Weckt bei mir früheste Urlaubserinnerungen in Kroatien wach. Meine Eltern hatten die großartige Idee, dort mit der ganzen Familie einen FKK-Urlaub zu verbringen. Für mich ein doppeltes Highlight, denn zum ersten Mal sah ich im zarten Alter von acht Jahren Frauen in ihrer ganzen Schönheit – und lernte Ćevapčići kennen, deren Duft von einer kleinen Bude direkt am Strand die ganze Umgebung erfüllte.

FÜR 4 PORTIONEN

1,6 kg Rindernackenfleisch, gehackt
300 g Lammhackfleisch
50 ml Olivenöl
Salz
frisch gemahlener schwarzer Pfeffer
1 EL gerösteter Knoblauch (siehe Seite 39)
1 TL Oregano
Zesten von ½ unbehandelten Zitrone

1. Alle **Zutaten** gut vermengen und über Nacht in den Kühlschrank stellen. Nur durch die Ruhezeit entsteht die richtige Konsistenz. Man kann die Hackfleischmischung aber auch sofort weiterverarbeiten. **2.** Am nächsten Tag die Masse in einen Spritzbeutel füllen und ohne Spritztülle eine lange Wurst spritzen. Die Wurst in etwa 8 cm große Stücke schneiden. Mit etwas **Olivenöl** einpinseln und dann auf einem vorgeheizten Grill etwa 4 Minuten von beiden Seiten knusprig grillen. **3.** Mit Zwiebeln, Salatblättern, Gurke, Knoblauchsauce oder, oder, oder in aufgeschnittenes Fladenbrot füllen. Oder einfach nur mit Zaziki genießen.

ZUBEREITUNGSZEIT **15 MINUTEN** ZEIT GESAMT **25 MINUTEN**

ČOKOLADNA SALAMA

(SCHOKOLADEN-SALAMI)

Der Name klingt beim ersten Hören vielleicht gewöhnungsbedürftig, diese Süßigkeit schmeckt aber großartig! Wenn Kinder mitnaschen sollen, besser den Rum weglassen und eventuell Rumessenz verwenden.

FÜR 4 PORTIONEN

400 g dunkle Kuvertüre
150 g Butter
3 Eigelb
2 EL Kakaopulver
(pur, ohne weitere Zutaten)
2 EL Zucker
50 ml dunkler Rum
100 g Butterkekse, in Stücke gebrochen
1 Prise Salz
50 g Puderzucker

1. **Kuvertüre** mit **Butter** auf kleiner Hitze schmelzen. **Eigelbe** dazugeben und etwa 2 Minuten unterrühren. **Kakao, Zucker, Rum, Kekse** und **Salz** einarbeiten. Dann etwas abkühlen lassen, bis die Masse fast hart ist. **2.** Auf ein mit **Puderzucker** bestäubtes Backpapier setzen und zu einer Wurst rollen. Etwa 40 Minuten in den Kühlschrank oder 12 Minuten in das Gefrierfach legen. In gewünschte Stücke schneiden und servieren. **3.** Eine reizvolle Nascherei, die zu vielen Gelegenheiten schmeckt, erst recht zur Weihnachtszeit.

ZUBEREITUNGSZEIT **30 MINUTEN** ZEIT GESAMT **8 STUNDEN**

BUČNI SLADOLED

(KÜRBISEISCREME)

Hier eine der Eiscremesorten aus meiner Zeit mit dem „Eisprinzen“ (siehe Seite 124). Ein fast weihnachtliches Geschmackserlebnis. Es entstand zu Halloween aus dem Versuch heraus, etwas mit Kürbisresten zu versuchen. Das Resultat konnte sich sehen lassen.

FÜR 4 PORTIONEN

200 g Kürbis, geschält und in Würfel von 1 cm Kantenlänge geschnitten
20 ml Olivenöl
Mark von 1 Vanilleschote
400 ml Sahne, geschlagen
150 ml gezuckerte Kondensmilch (aus der Dose)
¼ TL frisch geriebene Muskatnuss
¼ TL Zimt

1. **Kürbis** mit **Olivenöl** und **Vanillemark** in einer Schüssel vermischen. Im vorgeheizten Ofen bei 180 °C Umluft auf einem mit Backpapier oder einer Silikonmatte ausgelegten Blech 20 Minuten rösten. Anschließend pürieren und kalt stellen. In die **Sahne** behutsam **Kondensmilch, Muskat** und **Zimt** unterziehen. Kürbispüree unterheben und in einer Metallschüssel etwa 4 Stunden in das Gefrierfach stellen. Alle 20 Minuten mit einem Schneebesen gut durchrühren, aber nicht schlagen. Alternativ in eine Eismaschine geben und dort fertigstellen. **2.** Mit der süßen Dukkah-Mischung servieren (siehe unten).

ZUBEREITUNGSZEIT **15 MINUTEN** ZEIT GESAMT **20 MINUTEN**

SÜSSES DUKKAH

Ein Muss für Freunde der Aromaküche. Zum Beispiel zu Eiscreme, anderen süßen Sachen oder Müsli servieren, auf Tartes geben oder in Teige für Brote oder Muffins mischen. Als Gewürz für Panaden oder Lammfilets und Entenbrüste vor dem Braten ebenso empfehlenswert. Kurz und gut: Damit habe ich schon so manches weibliche Wesen verzaubert.

FÜR MEHRERE ANWENDUNGEN

1 EL geriebene Möhre
1 TL Zesten von 1 unbehandelten Orange
60 g grüne Pistazien
60 g Mandeln
100 g Sesamsamen
30 g Kokosnuss, gerieben
½ TL Zimt
1 TL Koriandersamen
1 EL brauner Zucker
1 TL Kakaopulver

Möhren und **Orangenzesten** im vorgeheizten Ofen bei 90 °C Umluft etwa 12 Minuten getrennt trocknen. **Pistazien, Mandeln, Sesam, Kokosnuss, Zimt** und **Koriander** ohne Öl in einer Pfanne anrösten. Die Mischung in einer Küchenmaschine mit Möhren, Orangenzesten, **Zucker** und **Kakao** acht- bis zehnmal in kurzen Intervallen nicht zu fein pürieren.

AUF SEE GIBT ES KEINE FREUNDSCHAFT

Wenn ich von Freundschaft rede, dann meine ich nicht die gängige Beziehung, in der man sich mag und gut miteinander auskommt, egal, ob zwischen Männlein oder Weiblein. Das findet man relativ schnell. Echte Freundschaft geht für mich tiefer, sie hat mit gegenseitigem Vertrauen zu tun, mit der Fähigkeit, sich zu öffnen, und natürlich mit der Bereitschaft, im Notfall für den anderen einzustehen. Oder umgekehrt sich auf den anderen verlassen zu können. Ein hoher Anspruch, ich weiß. Und erst recht mit Blick auf das Bordleben. Die Aussicht, auf See jemanden für eine echte Freundschaft zu finden, ist ungefähr so groß wie die Chance, bei einem Muschelessen eine Perle zu finden.

Einmal gab es jemanden, der für mich wirklich ein Freund war. Nick Miller aus Australien. Mit dieser Freundschaft stand und fiel mein Job. Er war Purser auf der letzten Jacht, auf der ich gefahren bin. Nick war etwa zehn Jahre jünger als ich, ein sehr ruhiger und gesammelter Charakter mit einer Ausstrahlung von Reife. Ich hatte damals ein dienstliches Problem. Für das Schiff war in Großbritannien ein Manager zuständig, mit dem ich überhaupt nicht zurechtkam. Er fällte Entscheidungen für die Jacht und die Menschen an Bord, ohne wirklich zu wissen, worum es auf einem Schiff geht und was wir tun. Er hatte noch nie auf einem Schiff gearbeitet und war als Quereinsteiger in dieser Position beziehungsweise Branche gelandet. Zu seiner fachlichen Inkompetenz kam seine Unfähigkeit, sozial zu agieren. In meinen Augen war er ein charakterloses Stück Dreck.

STÄNDIG HAT DIE „RATTE“, WIE ICH IHN NANNTE, AN MIR UND MEINER ARBEIT HERUMGENÖRGELT.

Nichts war ihm recht, ich konnte tun, was ich wollte. Ich hatte den Eindruck, dass ich ständig unter seiner Beobachtung stand, weil er vielleicht etwas finden wollte, um es gegen mich zu verwenden. Ich bekam auch mit, dass er vor anderen schlecht über mich redete. Deswegen war ich alles andere als gut auf ihn zu sprechen und er konnte von Glück sagen, dass zwischen uns eine Menge Seemeilen lagen. Sonst hätte es zwischen uns sicher bald ganz gewaltig gekracht.

Es gab Tage, an denen ich so bedient war, dass ich am liebsten das Handtuch geschmissen hätte. Wenn Nick und ich uns abends zusammensetzten, er seinen Negroni und ich meinen Whiskey trank, bekam er immer sofort mit, wenn ich die Fresse gestrichen voll hatte von der Ratte. Er war der Puffer zwischen der Ratte und mir. Ich fing dann an zu reden. Und redete und redete, um Dampf abzulassen. Er unterbrach mich nur selten, meist hörte er einfach zu. Dabei nickte er immer wieder, weil er offenbar sofort verstand, um was es mir ging und was mir so zusetzte.

Der mangelnde Respekt!

Er rüttelte mich wach. „Dem Typen geht doch jedes Mal einer ab, wenn er sieht, wie du dich aufregst. Warum tust du ihm den Gefallen?“, sagte er, „sei entspannt, Mann, nur so nimmst du ihm den Wind aus den Segeln.“ Wie recht er doch hatte! Warum ließ ich mich von diesem Kerl die ganze Zeit provozieren? Ich musste ihn auflaufen lassen! Nick verstand es auch, mich aufzubauen: „Das stehst du durch, Stephan. Um das Holz, aus dem du geschnitzt bist, zu brechen, muss ein ganz anderer kommen als diese Ratte.“ Oftmals waren diese kurzen Unterhaltungen alles, was ich brauchte. Die Unruhe vor dem Ausflippen war bei mir oft größer als die vor den Konsequenzen, die sich daraus ergeben könnten.

„Vertraue in dich selbst. Auf wen willst du setzen, wenn nicht auf dich?“, sagte er immer.

Schließlich hielt er mir immer wieder meine Träume vor Augen. „Wenn du jetzt in den Sack haust, vertust du einen wichtigen Teil der Kohle, die du für deine Zukunftspläne brauchst.“ Das zog. Er schaffte es jedes Mal, mich aus meinem Wahn zu holen.

„DEM TYPEN GEHT DOCH JEDES MAL EINER AB, WENN ER SIEHT, WIE DU DICH AUFREGST. WARUM TUST DU IHM DEN GEFALLEN?“

DIE ANDEREN BEKOMMEN SOFORT MIT, WENN DU DIR MÜHE GIBST UND ENGAGIERT ARBEITEST – „ARSCHKRIECHER" HEISST ES DANN.

Umgekehrt war ich selbstverständlich genauso für Nick da, wenn er mal wieder einen Scheißtag hinter sich hatte. Diese Abende verliefen im Pingpong-Verfahren: mal er, mal ich.

Es ist aber unumstritten, dass er mein Ruhepol war. Ohne ihn wäre ich in der damaligen Situation trotz der finanziellen Verluste im nächsten Hafen garantiert von Bord gegangen. So aber blieb ich bis zum Ende der vereinbarten Vertragsdauer, die sich sogar noch über mehrere Jahre erstreckte. Wir waren die ganze Zeit zusammen und so gesehen war es eine sehr gute Zeit.

IRGENDWANN WURDE ICH ABER DOCH GEFEUERT.

Bezeichnenderweise geschah das genau zwei Monate, nachdem sich Nicks und meine beruflichen Wege getrennt hatten.

Nick war eine Ausnahme. Gerade deshalb stellte sich mir die Frage, warum das Bordleben Gift für Freundschaften ist, immer wieder. Gegen einen einzigen Auslöser hätte sich vielleicht etwas unternehmen lassen. Aber es gab gleich mehrere ungute Umstände. Beispielsweise: Wer will schon einen Koch als Freund? Okay, die Frage ist vielleicht etwas zugespitzt, ist aber trotzdem wahr. Denn bist du Koch, hast du möglicherweise von vornherein schlechte Karten. Es ist zwar von Schiff zu Schiff unterschiedlich, aber Köche bekommen in der Tradition alter Seefahrtsbräuche immer schnell die Rolle des Dödels zugewiesen. Die Anlässe für diese Ablehnung sind oft mehr als albern. Da muss nur einer, der keine Zwiebeln mag, am Buffet einen Salat mit Zwiebeln erwischt haben – und schon bist du bei ihm unten durch. Ich gehe zwar sehr auf die Wünsche der Crew ein, aber ich kann nicht jedem Einzelnen immer sein Wunschessen zubereiten. Es reicht oft auch schon, seinen Job gut machen zu wollen. Die anderen bekommen sofort mit, wenn du dir Mühe gibst und engagiert arbeitest – „Arschkriecher" heißt es dann. Und obwohl du möglicherweise mit dem einzelnen Kollegen einigermaßen auskommst, kann dennoch die kollektive Stimmung gegen dich sein. Als Koch bist du deshalb oft extrem einsam.

Die Größe des Schiffs wirkt sich ebenfalls auf das Gesellschaftliche aus. Es gibt kleine Boote, auf denen die Besatzung vielleicht nur aus sechs Leuten besteht – da kann sogar eine familiäre Atmosphäre aufkommen. Alle sitzen zusammen, reden zusammen, trinken zusammen, es gibt nur diesen einen Kreis, in dem sich jeder auf den anderen verlassen können muss. Leider war ich nur selten auf solchen Schiffen. Auf den größeren mit mehr Besatzung bilden sich immer sofort Grüppchen und Cliquen, da herrscht eine Art Schulhofmentalität. Filipinos hängen meistens nur mit Filipinos rum, Australier mit Australiern und so weiter. Es gibt dann Best Buddies – aber mit echter Freundschaft hat das wenig zu tun. Für fast alle gibt es die passende Kaste. Trotz der Cliquenbildung habe ich immer den Eindruck, dass letztlich jeder Einzelne doch nur für sich selbst kämpft. Und kaum jemand lässt einen anderen näher an sich heran.

Wenn der Captain schwach ist, wirkt sich auch das negativ auf die zwischenmenschliche Grundstimmung aus. Warum zum Beispiel wird manchmal ohne ersichtlichen Grund eine Ausgangssperre verhängt und niemand darf an Land? Weil der Captain ängstlich ist und es ihm an Souveränität fehlt, sich auf die Crew zu verlassen. Oder es gilt ein allgemeines Pornofilmverbot. Wem nützt das? In meinen Augen sind das nicht mehr als kleinliche Machtbeweise, reine Schikane also. Dabei entsteht schnell ein Klima in der Crew, das gegenseitiges Misstrauen erzeugt.

Nachteilig für gute Kollegenkontakte ist zudem ein häufiger Personalwechsel. Entweder ist der Captain dafür verantwortlich oder ein generelles Missmanagement. Ich habe einmal erlebt, dass innerhalb von nur zwei Monaten 45 Crew-Mitglieder gingen und durch andere ersetzt wurden. Ein Missstand, der mir davor und danach glücklicherweise nie wieder begegnet ist. Darunter leidet nicht nur der Job, weil ständig neue Leute eingearbeitet werden müssen. Auch das Miteinander kommt nicht richtig in Schwung, wenn man ständig mit Kollegen zusammen ist, die man noch nicht einschätzen kann. Wenn man auf manchen Fotos die stets lächelnden und gut aufgelegten Crews sieht, sollte man meinen, die sind alle ganz glücklich und leben in einer Welt, die nur von Sonnenschein verwöhnt ist. Es gibt tatsächlich solche Momente, aber im Allgemeinen sieht die Wirklichkeit anders aus.

ZUBEREITUNGSZEIT **30 MINUTEN** ZEIT GESAMT **6–12 MONATE**

REGRAT CVETJE VINO

(LÖWENZAHNBLÜTENWEIN)

Zwischen April und Mai ist die beste Zeit, um diese wahrlich unterschätzten Blüten zu pflücken und dann diesen wirklich sehr reizvollen Wein daraus herzustellen. Allerdings kann man ihn frühestens ein halbes Jahr später genießen.

FÜR CA. 3 LITER

300 g gelbe Anteile der Löwenzahnblüten (selbst sammeln oder im Gemüsegeschäft bestellen), gewaschen
1 Gewürznelke
800 g brauner Zucker
300 ml Orangensaft
50 ml Limettensaft
50 ml Zitronensaft
Schale von 1 unbehandelten Orange, blanchiert
Schale von 1 unbehandelten Zitrone, blanchiert
Schale von 1 unbehandelten Limette, blanchiert
1 Tütchen Trockenhefe

AUSSERDEM

4 Luftballons, gut ausgespült und kleine Löcher hineingestochen
4 Weinflaschen, am besten sterilisiert oder mit kochendem Wasser ausgespült, sowie Korken oder Schraubverschlüsse

1. Blüten mit 4 l kochendem Wasser übergießen. Mit frischem Wasser in einen Topf geben. Mit allen anderen **Zutaten** außer der Hefe etwa 1 Stunde köcheln lassen. Durch ein Musselintuch, ein Käseleinen oder ein ungefärbtes, dicht gewebtes Baumwolltuch gießen und auf 38 °C abkühlen lassen. Die Mischung darf wegen der Hefe nicht heißer sein. Nun die **Hefe** einrühren und alles mit einem Küchentuch abdecken. Bei Zimmertemperatur über Nacht stehen lassen. **2.** Am nächsten Tag den Ansatz in Weinflaschen füllen und die Luftballons über den Flaschenhals ziehen. So können die Gase bei der Gärung entweichen und es entsteht kein Druck in den Flaschen. 3 Wochen an einem dunklen Ort lagern. **3.** Während dieser 3 Wochen den Ansatz in andere ebenfalls sterilisierte oder mit kochendem Wasser ausgespülte Flaschen füllen und dabei darauf achten, dass die Ablagerungen nicht mit in die neuen Flaschen geraten. Wenn nötig, diesen Vorgang mehrfach während der ersten Gärungsphase wiederholen, bis der Wein klar wird. Die Flaschen auf keinen Fall während dieser Zeit schütteln. **4.** Nach 3 Wochen sollte es so weit sein. Die Flaschen verkorken und 6–12 Monate an einem kühlen Ort – am besten im Keller, nicht aber im Kühlschrank – lagern.

ISTANBUL
GRIECHENLAND
SAMOS
TÜRKEI
KOS
ATHEN
RHODOS
ANTALYA
GIRNE
ZYPERN
LIMASSOL

GRIECHENLAND TÜRKEI ZYPERN

ZUBEREITUNGSZEIT **45 MINUTEN** ZEIT GESAMT **1 STUNDE 45 MINUTEN**

DOLMADES

(GEFÜLLTE WEINBLÄTTER)

Schon als kleiner Junge habe ich sie immer im Restaurant „Mykonos" in meiner Heimatstadt Solingen gegessen und sie geliebt. Jahre später auf einer Jacht, die vor Santorini ankerte, lernte ich einen Bekannten meines Bosses kennen, der mir die typisch griechische Zubereitungsweise verriet. Das Rezept wird seit Generationen in seiner Familie weitergereicht.

FÜR 4 PORTIONEN

40 Weinblätter ohne Stängel (frisch oder aus dem Glas)
150 ml Olivenöl plus etwas für die Form
1 große Zwiebel, in sehr feine Würfel geschnitten
200 g Reis (Jasmin oder Basmati), gut gewaschen und abgetropft
400 ml Fond/Brühe von Gemüse, Geflügel oder anderem Fleisch plus etwas zum Aufgießen
Saft von 2 Zitronen
Salz
frisch gemahlener schwarzer Pfeffer
40 g Dill, gehackt
50 g Petersilie, gehackt
30 g Minze, gehackt
Zesten von 1 unbehandelten Zitrone
2 Zitronen, geviertelt

1. Wenn frische **Weinblätter** verwendet werden: Wenige Sekunden in kochendes Wasser geben, in Eiswasser abschrecken und abtropfen lassen. Blätter aus dem Glas abtropfen lassen. **2.** In einer Pfanne 50 ml **Olivenöl** erhitzen und die **Zwiebeln** darin goldbraun anrösten. **Reis** dazugeben und etwa 2 Minuten bei kleiner Hitze mitgaren. **Fond** oder Wasser und **Zitronensaft** dazugeben und etwa 8 Minuten einköcheln, bis der Reis die Flüssigkeit aufgenommen hat. Mit **Salz, Pfeffer** und allen **Kräutern** würzen. Gut vermengen und zum Auskühlen zur Seite stellen. **3.** Die Weinblätter mit der glatten Seite nach unten auf eine saubere und glatte Arbeitsfläche legen – ich lege jeweils zehn Blätter nebeneinander. Dann je etwa 1 TL Reis auf den unteren Teil der Weinblätter (wo der Stängel war) löffeln. Wichtig: Der Reis quillt noch auf, deshalb nicht zu viel nehmen! **4.** Die Weinblätter zur Hälfte einrollen. Dann die Seiten einschlagen und die Blätter weiter zu kleinen Würsten rollen. Nicht zu fest einrollen, da wie bereits erwähnt, sich der Reis noch etwas ausdehnt. **5.** Dolmades mit der gefalteten Seite nach unten in eine **geölte** Ofenform setzen. Dabei ganz eng legen, das gibt ihnen den nötigen Halt. Restliche 100 ml **Olivenöl** und die **Zitronenzesten** daraufgeben. **6.** Jetzt mit Wasser oder **Fond** übergießen, sodass alles gerade bedeckt ist. Die Form mit Alufolie abgedeckt 30–40 Minuten bei 160 °C Umluft in den vorgeheizten Ofen schieben. Die Dolmades sollten dann die Flüssigkeit weitgehend aufgesogen haben, nur das Olivenöl sollte am Boden der Form zurückbleiben. Etwa 30 Minuten abkühlen lassen und dann zum Beispiel mit Zaziki und **Zitrone** servieren.

ZUBEREITUNGSZEIT **15 MINUTEN** ZEIT GESAMT **30 MINUTEN**

JOGHURT-SOUFFLÉ MIT VANILLE UND FEIGEN

Früher hatte auch ich Angst vor der Zubereitung von Soufflés. Was aber weniger daran lag, dass ich nicht gewusst hätte, wie man sie macht, sondern weil ich die Reaktionen eines früheren überaus cholerischen Küchenchefs fürchtete, der nur sehr schwer zufriedenzustellen war. Jedes Mal brach ein unglaubliches Donnerwetter über mich herein. Aber irgendwann hatte ich den Bogen raus, um auch ihn überzeugen zu können.

FÜR 4 PORTIONEN

3 Eier, getrennt
Mark von 1 Vanilleschote
1 Prise Salz
180 g Zucker
50 g Mehl, gesiebt
220 g griechischer Joghurt (3–5 % Fett)
¼ TL Weinstein-Backpulver oder einfaches Backpulver
40 g Butter, zerlassen

AUSSERDEM

4 Portions-Souffléformen

1. Mit einem Schneebesen die **Eigelbe, Vanillemark, Salz,** 100 g **Zucker, Mehl** und **Joghurt** in einer großen Schüssel vermischen. Mit einem Handrührgerät in einer zweiten Schüssel das gesamte **Eiweiß** mit dem **Weinstein-Backpulver** aufschlagen. Wenn das Eiweiß steif ist, nach und nach 40 g **Zucker** dazugeben. **2.** Die Souffléformen mit der flüssigen **Butter** innen bis zum Rand einfetten. Den restlichen **Zucker** so einstreuen, dass sie vollständig gezuckert sind. **3.** Die Eiweißmischung mit dem Gummispatel behutsam in zwei Portionen unter die Eigelbmasse heben. Das Volumen der Eiweißmischung muss dabei erhalten bleiben. **4.** Die Formen mit der Masse füllen. Mit dem Daumen am Innenrand der Formen entlangfahren und die Masse etwas in die Mitte schieben. So entsteht beim Backen eine schöne Krone. **5.** Im vorgeheizten Ofen bei 190 °C Umluft 10–15 Minuten backen. Wichtig: Der Ofen darf während der Backzeit nicht geöffnet werden. Die Soufflés sind fertig, wenn sich eine goldbraune Krone gebildet hat. **6.** Umgehend servieren. Mein Vorschlag: Mit frischen Feigen auftragen.

ZUBEREITUNGSZEIT **20 MINUTEN** ZEIT GESAMT **30 MINUTEN**

BAUERNSALAT

Hier in einer Version, wie man sie sonst nicht kennt. Sie entstand aus genau jener Art von Experimenten, die von meinen Auftraggebern meist sehr geschätzt wurden. Sie ließen mir völlig freie Hand bei den täglichen Menüplanungen und -ausgestaltungen. Sie waren dann aber auch bereit, sich auf die Resultate einzulassen.

FÜR 4 PORTIONEN

½ Salatgurke, in 2 cm dicke Scheiben geschnitten
Olivenöl
12 Cipolline in agrodolce (siehe Seite 103)
12 Pomodori secchi (siehe Seite 89)
2 geröstete Paprikaschoten (siehe Seite 66)
20 Capperi fritti (siehe Seite 89)
20 Kalamata-Oliven ohne Stein
100 g Mehl
2 Eier, geschlagen
200 g Paniermehl
10 Basilikumblätter, grob gehackt, plus 8 Basilikumblätter, grob zerrissen
4 × 100 g Fetakäse in festen Stücken
Saft von 1 Zitrone
Salz
frisch gemahlener schwarzer Pfeffer

1. **Gurkenscheiben** in **Olivenöl** braten oder mit **Olivenöl** bepinselt grillen. Auf einer großen Platte oder vier Tellern mit **Cipolline, Pomodori, Paprika, Capperi** und **Oliven** appetitlich anrichten. **2.** **Mehl, Eier, Paniermehl** und gehacktes **Basilikum** gut vermischen. **Fetakäse** darin wenden und bei mittlerer Hitze in **Olivenöl** etwa 2 Minuten auf jeder Seite goldbraun braten. Aus der Pfanne nehmen und sofort neben dem Gemüse anrichten. Mit **Olivenöl, Zitronensaft,** restlichem **Basilikum** sowie **Salz** und **Pfeffer** würzen. Love it!

ZUBEREITUNGSZEIT **20 MINUTEN** ZEIT GESAMT **40 MINUTEN**

SPANOLATKES

(SPINAT-FETA-RÖSTI)

Ob Rösti oder Reibekuchen, ich liebe sie alle. In meinem ersten Lehrjahr war ich als Gardemanger für die kalte Küche verantwortlich. Keine einfache Aufgabe. Falls man dann die vergleichsweise zeitraubenden Rösti machen muss, was in der kalten Küche auch vorkommt, muss man sich unglaublich beeilen, wenn das Restaurant voll ist und es keine Verzögerungen geben soll. Hier eine griechisch inspirierte Version.

FÜR 4 PORTIONEN BZW. 12 RÖSTI

Saft von ½ Zitrone
500 g festkochende Kartoffeln, gerieben und in einem Handtuch ausgedrückt
1 Zwiebel, gerieben
2 Frühlingszwiebeln, nur die grünen Teile in sehr feine Streifen geschnitten
½ Bund Dill, gehackt
100 g Spinat, grob gehackt
200 g Fetakäse, zerbröselt
2 Eier
50 g Mehl
Salz
frisch gemahlener schwarzer Pfeffer
Öl zum Braten

1. Alle **Zutaten** mit Ausnahme des Bratöls in einer großen Schüssel vermischen. Zwölf Portionen in mäßig heißem **Öl** in einer Pfanne ausbacken. **2.** Dazu Zaziki reichen – eine unschlagbare Kombination!

DIE LETZTEN 5 EURO

Und wie lange man damit auskommen kann

Es ist nicht nur ein Gerücht, dass man als Chefkoch auf Jachten reich werden kann. Und wenn es nur an Erfahrungen ist. Wenn man Schwein hat, erwischt man durchaus lukrative Jobs und ist in der Lage, sich etwas Geld zurückzulegen, so wie ich es immer versucht habe. Allerdings liegen zwischen den einzelnen Beschäftigungen oft wochenlange Unterbrechungen, in denen man nichts verdient und an die Rücklagen gehen muss. Und je nachdem, wo man sich in diesen Übergangszeiten aufhält, ist das Leben richtig teuer. Schon schmilzt das scheinbar viele Geld nur so dahin, auch ohne dass man sich beim Ausgeben großartig anstrengt.

DANN LIEGEN, WIE ES MIR EINMAL PASSIERT IST, ZWISCHEN 70.000 EURO UND 5 EURO KEINE OZEANE, SONDERN PFÜTZEN.

Meine persönliche Situation stand damals zunächst unter keinem guten Stern und lief an einem bestimmten Punkt darauf hinaus, dass mir die erwähnten 70.000 Euro nach Abschluss des letzten Jobs zwar überwiesen worden waren, ich aber nicht an das Geld herankam.

Meine Kreditkarte war eingezogen worden. Um mich zu schützen, wie meine Bank mir freundlicherweise mitteilte. Die Bankfuzzis konnten sich nicht erklären, wie meine Karte innerhalb weniger Wochen in mehreren Ländern zum Einsatz gekommen war. Wobei ich damals extra vor meiner Abreise noch in einer Filiale in Melbourne war, um sie darüber zu informieren. Ein Antrag für eine neue Karte wäre nur vor Ort möglich, wurde mir außerdem mitgeteilt. Na, tolle Scheiße! Nun war ich in Frankreich und kam nicht an meine Kohle, wenn ich sie brauchte. Zum Glück hatte ich noch 2.500 Euro bei mir. Und auch wenn das natürlich eine stattliche Summe ist, wusste ich aus Erfahrung, dass man in Südfrankreich leider nicht sehr weit damit kommen würde. Also war Haushalten angesagt, bis der richtige Job um die Ecke kommen würde.

Antibes ist neben Palma so eine Art Mutterhafen. Es ist in Europa das Vermittlungszentrum für Jobs auf See schlechthin. Ich war aus Australien unglücklicherweise erst zu vorgerückter Saison angekommen, als die günstigen Übernachtungsmöglichkeiten schon alle vergeben waren.

Also war ich gezwungen, mir ein Hotelzimmer zu nehmen – kein billiges Vergnügen. Tags darauf wechselte ich in ein Appartement, das aber auch nicht viel günstiger war.

DIE KOHLE, DAS MERKTE ICH GLEICH, RANN MIR NUR SO DURCH DIE FINGER UND ICH MUSSTE AUF DER HUT SEIN.

Doch es wollte und wollte nichts klappen und diese Lage begann, sich hinzuziehen. Es war immer dasselbe: Die Agenturen sagten, dass sie was für mich hätten, ich solle nur Geduld haben. Obwohl ich manchmal sogar mehrere Eisen im Feuer hatte, wollte einfach nichts funktionieren, es gab nur Absagen. Die Sache artete in eine quälende Warterei aus.

Ich muss aber auch gestehen, dass ich etwas wählerisch war und nicht alles annehmen wollte, was so daherkam. So bestand das Angebot für einen Vertrag auf einer 35-Meter-Jacht. Das hätte mir 7.000 Euro eingebracht, was gar nicht mal so übel gewesen wäre. Aber ein 35-Meter-Schiff? Das war mir echt schlicht zu mickrig, ich hielt ein größeres Schiff für angemessener. Lieber noch weitersuchen, dachte ich kühn. Denn: No risk, no fun! So stellte mir mein Ego immer wieder ein Bein und die Tage zogen sich dahin, ohne dass ich weiterkam.

Inzwischen waren sechs Wochen vergangen und ich hing immer noch in Antibes herum. Anzeichen von Verzweiflung machten sich bemerkbar. Außerdem war das Wetter unter aller Sau, was meine Stimmung zusätzlich nach unten zog. Möglicherweise hatte ich die allgemeine Situation falsch eingeschätzt. Es war das Jahr zwei nach der großen Finanzkrise und den Schiffseignern saß das Geld spürbar nicht mehr so locker. Viele Köche, die sich sonst nur eine Saison engagieren ließen, um anschließend anderswo einen neuen Vertrag abzuschließen, blieben auf ihren Stellen. Klar, sie alle hatten jetzt Sorge, keinen

ANZEICHEN VON VERZWEIFLUNG MACHTEN SICH BEMERKBAR. AUSSERDEM WAR DAS WETTER UNTER ALLER SAU, WAS MEINE STIMMUNG ZUSÄTZLICH NACH UNTEN ZOG.

Anschlussjob zu finden, und deshalb waren die guten Posten weitgehend besetzt. Dennoch konnte ich mich nicht dazu durchringen, etwas anzunehmen, was in meinen Augen nur ein Scheißdienst mit Dritte-Klasse-Niveau gewesen wäre. Hahahaha – Starallüren konnte ich mir zwar überhaupt nicht erlauben, pflegte sie aber trotz allem.

Ich kannte mich gut genug, um zu wissen, dass ich auf Dauer damit nicht zurechtgekommen wäre und sicher bald ein Problem gehabt hätte. Daran hätte nicht einmal eine gute Bezahlung etwas ändern und mich zum Durchhalten motivieren können. Ich ging also das Risiko ein weiterzuwarten – auch auf die Gefahr hin, dass sich meine prekärer werdende Lage verschärfte.

Immerhin war ich in der engeren Auswahl für fünf Stellen. Ich hatte, wie es üblich ist, mehrfach und auch erfolgreich zur Probe gekocht. Obwohl deshalb eigentlich alles klar war und nur noch die verbindlichen Zusagen ausstanden, rührte sich nichts. Rien, nothing. Ich wartete, kein Anruf kam. Weil meine Rücklagen in besorgniserregendem Tempo weniger wurden, hielt ich mich aus Sparsamkeitsgründen immer häufiger in meinem Appartement auf, um kein Geld auszugeben. Das routinemäßige Networking, das gewöhnlich in Bars oder Restaurants stattfindet und teuer werden kann, war längst ausgereizt und ich konnte mir die Piste ersparen. Ich suchte zwar regelmäßig die Agenturen auf, aber deren Interesse an persönlichen Gesprächen war damals schon deutlich zurückgegangen, weil vieles übers Internet geregelt wurde. Dann sitzt du da rum, kannst nichts mehr tun und bist total abhängig von anderen. Aber du musst ja etwas essen und trinken und willst mal eine Zeitung. Auch wenn du noch so geizig bist, etwas Geld geht immer drauf. Aus Verzweiflung habe ich mich dann doch gelegentlich in eine Bar gesetzt und mir meine Lage schöngesoffen. Scheiß auf die Moneten, dachte ich mir so. Es wird schon alles gutgehen.

Es war ein verregneter Donnerstagmorgen, als ich völlig verkatert in meinem Appartement aufwachte und mit einem unguten Gefühl in mein Portemonnaie schaute. Darin war ein einsamer 5-Euro-Schein. Ich schaute erneut, doch es war immer noch nur dieser eine knittrige Schein vorzufinden. I am fucked! Ich sah mich schon wieder an der Hafenmauer in Cannes.

Und dann passierte es aus dem Nichts. Das Handy klingelte. Ich bekam einen Anruf, dass ich am Folgetag in der Schweiz bei jemandem zur Probe kochen sollte. So ein Probekochen muss nicht unbedingt auf einem Schiff stattfinden, es wird oft in den Häusern der Eigner arrangiert. Ich bin also nach Bern geflogen – die Tickets wurden wie üblich gestellt – und habe für das Kochen in einem exklusiven Feinkostgeschäft eingekauft, wie es verabredet war. Der Mann hinter dem Tresen bediente mich mit einer schweizerischen Bedächtigkeit, die mich auf die Palme brachte. Zum einen hatte ich nicht endlos viel Zeit und zum anderen stand meine Geduld nicht mehr auf festem Boden, von meiner Grundstimmung mal ganz abgesehen. Am liebsten hätte ich mir den Mann gegriffen, ihn geschüttelt und mit einem „Mach schon!" dazu gebracht, seinen Arsch etwas schneller zu bewegen.

Da ging mein Handy. Hörte ich richtig? Es war die Zusage von einem Interessenten, für den ich das Probekochen bereits absolviert hatte. Hey! Ich jubelte innerlich, jetzt konnte mir offenbar nichts mehr passieren. Minuten später ging das Telefon erneut, schon wieder eine Zusage. Na, was war das denn jetzt? Ich konnte es kaum glauben. Und wie es das Schicksal wollte: Für alle anderen Bewerbungen, die noch offenwaren, erhielt ich an diesem Tag ebenfalls den erhofften positiven Bescheid. Die letzte Zusage gab es noch am selben Abend nach meinem Schweizer Kochdebüt und ich hatte sage und schreibe sechs Angebote zur Auswahl. Was wollte ich mehr?

Selten war mein Stimmungspegel so stürmisch und kraftvoll von null auf 300 geklettert. Nach wochenlanger Durststrecke kam ich endlich ans Ziel. Nun hatte ich die Qual der Wahl: Für welches Schiff sollte ich mich entscheiden? Jedes entsprach meinen Ansprüchen. Aber das Gefühl, den Kampf gegen alle Widrigkeiten zu meinen Gunsten entschieden zu haben und ein siegreicher Held zu sein, wollte sich trotz allem nicht richtig einstellen. In diesem Moment hatte ich tatsächlich nicht mehr und nicht weniger als 3,50 Euro in der Tasche, da mich die Busfahrt von Antibes nach Nizza zum Flughafen am Morgen 1,50 Euro gekostet hatte. Ich hatte nicht einmal Gelegenheit gehabt, etwas zu essen oder so viel Nahrung zu mir zu nehmen, die der Rede wert gewesen wäre.

PLÖTZLICH BEFIEL MICH EINE UNGEWOHNTE ÄNGSTLICHKEIT. WAS, WENN ES JETZT UNVORHERSEHBARE KOMPLIKATIONEN GEBEN WÜRDE UND ICH KEINE DER STELLEN ANTRETEN KÖNNTE?

Woher hätte ich dann das Geld nehmen sollen, um zum Beispiel zu meiner Schwester nach Deutschland zu fahren? Oder wie zurück nach Australien kommen, wo ich wohnte. Ich fühlte mich wie ein aufsteigender Taucher, der den letzten Rest Luft schon aus den Lungen gestoßen, aber den Kopf noch nicht über Wasser hat. Mir fehlte das allerletzte Quäntchen Glück, noch eine kleine Gewogenheit des Schicksals.

Ich wurde nicht enttäuscht. Zurück in Antibes musste ich erneut 1,50 Euro für den Bus vom Flughafen zu meinem Appartement zahlen. Für die unter euch, die rechnen können, ist klar, dass ich jetzt nur noch 2 Euro in der Tasche hatte. Die folgenden zwei Tage hielt ich mich nur in meinem Appartement auf. Aß nichts – und zum Zeitvertreib fing ich an, Menüs für meinen neuen Job zu schreiben, was meinem Hungergefühl alles andere als hilfreich entgegenwirkte.

Ich wusste natürlich, dass ich von den 2 Euro, die ich noch hatte, wieder 1,50 Euro für den Bus zum Flughafen löhnen musste. Zum Schwarzfahren war ich viel zu geschwächt – und erst recht für die eventuellen Folgen.

Das letzte 50-Cent-Stück habe ich übrigens noch heute. Eine Art Mahnmal. Ich erinnere mich zwar ungern an diese Zeit und an die schlechte körperliche Verfassung, in der ich mich damals befand. Aber es erinnert mich auch daran, immer an mich zu glauben und meinen Weg zu gehen.

Als ich auf Malta war und meinen Job antreten konnte, hatte ich insgesamt fünf Tage praktisch nichts gegessen. Ich fühlte mich ausgewrungen, ausgelaugt, ausgemergelt. Mein Körper, der anfangs noch nach Nahrung gebrüllt hatte, war schon leiser geworden.

Ich kannte Hunger aus meinen Erfahrungen, als ich mit 17 zum ersten Mal obdachlos war und dann Jahre später, als ich in Cannes einige Wochen auf der Straße lebte. Ich kannte also das Leid, in solchen mittellosen Situationen zu stecken, aber dieser Hunger war anders, etwas Unbekanntes. Er nimmt dir Kraft und demütigt dich. Hunger ist das gefundene Fressen für Selbstzweifel und schwächt mehr als nur deinen Magen. Er schwächt deinen Geist.

Nichtsdestotrotz hatte ich mal wieder – wie schon so oft zuvor in meinem turbulenten Leben – extremes Schwein und/oder einen guten Schutzengel.

Einen kleinen Vorteil hatte die Sache aber doch: Ich war so schlank und rank wie schon lange nicht mehr. Hahahaha!

Der neue Job war im Übrigen genau die richtige Entscheidung. Ich verbrachte zwei Jahre bei den Eignern, die rückblickend mein ganzes Leben verändert haben. Also in diesem Sinn ein ganz fettes Dankeschön an euch! Ihr wisst, wer ihr seid.

ZUBEREITUNGSZEIT **20 MINUTEN** ZEIT GESAMT **30 MINUTEN**

GEGRILLTER WASSERMELONENSALAT

Je nach Saison, geografischer Position der Jacht und den Vorlieben der Eigner gestalten sich Menüplanungen oftmals zu einer richtigen Herausforderung, wenn es auf dem Markt nur noch Wassermelonen gibt – es wird aber immer etwas Besonderes erwartet. Dann, ja, dann gibt es eben gegrillte Melone. Passt super zu gegrilltem Geflügel, Fisch und Krustentieren.

FÜR 4 PORTIONEN

½ kernlose Wassermelone, in Balken (9 cm lang und 3 cm dick) geschnitten
15 ml Pflanzenöl
1 Schalotte, in sehr feine Würfel geschnitten
1 Knoblauchzehe, in sehr feine Würfel geschnitten
1 TL Kreuzkümmelsamen
50 g Kürbiskerne
Saft von 2 Limetten und Zesten von ½ unbehandelten Limette
120 g Rucolablätter
8 Minzblätter, zerrissen
100 g Fetakäse, zerbröselt
Olivenöl
etwas Granatapfelsirup (siehe Seite 143)
Salz
frisch gemahlener schwarzer Pfeffer

1. Die **Wassermelonenbalken** von allen Seiten am besten so grillen, dass ein schönes Grillmuster entsteht. **2.** In einer kleinen Pfanne in **Pflanzenöl Schalotten** und **Knoblauch** anschwitzen. **Kreuzkümmel** und **Kürbiskerne** etwa 1 Minute mitrösten. Mit **Limettensaft** ablöschen und **Zesten** zufügen. Etwas abkühlen lassen. **3. Rucola-** und **Minzblätter** in eine Schüssel geben und mit dem Dressing aus der Pfanne vermischen. Melonenbalken auf eine Platte setzen, den Salat darauf anrichten und alles mit **Fetabröseln** bestreuen. **4. Olivenöl** und **Granatapfelsirup** darüberträufeln und mit **Salz** und **Pfeffer** würzen.

ZUBEREITUNGSZEIT **30 MINUTEN** ZEIT GESAMT **1 STUNDE 30 MINUTEN**

KUZU, ISPANAK VE BEYAZ GÖZLEME

(LAMM, SPINAT UND FETA-FLADENBROT)

Einer der schönsten Aspekte meines Jobs auf See besteht darin, dass ich hautnah mit den Produkten aus den jeweiligen Regionen wie auch mit den Menschen und ihren zauberhaften Gerichten zu tun habe. Es ist ein Privileg, dessen ich mir als Koch, aber auch als Mensch sehr bewusst bin. Wahre Menschen, wahres Essen. Und ich mittendrin. Gözleme gehört in diesen Zusammenhang.

FÜR 4 PORTIONEN

STARTER

1 Tütchen Trockenhefe
1 TL Zucker

TEIG

450 g Mehl plus etwas für die Arbeitsfläche
1 TL Salz
2 EL Paprikapulver
90 ml Olivenöl plus etwas zum Einfetten

FÜLLUNG

4 Lammfilets
20 ml Olivenöl
200 g Fetakäse, zerbröselt
150 g Babyspinat
4 TL gerösteter Knoblauch (siehe Seite 39)

AUSSERDEM

Zitronenecken

1. Für den Starter **Hefe, Zucker** und 100 ml warmes Wasser in einer Schüssel vermischen. 10 Minuten ruhen lassen. **2.** Für den Teig **Mehl, Salz** und **Paprikapulver** mischen. Den Starter, Mehlmischung, 180 ml Wasser und **Olivenöl** dazugeben und einen Teig herstellen. Etwa 10 Minuten auf einer mit **Mehl** bestäubten Arbeitsfläche kneten, bis er schön elastisch ist. **3.** Teig in eine **eingefettete** Schüssel geben und abgedeckt 40 Minuten an einem warmen Ort gehen lassen. **4.** Für die Füllung in der Zwischenzeit eine Grillpfanne erhitzen. **Lammfilets** in etwas **Olivenöl** etwa 2 Minuten von jeder Seite grillen. Auf einem Teller 5 Minuten ruhen lassen. Dann in dünne Scheiben schneiden. **5.** Den Teig in vier gleich große Stücke teilen. Die Teigstücke auf einer mit **Mehl** bestäubten Arbeitsfläche zu Rechtecken von 20 × 30 cm ausrollen. Erst die Lammscheiben, dann **Feta, Spinat** und **Knoblauch** gleichmäßig auf einer Hälfte der Teigstücke verteilen und mit **Olivenöl** beträufeln. Den Teig jetzt einschlagen und die Ränder mit dem Daumen zusammendrücken, um sie gut zu verschließen. Die Teigtaschen mit restlichem **Olivenöl** einpinseln und dann von beiden Seiten 4–5 Minuten auf einem Grill oder in einer Grillpfanne garen. Mit **Zitronenecken** servieren. **6.** Passt hervorragend zu griechischem Salat (siehe Seite 168).

ZUBEREITUNGSZEIT **20 MINUTEN** ZEIT GESAMT **30 MINUTEN**

IZGARA SUCUK VE HELLIM CEPLER

(GEGRILLTE SUCUK UND HALLOUMI-TASCHEN)

Wer die Türkei mit ihren Menschen und dem Essen so liebt wie ich, kommt an der Sucuk nicht vorbei. Mein Vater brachte sie früher immer mit, wenn er von der Arbeit kam, und ich erinnere mich, dass ich sie immer exotisch fand. Erst Jahre später bekam ich mit, dass sie gegrillt noch besser ist. Also hier mein Lieblingssnack, der nicht viel Zeit braucht und bei Heißhunger auf etwas Würziges schnell auf dem Tisch steht.

FÜR 4 PORTIONEN

4 kleine Sucuk-Würste (in türkischen Geschäften), der Länge nach halbiert
8 Scheiben Halloumi (im Käsefachgeschäft und in Supermärkten oder siehe Seite 188), je ca. 1 cm dick
2 libanesische Fladenbrote halbiert (siehe Seite 177)
2 dunkelschalige Avocados, halbiert, von der Schale befreit
80 g Wasserkressesprossen
80 g Rucolasalat
4 TL Honig

Sucuk und **Halloumi** auf einem vorgeheizten Grill rösten. Eine Tasche in die **Fladenbrote** schneiden und je eine **Avocadohälfte** mit einer Gabel grob darin zerdrücken. Je zwei Stücke Sucuk hineinlegen, dann **Sprossen** und **Rucola** sowie den Halloumi dazugeben. Zuletzt **Honig** aufträufeln.

ZUBEREITUNGSZEIT **20 MINUTEN** ZEIT GESAMT **2–3 STUNDEN**

JOGHURT BAVAROIS

(JOGHURT-PANNACOTTA)

Dieses ursprünglich aus Italien stammende Dessert ist seit dem frühen 10. Jahrhundert ein Begriff. Übersetzt heißt es lediglich „gekochte Sahne“ – und viel mehr ist es auch nicht. Mit Joghurt und einer Espresso-Essenz verleihe ich diesem Dinosaurier der Dessertküche türkisches Flair.

FÜR 4 PORTIONEN

CREME

200 ml Sahne
80 g Zucker
1 Vanilleschote und das ausgeschabte Mark
½ TL Zesten von 1 unbehandelten Orange
2–3 Gelatineblätter, 10 Minuten in kaltem Wasser eingeweicht und ausgedrückt
300 g griechischer Joghurt (3–5 % Fett)

ESPRESSO-ESSENZ

100 g Zucker
2 Tassen Espresso

1. Für die Creme **Sahne, Zucker, Vanilleschote** und **-mark** und **Orangenzesten** in einem Topf erhitzen, aber nicht kochen. Wegen der Gelatine ein bisschen abkühlen lassen. Die Vanilleschote herausnehmen. **Gelatineblätter** dazugeben. Gut verrühren, bis sie sich aufgelöst haben. Durch ein Haarsieb in eine Schüssel gießen. 100 g **Joghurt** einrühren. In einer anderen Schüssel den restlichen **Joghurt** glatt rühren und dann die Sahne-Gelatine-Mischung dazugeben. In Gläser oder kleine Formen füllen und 2–3 Stunden in den Kühlschrank stellen.

2. Für die Essenz **Zucker** und 100 ml Wasser erhitzen und etwas einkochen. Den **Espresso** zufügen und die Mischung zu Sirup einkochen.

3. Pannacotta auf Teller stürzen oder im Glas lassen und die Espresso-Essenz darübergeben.

ZUBEREITUNGSZEIT **30 MINUTEN** ZEIT GESAMT **40 MINUTEN**

HAVUÇ KIMYON DALDIRMA

(MÖHREN-KREUZKÜMMEL-DIP)

Einfachheit in ihrer schönsten Form! So beschrieben von einer ehemaligen Chefin, die über die Jahre zu einer guten Freundin wurde, auch weil sie diesen Dip beinahe vergöttert. Man muss nicht immer etwas Teures investieren, um etwas Hochwertiges zu erhalten. Das bezieht sich auch auf Freundschaften.

FÜR 4 PORTIONEN

600 g kleine süße Möhren, in 2 cm große Stücke geschnitten
20 ml Olivenöl
Salz
frisch gemahlener schwarzer Pfeffer
1 TL gemahlener Kreuzkümmel
1 TL Harissa (siehe Seite 232)
2 EL gerösteter Knoblauch (siehe Seite 39)
Saft von 1 Limette
½ Bund Koriander, grob gehackt
8 Minzblätter, grob gehackt

1. **Möhren, Olivenöl, Salz** und **Pfeffer** vermischen und auf einem mit Backpapier oder einer Silikonmatte ausgelegten Blech verteilen. Im vorgeheizten Ofen bei 190 °C Umluft 20 Minuten rösten. **2.** Die Möhren in einer Küchenmaschine mit **Kreuzkümmel, Harissa, Knoblauch** und **Limettensaft** grob oder fein nach Geschmack pürieren. **Koriander** und **Minze** untermischen. Mit Gemüsesticks oder ofenwarmem Brot servieren.

LUXUSPROBLEME

Jemand, der selbst weder mit Kochen noch mit Berufen auf See zu tun hat, fragte mich kürzlich, warum ich mich bei Leuten, die in märchenhaftem Reichtum leben, auf eine Arbeit einlasse, die mir fast Unmenschliches abverlangt. Während sich der Dienstherr einem mehr als komfortablen, luxuriösen Leben hingebe, müsse ich mich fast zu Tode schuften – wie ich diesen Widerspruch denn aushalte. Ich hatte ihm erzählt, wie endlos lang und fordernd die Arbeitszeiten auf einem Schiff oft sind. Und wohin das führen kann. Beispielsweise, dass mancher Kollege sich im Fall einer unverhofften Pause augenblicklich auf ein Stück freien Fußboden haut, um zu ruhen – aber kein Kissen unterlegt, weil die Härte des Untergrunds den Tiefschlaf verhindern soll. Ich hatte mich auch offen darüber ausgelassen, wie der Körper in besonders anstrengenden Phasen auf jede nur erdenkliche Weise rebelliert. „Ich befinde mich in einem goldenen Käfig", habe ich damals geantwortet. Ich würde sehr gutes Geld verdienen und sei für die Rückkehr in einen mies bezahlten Job in einer langweiligen Hotel- oder Restaurantküche inzwischen einfach völlig versaut. Und wo sollte ich als Koch denn noch hin, mehr Karriere gehe doch gar nicht! Im Übrigen würde ich viel erleben und sei schon in den meisten Ländern der Erde gewesen. „Abgesehen davon", sagte ich, „bin ich nie eingeknickt und weiß jetzt, aus welchem Holz ich geschnitzt bin." „Aber kommt denn bei dir niemals Neid oder Wut auf?" Seine Frage war nicht unberechtigt – und doch stieß sie bei mir ins Leere. „Luxus von anderen berührt mich nicht mehr", antwortete ich ihm. Das entsprach der Wahrheit. Während ich mit ihm redete, kam mir eine Fahrt mit der „Sun of Midas" (sie hieß in Wirklichkeit anders) wieder in den Sinn, die mich an besonders viel Luxus und Verschwendung denken ließ.

Die „Midas", ein Gigant von weit über 100 Metern Länge, hatte eine vier Monate lange Reise von La Ciotat an der französischen Riviera quer übers Mittelmeer, weiter durch den Suezkanal, vorbei an den von Piraten verseuchten Gewässern im Golf von Aden bis zu den traumhaften Inselgruppen der Malediven vor sich. Anschließend sollte es zurück nach Frankreich gehen. Als ich anheuerte, mussten als Erstes die komplett leeren Lebensmittellager aufgefüllt werden, um so gut wie möglich für die gesamte Dauer der Fahrt gerüstet zu sein. Im Prinzip geht man dabei vor wie eine Hausfrau, die ihren Einkaufszettel schreibt: Mineralwasser, Mehl, Reis und so weiter. Aber nur im Prinzip. Ich brauche nicht nur größere Mengen, sondern jedes Produkt auch in möglichst vielen Varianten. Kurz und gut:

ICH KAM SCHLIESSLICH FÜR DAS ÜBLICHE PROVIANTSORTIMENT AUF EINE EINKAUFSLISTE IM BESTELLWERT VON 180.000 EURO – DAVON KAUFEN SICH ANDERE LEUTE EIN HAUS AUF DEM LAND.

Aber die Einkauferei geht ständig weiter: In jedem Hafen werden Fleisch, Fisch, Gemüse und Obst frisch besorgt. Und sollte der Eigner plötzlich Appetit auf eine besondere Spezialität haben, wird sie über Agenturen geordert und per Expressversand privat oder mit Cargojets eingeflogen.

Im ersten Hafen, den wir anliefen, wurde der Captain ausgetauscht, die Gründe dafür kannte ich nicht. Zunächst wurde ein Übergangskapitän eingesetzt – und so wussten wir alle, dass wir uns in Kürze auf einen dritten einstellen müssten. Inzwischen hatte ich Gelegenheit gehabt, mir das Schiff anzusehen. „Luxusjacht" ist ein Begriff, der vor dem geistigen Auge Normalsterblicher – ich meine die armen Leute, die weniger als eine Milliarde auf dem Konto haben – augenblicklich eine Flut schillernder Bilder von Glamour, Prunk und Überfluss aufflammen lässt. Doch für die zahllosen kleinen und großen Details, die großen Reichtum letztlich sichtbar machen, dürfte manchem dann doch die Fantasie fehlen.

Hier ein paar Beispiele für das, was fast schon zur Standardausstattung solcher Boote gehört. Zum Beispiel der Swimmingpool. Warum

DOCH FÜR DIE ZAHLLOSEN KLEINEN UND GROSSEN DETAILS, DIE GROSSEN REICHTUM LETZTLICH SICHTBAR MACHEN, DÜRFTE MANCHEM DANN DOCH DIE FANTASIE FEHLEN.

RENNBOOTE, WASSERSKI,
WINDSURFING, KITESURFING,
JET-SKIS, ALLES DA.
UNTER DECK GROSSRAUMKINO
MIT GIGANTISCHEM
PLASMABILDSCHIRM,
FITNESSCENTER,
SAUNALANDSCHAFT,
DISCOTHEK UND
AKUSTISCH VERMESSENER
KONZERTSAAL ...

aber nicht einer, der durch eine gläserne Trennwand mit einem riesigen Seewasseraquarium voller seltener Meeresbewohner verbunden ist? Darüber ein Teleskopdach, das in ausgefahrenem Zustand als Tanzfläche genutzt werden kann. Für die Musik zum Tanzen werden übrigens international erfolgreiche Größen aus Klassik, Jazz, Pop und Rock engagiert – hier trifft man zum Anfassen wieder, wen man sonst nur aus Lautsprechern, von Konzertbühnen oder TV-Bildschirmen kennt (sorry, ich nenne keine Namen, aber ihr kennt sie alle). Dann jede Menge Wasserspielzeug, wie ich es nenne: Rennboote, Wasserski, Windsurfing, Kitesurfing, Jet-Skis, alles da. Unter Deck hat man die Wahl zwischen Großraumkino mit gigantischem Plasmabildschirm, Fitnesscenter, Saunalandschaft, Discothek und akustisch vermessenem Konzertsaal für große Orchester.

DER WEINKELLER FEHLT NIRGENDWO, SELBSTVERSTÄNDLICH AUSGESTATTET MIT EINER HYDRAULIK, DIE JEDEN WELLENGANG ELEKTRONISCH AUSGLEICHT,

damit die kostbaren Inhalte der Château-Lafite-Rothschild-, Petrus- und Romanée-Conti-Flaschen nicht in Wallung geraten. Zum Austoben gibt es Sportfelder in den internationalen Standardmaßen. Oder man sucht sich ein gemütliches Plätzchen im Wohnbereich, von dem einzelne Teile meist von renommierten Designern etwa im Stil der römischen Antike eingerichtet werden. Aber, Vorsicht, nicht verlaufen! 5.000 bis 6.000 Quadratmeter – ich meine nur den Trakt der Suiten – können unübersichtlich werden. Geht noch mehr Luxus? Geht, locker sogar. Gibt's nicht gibt's in dieser Welt nicht.

Zur gehobenen Norm gehören Garagen in den Seitenwänden der Schiffe für Rolls-Royce, Maybach und Co. Außerdem ein Hubschrauberlandeplatz, vielleicht sogar zwei. Aber einer mit einem unter Deck eingebauten Hangar, wie man ihn sonst nur auf Flughäfen hat, ist dann schon etwas Ausgefalleneres. Die neuesten Extras sind ein Raketenabwehrsystem für den Fall, dass ein Angriff stattfinden sollte, und ein eingebautes U-Boot, das nicht nur Ausflüge in ozeanische Tiefen, sondern auch schnelle Fluchten ermöglicht. Unter der Wasserlinie befindet sich ohnehin mehr moderne Technik, als man ahnt: Bewegungsmelder, Scheinwerfer, Blitzlichtsensoren und elektronische Störeinrichtungen, falls sich unerwünschte Besucher wie Paparazzi nähern sollten.

Einige dieser Luxuseinrichtungen befanden sich auch auf diesem Schiff. Doch wann sah ich jemanden Basketball spielen, kitesurfen, schwimmen? Mag sein, dass oft mehr passierte, als ich manchmal mitbekam, aber nicht selten hatte ich den Eindruck, dass Langeweile und Überdruss die Stimmung diktierten. Wer schon alles hat, ja, womit soll der sich den nächsten Kick verschaffen? Es wird oft von Sexpartys, Drogen und Exzessen erzählt ...

Im nächsten Hafen kam der neue endgültige Kapitän aufs Schiff. Scheiße, ich kannte ihn! Er war keiner von denen, die ich schätzte. Das Übelste aber war, dass er seine Frau als Chefstewardess mitgebracht hatte. Zu Ling nur so viel: Es zeigte sich sehr schnell, dass sie auf der einen Seite ein penetrant devotes Gehabe an den Tag legte und auf der anderen Seite intrigierte, wo immer sie konnte.

WIR LERNTEN UNS KENNEN UND WUSSTEN BEIDE SOFORT, DASS WIR UNS NICHT AUSSTEHEN KONNTEN.

Ich habe mich gefragt, warum diese Frau so war, wie sie war, und kam auf die natürlich scherzhaft gemeinte Erklärung, dass sie nach ihrer Geburt wiederholt fallengelassen wurde und sich dabei einen dauerhaften Schaden im Kopf zugezogen haben musste. Wir hassten uns jedenfalls und das war nicht gut. Der Captain hatte die lästige Angewohnheit, bei jeder Gelegenheit an mir – wie auch an einigen anderen – herumzumäkeln. Sein Lieblingsthema bei mir war meine Kalkulation und ständig warf er mir vor, ich würde zu viel einkaufen.

Fakt ist, man hat immer wieder mal mehr Lebensmittel an Bord, als man letztlich braucht. Es kommt oft vor, dass ich erst ein Essen für den Eigner und seine Gäste vorbereiten muss, dann aber entschließen sie sich kurzfristig, lieber an Land essen zu gehen – und ich stehe da mit Bergen von Delikatessen. Was fängt man damit an? Ich stelle sie immer aufs Crew-Buffet. Und trotzdem lässt es sich nicht vermeiden, regelmäßig große Mengen wegwerfen zu müssen. Ich habe einmal einen besonders krassen Fall erlebt. Das Schiff lag in Monaco und ich wurde gebeten, für die kleine Familie des Eigners und eine Gruppe von zwölf Gästen einschließlich Entourage ein mehr als üppiges Buffet fertig zu machen. Um auf Nummer sicher zu gehen, stellte ich daraufhin etwas zusammen, von dem 60 Personen satt geworden wären. Doch dann das: Der Eigner orderte zum Essen in einem Restaurant sieben ganze gebratene Lämmer – zusätzlich! Unvorstellbar, welche Massen hochwertiger Lebensmittel anschließend im Müll landeten! Doch nahm nicht nur niemand daran Anstoß, es wiederholte sich sogar sieben Tage in Folge. Noch heute stößt mich dieser Missbrauch von Ressourcen, diese maßlose Verschwendung ab, zumal ich noch die Vorwürfe in Erinnerung habe, ich würde zu fett kochen, weil alle zugenommen hatten.

Ich will hier nicht den Spielverderber oder Missionar geben. Nichts gegen ein dickes Bankkonto und kleine Exzesse, ich bin ja auch kein Heiliger. Die einen sind eben reicher, die anderen ärmer. Die Hilfsorganisation Oxfam hat aber in einer Studie ausgerechnet, dass die 62 reichsten Menschen der Welt so viel besitzen wie der ganze Rest. Und das macht mich schon wütend. Dieser Zustand ist meiner Meinung nach völlig inakzeptabel. Man muss nur einmal einen Blick auf das Elend in dieser Welt werfen! Aus diesem und auch aus anderen Gründen werde ich – und habe ich schon – einen Teil meiner Kraft in die Dienste von Hilfsorganisationen stellen. Ich sehe mich dabei keineswegs in der Heldenrolle des rettenden Engels, vielmehr glaube ich ganz einfach an das notwendige Gleichgewicht von Geben und Nehmen. Was mich vor allem an dem Job auf der „Midas" reizte, war mein Einkommen. Der Verdienst war so hoch, dass ich mir nach meiner Berechnung nach drei Jahren Dienstzeit meinen Traum von einem „Bed & Breakfast"-Hotel in Neuseeland erfüllen könnte.

Aber mein Traum sollte zerplatzen – Ling hatte angefangen, sich hinter meinem Rücken mit meinen Bestellungen zu beschäftigen. Bald stellte ich fest, dass ich auffällig große Mengen an Lebensmitteln wegwerfen musste, weil einfach zu viel da war. Was war los? Der Captain ließ mich zu sich kommen. Er zeigte aufs Wasser. „Was soll das?" Ich erkannte sofort, was da schwamm: Marktkisten mit Beeren. Offenbar hatte einer der Küchenhelfer die überschüssigen und nicht mehr verwertbaren Beeren nicht in einen Müllsack gesteckt, sondern über Bord geworfen, was aber nicht sein darf. Der Captain ließ mich gar nicht erst zu Wort kommen:

„WENN DAS NOCH EINMAL PASSIERT, GIBT ES KONSEQUENZEN. MACH ENDLICH DEINE KALKULATIONEN ORDENTLICH!"

Als Erstes überprüfte ich die Bestelllisten. Ich hatte mehr geliefert bekommen, als ich aufgeschrieben hatte. Da stimmte etwas nicht.

Der Rest der Geschichte ist schnell erzählt. Eine Stewardess, mit der ich mich sehr gut verstand, vertraute mir an, sie habe gesehen, wie Ling meine Bestelllisten in der Hand gehabt habe. Hatte sie die Zahlen manipuliert, um mir zu schaden? Ein Lieferant, den ich zur Kontrolle anrief, hatte bei einigen Posten tatsächlich höhere Zahlen als ich in meiner Aufstellung. Ich ging zum Captain und informierte ihn über die Manipulation. Ling erwähnte ich nicht, ich konnte ja nichts beweisen. Er sagte nur, ich sei ein Lügner, und ließ mich stehen. Daraufhin rief ich den Londoner Manager der Jacht an. Aber auch bei ihm kam ich nicht weiter. Was sollte ich tun? Ling beobachten und auf frischer Tat stellen? Das Klima war jedenfalls vergiftet. Und der nächste Mittelmeerhafen noch einen Monat entfernt.

Nach einer mir endlos scheinenden Reise ging es dann schließlich zurück Richtung Europa. Ein paar Stunden vor unserer Ankunft teilte mir der Captain mit, dass ich gefeuert sei. Ich war alles andere als glücklich. Aber ich war auch nicht überrascht, da ich bereits lange genug dabei war, um zu wissen, wie das Spiel läuft. Darum war ich so schlau, mich frühzeitig um andere Jobmöglichkeiten zu bemühen. Schon zwei Wochen nach Verlassen der „Midas" stand ich auf einer anderen Jacht. Das Gehalt war allerdings nicht dasselbe wie vorher und mein Traum rückte vorerst in weite Ferne. Aber ich war wieder happy – und das ist neben meiner Gesundheit mein persönlicher und wichtigster Luxus.

„WAS SOLL DAS?“
ICH ERKANNTE
SOFORT, WAS
DA SCHWAMM:
MARKTKISTEN
MIT BEEREN …

ZUBEREITUNGSZEIT **20 MINUTEN** ZEIT GESAMT **2 STUNDEN 45 MINUTEN**

HALLOUMI

Halloumi ist der beste Käse zum Braten und Grillen. Heiß mit Quittenpaste oder Honig und etwas Brot ganz köstlich. Aber auch in einem Cordon bleu oder zum Überbacken von Aufläufen super geeignet. Falls der erste Versuch, ihn selbst zu machen, fehlschlägt, nicht aufgeben. Das klappt schon irgendwann. Nicht nur für Vegetarier ein gefundenes Fressen.

ERGIBT CA. 600 G KÄSE

1 TL Lab (evtl. im Käsefachgeschäft bestellen oder im Internet)
4 l Frischmilch (pasteurisierte Vollmilch, nicht ultrahoch erhitzt)
150 g Salz
10 g Kreuzkümmel, geröstet
10 g getrocknete Minze
16 frische Minzblätter

AUSSERDEM

Küchenthermometer

1. **Lab** mit 1 TL Wasser vermischen. In einem großen Topf die **Milch** auf 32 °C erwärmen. Lab-Wasser-Gemisch dazugeben und 1 Minute unterrühren. Den Topf zudecken, vom Herd nehmen und zur Wärme-Isolierung in ein großes Badetuch wickeln. 40 Minuten stehen lassen. Dabei entsteht Quark. **2.** Den Topf ohne Badetuch zurück auf die Herdplatte stellen. Den Quark im Topf mit einem Messer in etwa 1 cm breite Würfel schneiden. Oder – wie ich es mache – die Masse mit sauberen Fingern zerbröseln. **3.** Wieder abgedeckt 5 Minuten stehen lassen. Bei kleiner Hitze 15 Minuten mit einem Schaumlöffel sanft rühren und dabei auf 40 °C erhitzen. Jetzt trennt sich der Quark auf dem Boden des Topfes von der Molke, wieder 30 Minuten stehen lassen. Den Inhalt des Topfes durch ein Musselintuch, ein Käseleinen oder ein ungefärbtes, dicht gewebtes Baumwolltuch gießen, dabei die Molke in einem Topf darunter auffangen. **4.** Den Quark gut auspressen und dann in dem Tuch zu einem Rechteck formen und einfalten. Das Päckchen zwischen zwei Schneide- oder andere Küchenbretter legen und mit einem vollen 4- oder 5-Liter-Wassertopf 30 Minuten beschweren. Es geht noch Flüssigkeit ab. **5.** Aus dem Tuch nehmen und in vier gleich große Rechtecke schneiden. **6.** Die Molke mit etwas **Salz** auf 90 °C erhitzen und dann nochmals durch das Tuch gießen, um die restlichen Quarkstücke auszufiltern. Molke im Topf wieder auf die noch warme Herdplatte setzen und die vier Quarkblöcke dazugeben. 45 Minuten stehen lassen. Nicht mehr kochen! **7.** Jetzt ist der Halloumi im Prinzip fertig – die Käseblöcke sollten oben schwimmen, wenn man alles richtig gemacht hat. **8.** Auf einem kleinen Blech restliches **Salz, Kreuzkümmel** und **Trockenminze** mischen. Die Halloumiblöcke nacheinander in dem Salzgemisch wenden. Zuletzt jeweils vier Blätter frische **Minze** auf eine Seite des Halloumis legen und die Stücke mit der Minze nach innen falten. **9.** Idealerweise lässt man den Käse 4 Tage gekühlt reifen. Man kann ihn aber auch sofort essen, eventuell vorher in etwas Olivenöl goldgelb braten. **10.** Im Molkesud und mit etwas Salz hält er sich bis zu 1 Woche im Kühlschrank. Für eine längere Lagerung – bis zu 16 Monaten möglich – einvakuumieren. **11.** Lab gibt es auch in einer vegetarischen Variante.

ZUBEREITUNGSZEIT **20 MINUTEN** ZEIT GESAMT **1 STUNDE 30 MINUTEN**

KAKTUSFEIGEN-GELEE

Kaktusfeigen wurden früher von Seefahrern gegessen, um Skorbut vorzubeugen. Ursprünglich aus Mexiko kommend, haben sich diese stacheligen Früchte mittlerweile weltweit verbreitet – jedenfalls überall dort, wo sie das geeignete Klima gefunden haben. Sie haben sich auch in Italien so stark ausgedehnt, dass man sie zum Beispiel in der Toskana nicht mehr anbauen darf. Es gibt sie in drei verschiedenen Farbgebungen: als gelb-orangene Sulfarina, als Muscaredda mit weißgrüner Schale und als Red Blood.

FÜR 4 PORTIONEN

1,4 kg Kaktusfeigen (im Obstgeschäft und in gut sortierten Obstabteilungen)
Saft von 1 Orange
Saft von 1 Zitrone
Saft von 1 Limette
700 g Extra-Gelierzucker

AUSSERDEM

4 am besten sterilisierte oder ausgekochte und ausgespülte Einmachgläser

1. **Kaktusfeigen** wegen der Stacheln nur mit Handschuhen oder der Küchenzange anfassen. In einem großen Durchschlag unter fließendem Wasser gut waschen und dabei möglichst viele Stacheln entfernen. **2.** Die Feigen in einen großen Topf geben, mit Wasser bedecken und aufkochen. 45 Minuten garen. Mit einem Kartoffelstampfer im Kochwasser zu Mus verarbeiten. Die Masse durch einen Durchschlag seihen, dann in ein Haarsieb geben und zum Schluss durch ein Musselintuch, ein Käseleinen oder ein ungefärbtes, dicht gewebtes Baumwolltuch filtern. Es sollen keine Stacheln mehr vorhanden sein. **3.** Die Flüssigkeit auf 1 l einkochen. Dann **Orangen-**, **Zitronen-** und **Limettensaft** sowie **Gelierzucker** dazugeben und 15 Minuten unter ständigem Rühren köcheln lassen. In Einmachgläser füllen und gut verschließen. Abkühlen lassen. An einem dunklen und kühlen Platz lagern. Nach dem Öffnen ist das Gelee im Kühlschrank 10–14 Tage haltbar.

ZUBEREITUNGSZEIT **5 MINUTEN** ZEIT GESAMT **5 MINUTEN**

CYPRUS BRANDY SOUR

In Jachtküchen, Galleys genannt, geht es nicht zu wie in einem normalen Restaurant oder Hotel. Wir stellen nach Möglichkeit alles selbst her und müssen uns auch bei den Cocktails auskennen – der Küchenchef ist immer auch ein bisschen der Barkeeper.

FÜR 4 PORTIONEN

8 Eiswürfel
200 ml Cyprus Brandy
100 ml Lemon Squash
8 Tropfen Angosturabitter

Alle **Zutaten** im Shaker 1 knappe Minute schütteln. Ohne Eis in Gläser verteilen. Mit Sprudelwasser aufgießen.

ZUBEREITUNGSZEIT **10 MINUTEN** ZEIT GESAMT **20 MINUTEN**

LEMON SQUASH

Sauer macht lustig. Erst recht nach dem zweiten oder dritten Glas.

FÜR 4 PORTIONEN

500 g Zucker
250 ml Zitronensaft (von ca. 10–12 Zitronen), frisch gepresst und durch ein Tuch gefiltert
2 Safranfäden

1. 250 ml Wasser mit dem **Zucker** in einem Topf kurz aufkochen. Auf 38 °C abkühlen lassen. Dann **Zitronensaft** und **Safran** zufügen. Am besten in sterilisierten oder mit kochendem Wasser ausgespülten Flaschen aufbewahren. **2.** Für jegliche Art von Cocktails verwenden oder mit Sprudelwasser für eine Limonade vermischen.

ZUBEREITUNGSZEIT **30 MINUTEN** ZEIT GESAMT **50 MINUTEN**

SESAM-FILO-PÄCKCHEN

Ein sehr schnelles und attraktives Mittagessen. Die Päckchen eignen sich auch hervorragend für Picknick, Freibad oder Gartenpartys, da sie einfach vorzubereiten sind und sich einige Tage im Kühlschrank lagern lassen.

FÜR 4 PORTIONEN

12 Filoteigblätter (in Supermärkten und türkischen Geschäften)
200 g Butter, zerlassen
100 g Sesamsamen
2 EL Olivenöl
2 Schalotten, in sehr feine Würfel geschnitten
1 EL gerösteter Knoblauch (siehe Seite 39)
150 g Babyspinat
200 g Quark (oder Halloumi, siehe Seite 188)
Salz
frisch gemahlener schwarzer Pfeffer
frisch geriebene Muskatnuss
2 Eier
100 g Parmesan, gerieben

AUSSERDEM

Muffinblech

1. Vier **Filoteigblätter** nebeneinander mit etwa 2 cm Abstand auf die Arbeitsfläche legen. Mit **Butter** einpinseln. Vier **Filoteigblätter** darauflegen, wieder mit **Butter** einpinseln, erneut vier **Blätter** auflegen und mit dem Rest **Butter** einfetten. Jetzt die **Sesamsamen** gleichmäßig darauf verteilen. Mit der Sesamseite nach unten die Schichtungen jeweils in eine der Vertiefungen drücken – dabei sehr behutsam vorgehen! Dann ein paar Minuten kühl stellen. **2.** In einer Pfanne **Olivenöl** erhitzen, **Schalotten** darin etwa 1 Minute anschwitzen. **Knoblauch** und **Spinat** einrühren, kurz abkühlen lassen. **Quark, Salz, Pfeffer** und **Muskat** zugeben und alles gut vermengen. Dann die **Eier** unterrühren. **3.** Die Form mit den Filopäckchen aus dem Kühlschrank nehmen und die Masse auf die Päckchen geben. **Parmesan** aufstreuen. Im vorgeheizten Ofen bei 165 °C Umluft etwa 20 Minuten backen. **4.** Dazu schmeckt ein knackiger Feldsalat.

STEPHAN STAATS
BUNDESREPUBLIK
DEUTSCHLAND
REISEPASS
LUXOR
EGYPT
GIBRALTAR
TANGER
MAROKKO
ALGIER
TUNIS
TUNESIEN
TRIPOLIS
BENGASI
ALGERIEN
LIBYEN

ÄGYPTEN LIBYEN MAROKKO ALGERIEN TUNESIEN

ZUBEREITUNGSZEIT **50 MINUTEN** ZEIT GESAMT **1 STUNDE**

TAHINI-ROTE-BETE-DIP

Perfekt zum Aufjazzen von Gemüseplatten. Die geröstete Rote Bete verleiht dem Dip ein wundervoll erdiges Aroma. Rote Bete war schon immer mein Favorit unter allen Wurzelgemüsesorten.

FÜR 8 PORTIONEN

2 große Rote-Bete-Knollen
3 EL Tahini (Sesampaste, z. B. in türkischen Geschäften)
2 EL Olivenöl
Saft von 2 Limetten
2 Knoblauchzehen oder 1 EL gerösteter Knoblauch (siehe Seite 39)
1 EL eingelegte Zitronen (siehe Seite 231)
½ TL Salz
½ TL frisch gemahlener schwarzer Pfeffer

1. Von der **Roten Bete** oben und unten die Ansätze abschneiden. Wie Folienkartoffeln in Alufolie einrollen. Auf ein Ofenblech setzen. Im vorgeheizten Ofen bei 200 °C Umluft auf mittlerer Schiene etwa 45 Minuten garen. In der Folie etwas abkühlen lassen. **2.** Dann in der Folie ins Gefrierfach legen, aber nicht tiefgefrieren. Wenn die Knollen erkaltet sind, in der Folie zwischen den Händen schnell hin- und herbewegen und dabei die Haut ablösen. Man kann die Knollen auch ohne Umweg über den Tiefkühler erkalten lassen und dann mit einem scharfen Messer schälen. **3.** In grobe Stücke schneiden und mit allen anderen **Zutaten** in der Küchenmaschine pürieren.

ZUBEREITUNGSZEIT **45 MINUTEN** ZEIT GESAMT **1 STUNDE**

MOLOKHIA

(SPINATSUPPE UND MAISPOULARDE)

Meine Version dieser königlichen Suppe wird zwar nicht wie im Original mit Molokhia-Blättern zubereitet, weil man sie hier kaum bekommt. Aber man kann sie trotz einer kleinen geschmacklichen Abweichung auch mit Spinat zubereiten. Molokhia steht im Übrigen für „königlich", da diese Suppe im alten Ägypten ausschließlich den Monarchen vorbehalten war. In arabischen Supermärkten findet man Molokhia frisch, getrocknet und in gefrorener Form.

FÜR 4 PORTIONEN

FOND

1 mittelgroße Maispoularde oder eine andere Poularde in Bio- bzw. Freilandqualität
1 Möhre, fein gewürfelt
¼ Sellerieknolle, fein gewürfelt
2 Zwiebeln, fein gewürfelt
½ Lauchstange, fein geschnitten
2 Nelken
1 Zimtstange
1 EL Kreuzkümmelsamen
4 Safranfäden

SUPPE

1 Zwiebel, in sehr feine Würfel geschnitten
3 Knoblauchzehen, in sehr feine Würfel geschnitten
½ TL gemahlener Kreuzkümmel
40 ml Olivenöl
2 kg Spinat und/oder Molokhia (langkapselige Jute, hier kaum erhältlich), gewaschen und abgetropft

1. Für den Fond die **Poularde,** das **Gemüse** und die **Gewürze** in einem Topf mit Wasser gut bedecken. Aufkochen lassen und den entstehenden Schaum immer wieder mit einer Schaumkelle abnehmen. Wenn nötig, Wasser hinzugeben, das Geflügel soll immer bedeckt sein. Etwa 1 Stunde bei kleiner bis mittlerer Hitze und halb aufgelegtem Deckel garen. **2.** Nach dem Kochen das Huhn aus dem Fond nehmen und das Fleisch von den Knochen lösen. Die Hautstücke entfernen. Wer will, kann jetzt diese Hautstücke in einer Pfanne noch etwas ausbraten, bis sie knusprig sind, und sie dann als Garnitur auf die Suppe bröseln. **3.** Den Fond durch ein Tuch und Sieb passieren. Das Tuch dient dazu, auch die ganz feinen Partikel herauszufiltern. **4.** Für die Suppe **Zwiebeln, Knoblauch** und **Kreuzkümmel** im **Olivenöl** anbraten. Nach 2 Minuten die gewünschte Menge Hühnerfleisch dazugeben und alles weitere 4 Minuten rösten. Das Fleisch aus dem Topf nehmen und zur Seite stellen. Nun 800 ml Fond abmessen, in den Topf geben und zum Kochen bringen. Den **Spinat** zufügen und mit dem Zauberstab pürieren. Das Hühnerfleisch wieder hineingeben und kurz aufkochen. Mit Reis oder Brot servieren. **5.** Je nach Größe des Geflügels wird eventuell etwas Fleisch übrig bleiben. Davon ließe sich am nächsten Tag zum Beispiel ein schönes Sandwich zubereiten.

ZUBEREITUNGSZEIT **30 MINUTEN** ZEIT GESAMT **1 STUNDE**

FALAFEL UND ZITRONEN-TAHINI

Neben Hummus ist Falafel mit Sicherheit das zweitbekannteste Kichererbsengericht der Welt. Anders als beim Hummus werden dafür die Kichererbsen nicht schlicht gekocht serviert, sondern so zubereitet, dass sie fast wie gebratenes Fleisch schmecken.

FÜR 4 PORTIONEN (ETWA 24 BÄLLCHEN)

SAUCE

100 ml Tahini (Sesampaste, z. B. in türkischen Geschäften)
40 ml Olivenöl
20 g eingelegte Zitronen (siehe Seite 231)
2 EL Wasser
1 Prise Salz
¼ TL frisch gemahlener schwarzer Pfeffer

TEIG

400 g trockene Kichererbsen, 12 Stunden eingeweicht
2 Scheiben Toastbrot
4 Knoblauchzehen oder 2 EL gerösteter Knoblauch (siehe Seite 39)
2 EL gehackte Petersilie
2 EL gehackter Koriander
½ Zwiebel, in sehr feine Würfel geschnitten
2 EL Sesamsamen
1 TL gemahlener Kreuzkümmel
1 TL edelsüßes Paprikapulver
½ TL Salz
½ TL frisch gemahlener schwarzer Pfeffer
2 TL Backsoda (Natron)

AUSSERDEM

Öl zum Frittieren

1. Für die Sauce alle **Zutaten** zu einer cremigen Masse verarbeiten. **2.** Für den Teig die eingeweichten **Kichererbsen** abgießen und sorgfältig abspülen. In den Küchenmixer geben und gut zerkleinern. Restliche **Zutaten** mit Ausnahme des Backsodas hinzugeben und weiterpürieren, bis eine grobe, leicht feuchte Masse entstanden ist. Wenn nötig, ein wenig Wasser hinzugeben. In einer Schüssel abgedeckt 30–40 Minuten quellen lassen. **3.** Nun das **Backsoda** in die Masse einarbeiten. Das **Öl** in einem tiefen Topf auf mittlere bis hohe Temperatur erhitzen. **4.** Aus dem Teig 24 gleich große Bällchen im Tischtennisballformat formen. Das geht am besten mit nassen bis feuchten Händen – aber aufpassen, dass die Bällchen nicht tropfnass ins heiße Öl geraten! Ich rolle immer erst alle Kugeln fertig, bevor ich sie nach und nach ins Öl gebe. **5.** Die Falafeln ins heiße Öl geben und dunkelbraun frittieren. Portionsweise in aufgeschnittenes Fladenbrot (siehe Seite 177) setzen und Tahini-Sauce darübergeben.

Nicht verschlingen, sondern genießen!

ZUBEREITUNGSZEIT **30 MINUTEN** ZEIT GESAMT **40 MINUTEN**

BESSARA

(BOHNENDIP)

Angeblich kannten bereits vor Tausenden von Jahren die Pharaonen diese Bohnenzubereitung. Das Wort „Bessara" leitet sich von „Bees-oro" aus einer Hieroglyphenschrift ab, „Bees" bedeutet „gekocht" und oro „Bohnen". Easy in der Herstellung aus nur acht Zutaten und ähnlich wie Hummus. Wer es einmal probiert hat, wird es immer wieder wollen – zumindest bei mir ist es so.

FÜR 4 PORTIONEN

500 g Kerne von Dicken Bohnen (TK)
etwas Olivenöl
1 Zwiebel, in sehr feine Würfel geschnitten
4 Knoblauchzehen oder 2 EL gerösteter Knoblauch (siehe Seite 39)
½ TL frisch gemahlener schwarzer Pfeffer
1 Prise Salz
50 g Petersilie
50 g frischer Koriander
Saft von 1 Zitrone

1. Die **Bohnen** unaufgetaut etwa 1 Minute in einen Topf mit kochendem Wasser geben. Abgießen und dabei etwa 100 ml Kochbrühe auffangen. Die Bohnen kurz in Eiswasser legen, um den Kochvorgang zu stoppen und somit die leuchtend grüne Farbe zu erhalten. Die Bohnen dann von ihrer Haut befreien. **2.** In einem Topf das **Olivenöl** erhitzen, **Zwiebeln, Knoblauch, Pfeffer** und **Salz** darin 2 Minuten anschwitzen, bis Zwiebeln und Knoblauch glasig sind. Dann in den Küchenmixer geben und mit den Bohnen, den restlichen **Zutaten** sowie der nach und nach zugegebenen Kochbrühe pürieren, bis die gewünschte Cremigkeit erreicht ist.

ZUBEREITUNGSZEIT **40 MINUTEN** ZEIT GESAMT **50 MINUTEN**

HUMMUS

(SUPERSMOOTH)

Sehr einfach herzustellen, aber auch deutlich besser im Geschmack und viel preiswerter als die im Handel angebotenen Produkte – also unbedingt einmal selbst ausprobieren! Wenn man frische Kichererbsen verwendet, empfehle ich immer, mehr als die benötigte Menge einzuweichen und zu kochen. Dann macht man sich zuerst diesen Hummus und am nächsten Tag vielleicht die Leblebi (siehe Seite 235). Abwasch und Aufwand sind derselbe – egal, ob man 200 g oder 2 kg zubereitet. Diese Basiszubereitung ist bereits köstlich, kann aber nach Gusto noch aufgewertet werden.

FÜR 4 GROSSZÜGIGE PORTIONEN

6 EL Tahini (Sesampaste, z. B. in türkischen Geschäften)
2 EL Zitronensaft
4 Knoblauchzehen, fein gehackt, oder 2 EL gerösteter Knoblauch (siehe Seite 39)
1 TL Salz
½ TL gemahlener Kreuzkümmel
500 g geschälte Kichererbsen (frisch gekocht oder aus der Dose)
150 ml Kichererbsenbrühe (vom Kochen oder aus der Dose)
40 ml Olivenöl
1 TL geräuchertes Paprikapulver (in Gewürz- und manchen Teegeschäften, im Internet)

1. **Tahini** mit **Zitronensaft** in der Küchenmaschine 1 Minute auf höchster Stufe mixen. **Knoblauch, Salz** und **Kreuzkümmel** zufügen, erneut blitzmixen. Nun die **Kichererbsen,** die **Brühe** und die Hälfte des **Olivenöls** dazugeben, wieder blitzmixen. Eventuell mehr **Brühe** hinzugeben, bis eine cremig-geschmeidige Konsistenz erreicht ist. **2.** Die jetzt vorhandene Basiszubereitung kann mit Kräutern, Saucen, Pesto, Harissa, gerösteter Paprika und anderen Zutaten nach Geschmack angereichert werden. Traditionell wird die fertige Creme in weite Schalen gefüllt und mit **Olivenöl** beträufelt. Darauf kann man Za'atar-Mix (siehe Seite 206) geben oder – wie ich es hier mache – **geräuchertes Paprikapulver** aufstreuen. Mit Fladenbrot servieren. **3.** Auf geschälte Kichererbsen achten, sie machen den Hummus etwas eleganter.

ZUBEREITUNGSZEIT **10 MINUTEN** ZEIT GESAMT **15 MINUTEN**

ZA'ATAR

(GEWÜRZMISCHUNG)

Traditionell wird Za'atar mit Olivenöl gemischt und vor dem Backen eines Fladenbrots auf den Teig gestrichen. Aber auch als Dip oder einfach nur als Gewürzmischung für Fleisch und Fisch ideal. Ich streue es gern auch auf Hummus (siehe Seite 205).

FÜR MEHRERE ANWENDUNGEN

20 g getrockneter Thymian
10 g getrockneter Oregano
20 g getrockneter Basilikum
40 g getrocknetes Bohnenkraut
40 g Sumak (in türkischen Geschäften)
½ TL Salz
80 g Sesamsamen

Alle **Zutaten** im Mörser bis zur gewünschten Konsistenz verreiben. Luftdicht verschlossen bis zu 1 Monat haltbar, dann verflüchtigt sich langsam, aber sicher das Aroma.

ZUBEREITUNGSZEIT **20 MINUTEN** ZEIT GESAMT **25 MINUTEN**

HERZHAFTES DUKKAH

(NUSS-SAMEN-GEWÜRZMIX)

Zu verwenden als Dip oder zum Überkrusten von Fleisch, Fisch oder Meeresfrüchten. Oder einfach über einen Salat streuen. Ein irres Aroma. Und easy, easy, easy!

FÜR MEHRERE ANWENDUNGEN

120 g Sesamsamen
120 g Kürbiskerne
120 g geschälte Sonnenblumenkerne
120 g Mandelkerne
60 g Koriandersamen
1 EL edelsüßes Paprikapulver
1 EL Kurkuma
1 EL Kreuzkümmelsamen
½ TL frisch gemahlener weißer Pfeffer
½ TL grobes Meersalz

Alle **Zutaten** zusammen ohne Öl in einer Pfanne auf kleiner Hitze behutsam anrösten. Wenn sich die Aromen entfalten, in der Küchenmaschine nicht zu fein zerkleinern. Mit Olivenöl und Brot servieren, dazu die Balsamico-Reduktion reichen (siehe Seite 82).

ZUBEREITUNGSZEIT **30 MINUTEN** ZEIT GESAMT **1 STUNDE 15 MINUTEN**

SHARBA

(LIBYSCHE SUPPE)

Das Nationalgericht Libyens ist auch in anderen Ländern der Region populär. Mit nur einem Löffel dieser aromatischen Suppe schmeckt man alle wichtigen Aromen Libyens. Während des Ramadans kommt sie fast täglich auf den Tisch. Es gibt verschiedene Variationen, zum Beispiel mit Hähnchen oder Fisch. Die klassische Zubereitung enthält Lamm und Minze – mein persönlicher Favorit.

FÜR 4 PORTIONEN

GEWÜRZMISCHUNG

1 TL Kurkuma
1 TL frisch gemahlener schwarzer Pfeffer
1 TL Paprikapulver
1 TL Mixed Spices (siehe Tipp)

BOUQUET GARNI

1 Zimtstange
5 Kardamomkapseln
3 Lorbeerblätter
4 Shaiba-Blätter (falls nicht verfügbar, weglassen)

SUPPE

60 ml hochwertiges Olivenöl
250 g Lammschulter, in Würfel von 1 cm Kantenlänge geschnitten
1 mittelgroße Zwiebel, fein gehackt
1 TL Salz
125 g Kichererbsen (frisch gekocht oder aus der Dose)
1 Tomate, in Stücke geschnitten
2 TL Tomatenmark
2 EL Petersilienstängel, fein gehackt
1 EL getrocknete Minze
125 g Orzo-Nudeln (kurze Nudeln, auch Reisnudeln genannt, ersatzweise italienische Risi)
4 EL fein gehackte Petersilie
1 EL grob gehackte frische Minze
2 Zitronen- oder Limettenecken

1. Für die Gewürzmischung die **Zutaten** bei mittlerer Hitze in einem Topf ohne Öl etwa 20 Sekunden anrösten. So entfalten sich die Aromen am besten und geben der Suppe einen intensiven Geschmack. Aber nicht zu heiß werden lassen, da die Mischung schnell bitter wird. Die geröstete Gewürzmischung aus dem Topf nehmen und zur Seite stellen. Sie hat jetzt erst mal Pause und wird später wieder gebraucht. **2.** Für das Bouquet garni die **Zutaten** in ein Baumwollsäckchen (sauberer Baumwolllappen) wickeln und mit Küchengarn zubinden. **3.** Für die Suppe das **Olivenöl** in einem Topf stark erhitzen, das **Fleisch** hinzugeben und von allen Seiten schön braun anbraten. Auf mittlere Hitze zurückschalten. Die **Zwiebel** und das Bouquet garni zufügen. Unter ständigem Rühren 5 Minuten weiterrösten. **4.** Gewürzmischung, **Salz, Kichererbsen, Tomaten** und **Tomatenmark** in den Topf geben. Alles zusammen weitere 5 Minuten rösten und gelegentlich umrühren. **5.** 500 ml kaltes Wasser und **Petersilienstängel** hinzugeben. Deckel auflegen und alles etwa 45 Minuten auf kleiner Hitze köcheln lassen. Gelegentlich umrühren. Nun 1 l kochendes Wasser, die **getrocknete Minze** und die **Orzo-Nudeln** hinzugeben. Weitere 5 Minuten köcheln lassen. Zuletzt **Petersilie** und **frische Minze** zufügen – fertig! **6.** Mit **Zitronen-** oder **Limettenecken** servieren. Dazu schmeckt gegrilltes Fladenbrot (siehe Seite 177). Sakha! Guten Appetit!

Tipp: Ich empfehle, von den Mixed Spices etwas mehr anzumischen, als für dieses Rezept gebraucht wird, dann kann man auch anderen Gerichten eine nordafrikanische Note geben: vier Teile gemahlener Koriander, vier Teile gemahlener Zimt, ein Teil gemahlener Piment, vier Teile gemahlene Muskatnuss, zwei Teile gemahlener Ingwer sowie ein Teil gemahlene Nelken vermischen und gut verschlossen aufbewahren.

MIT DEM HELIKOPTER AUF DEN MARKT

Und mit dem Privatjet zum Asialaden

Was ich während meiner Arbeit manchmal an Wohlstand beobachte, ist schon atemberaubend. Manchmal habe ich mich gefragt, ob die Millionäre und Milliardäre, für die ich schon gearbeitet habe, wegen ihres Reichtums wohl glücklicher sind als Menschen, die nur wenig besitzen. Man kann sicher sagen: Alles in allem sind sie besser dran, Komfort, Luxus und materielle Sicherheit sind sehr angenehme Lebensbegleiter. Aber glaubt mir, Geld ist keine Garantie für Glück. Ich weiß es, ich habe es gesehen. Denn auch die Superreichen können sich nicht alle Sehnsüchte erfüllen, zum Beispiel solche nach Gesundheit, Liebe und Geborgenheit. Möglicherweise ist es aus meiner Sicht als finanziell unbedeutendes Licht total naiv anzunehmen, dass es für Wohlhabende ein Problem sein könnte, sich etwas nicht kaufen zu können. Vielleicht stecken sie solche emotionalen Fehlbestände einfach so weg, sie können sich ja leicht mit etwas anderem trösten. Eines kann ich jedenfalls mit Sicherheit sagen: In der Welt derer, die richtig Kohle haben, wird alles unternommen, um den Pegel der Zufriedenheit möglichst hoch zu halten. Wo immer eine Sache nicht die Idealkurve zu nehmen droht, wird nachgeholfen, koste es, was es wolle. Manchmal geht es dabei um lächerliche Kleinigkeiten und der Aufwand steht in einem total schrägen Verhältnis zum Nutzen. How bizarre, dachte ich schon oft.

Wir lagen vor Cannes.

DIE JACHT MEINES ARBEITGEBERS WAR SO RIESIG, DASS SIE MIT ZWEI HUBSCHRAUBERLANDEPLÄTZEN UND EINEM EIGENEN HELIKOPTER AUSGESTATTET WAR.

Es war überhaupt nicht daran zu denken, mit diesem Giganten in den gar nicht mal kleinen, aber letztlich für uns doch viel zu winzigen Hafen von Cannes einzulaufen. Die Situation war aber nicht neu für uns und wir gingen wie sonst auch weit draußen auf See vor Anker.

Das Filmfestival hatte gerade begonnen, die Stadt kochte über. Man muss dieses Event nicht bis ins Kleinste beschreiben, um sich die Atmosphäre und das Treiben vorstellen zu können: Mehr oder weniger prominente Leute aus aller Welt schieben sich dicht gedrängt durch die Straßen, über die Promenaden und vor die Aufführungstheater. Es ist fast wie Karneval. Man trifft sich, Bussi hier, Bussi da, es ist die große Zeit der Einladungen, die Luft flirrt. Und falls im Terminkalender noch eine Lücke sein sollte – richtig, man könnte sich ja einen Film ansehen!

Der Eigner der Jacht erwartete für den Abend Gäste und wie üblich sollte ich für das kulinarische Entertainment sorgen. Ich hatte die meisten Lebensmittel bereits eingekauft, aber mir fehlten noch Brokkolini, die ganz kleinen Brokkoliröschen, die zu der Zeit en vogue waren. Mein Lieferant an Land sagte, er könne die Brokkolini nicht sofort besorgen. Er bot an, das Gemüse vom Markt zu holen, aber ich müsste mich bis zum nächsten Tag gedulden. Ich besprach mich mit dem Captain und machte ihm klar, dass das keine Option sei. Die Brokkolini sollten nämlich schon in ein paar Stunden auf dem Teller liegen. Er nickte mir zu. Was im Klartext hieß: Fahr los und hol das Zeug!

Leichter gesagt als getan. Die Entfernung zum Hafen war so groß, dass man den Tender, das kleine Beiboot für Landfahrten, auf keinen Fall nehmen konnte. Hätte viel zu lange gedauert, außerdem war die See in Bewegung. Der Captain dachte kurz nach und wusste, was zu tun war. Gleich würde der Hubschrauber an Land fliegen, um den Eigner vom Flughafen abzuholen. Ich sollte mitfliegen, meine Einkäufe machen und auf demselben Weg wieder zurückkommen. Gesagt, getan. Mit dem Helikopter zum Markt fliegen, um eine Tüte Gemüse

WO IMMER EINE SACHE NICHT DIE IDEALKURVE ZU NEHMEN DROHT, WIRD NACHGEHOLFEN, KOSTE ES, WAS ES WOLLE.

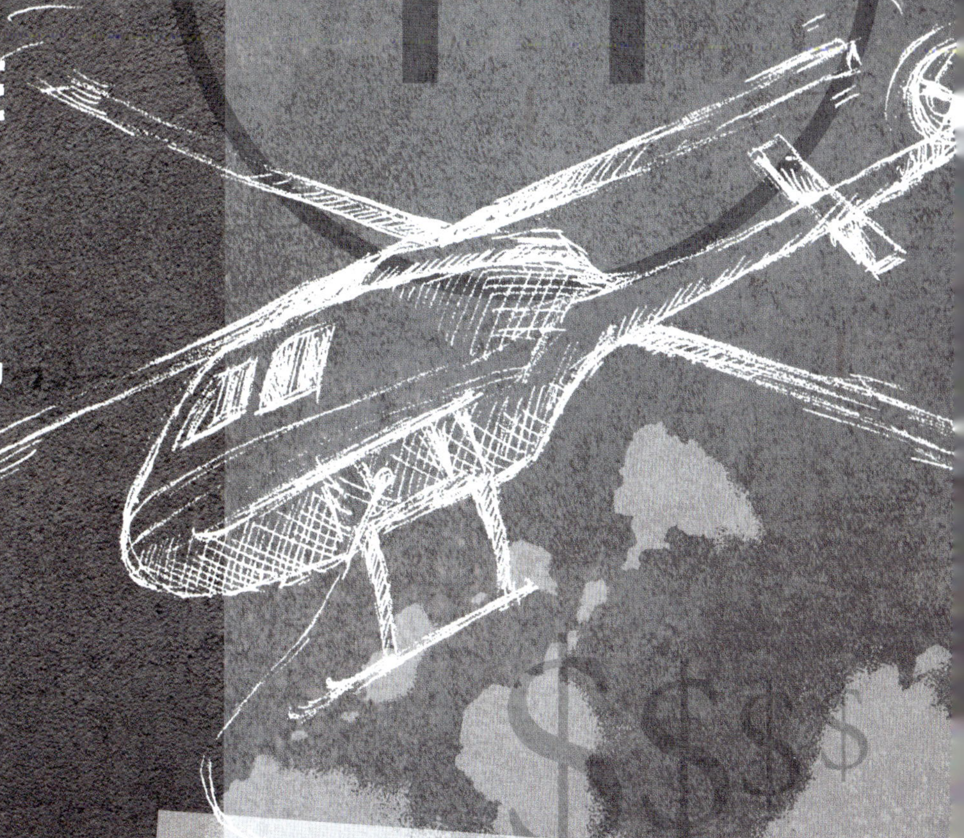

EIN PAAR WOCHEN ZUVOR WAR ICH NOCH OBDACHLOS GEWESEN UND HATTE MICH IN DEMSELBEN HAFEN AUS ABFALLEIMERN ERNÄHRT. UND JETZT SASS ICH IN EINEM DREI MILLIONEN TEUREN HELIKOPTER.

einzukaufen? Das hatte ich noch nie erlebt. Ich war wohl einmal mit einem Rolls-Royce zum Einkaufen gefahren worden und konnte mir damals schon den Gedanken an Dekadenz nicht verkneifen. Und jetzt den Heli nehmen? Das ganze Theater wegen ein paar lächerlicher Brokkolini, nur weil sie gerade der Hit auf dem Teller waren? Aber das Ganze war ja nicht mein Bier – und was hätte ich schon gegen ein bisschen Sightseeing von oben haben sollen?

Der Heli brachte mich an Land und ich machte meine Besorgungen. Aber dann stellte sich heraus, dass der Chef noch nicht eingetroffen war. Was tun? Warten? Der Captain gab mir beziehungsweise dem Piloten Anweisung, dass ich sofort wieder zurück aufs Schiff sollte. Okay, dachte ich, dann eben wieder ich allein im Heli, und sah hinunter auf meine Einkaufstüten mit vier Kilo Brokkolini. Als ich wieder oben in der Luft war und der Pilot noch eine Schleife über dem Hafen zog – damit sich der Flug auch lohnt, wie er sagte –, dachte ich, was für ein verrücktes Leben ich doch führe. Ein paar Wochen zuvor war ich noch obdachlos gewesen und hatte mich in demselben Hafen aus Abfalleimern ernährt. Und jetzt saß ich in einem drei Millionen teuren Helikopter und flog zum Einkaufen auf den Wochenmarkt. Ist das Leben nicht ein Abenteuer? Und was für eins! Dass aber damit die Skala solcher Unwahrscheinlichkeiten noch nicht an ihre obere Grenze gestoßen war, sollte ich später in meiner Laufbahn erfahren.

Einige Jahre später befand ich mich auf einer Jacht, dessen Eigner eine kulinarische Vorliebe hatte: Er aß für sein Leben gern asiatisch. Keine unmögliche Aufgabe, wenn man sich etwas mit der asiatischen Küche auskennt. Dafür ist es – je nachdem, wo man sich gerade befindet – manchmal schwer, genau die Zutaten zu bekommen, die man haben möchte. Besser gesagt: haben muss, in unserem Job ist ja alles ein Muss. In diesem Fall war es Sojasauce. Sojasaucen gibt es tausendfach überall auf der Welt. Trotzdem hatte ich ein Problem. Ich ließ mir gerade noch einmal das später geplante asiatische Menü durch den Kopf gehen und prüfte den Proviant auf Vollständigkeit. Alles war da – nur die Sojasauce nicht. Nicht irgendeine – für den Besitzer dieses Schiffes musste es eine ganz bestimmte Sorte sein, „Yuan's Soy Sauce". Ein kleines Familienunternehmen in Hongkong stellt sie her, aber nicht in Unmengen. Sie ist deswegen zwar nicht unbezahlbar, aber aufgrund der kleinen Mengen, die produziert werden, nicht überall erhältlich.

Warum mein Boss damals unbedingt dieses Produkt wollte, hatte einen ganz einfachen Grund: Es ist die beste unter den besten – und das ist alles, was ich wissen muss, und mein Job ist, das Unmögliche möglich zu machen. Egal, wann. Egal, wo. Betroffen stand ich da. Wie hatte das passieren können? Es gehört zu den Todsünden eines Chefkochs, wenn seine Vorräte nicht vollständig sind. Ausgerechnet diese spezielle Sojasauce fehlte. Ich hätte sie zwar durch Trickserei vortäuschen können, wollte aber auf keinen Fall das Risiko eingehen, damit aufzufliegen. Nacheinander rief ich alle mir bekannten Lieferanten auf dem französischen Festland an. Von jedem dieselbe Antwort: „Nein, wir haben die Sauce nicht vorrätig und im Moment bekommt man sie hier auch nirgendwo." Merde! Ich überlegte.

Ich hatte eine andere Idee. Ich wusste, dass der Eigner seinen Wohnsitz in London hatte. Wenn nicht in London, einer Metropole mit zahllosen asiatischstämmigen Bewohnern, wo sonst hätte es diese Sojasauce geben sollen? Ich hängte mich wieder ans Telefon und klingelte bei einschlägigen Shops an. Fünf Minuten später landete ich einen Treffer. Das Geschäft hatte gleich eine ganze Batterie Flaschen vorrätig. Ich atmete auf. Aber noch hatte ich die Flaschen nicht. Ein anderes Hindernis baute sich auf. Selbst wenn man mir die Flaschen per Express zugeschickt hätte, wären sie eine halbe Ewigkeit, jedenfalls viel zu lange unterwegs gewesen. Ich war ratlos. Aber ans Aufgeben dachte ich nicht.

Ich wandte mich an den Captain: Saublöder Zufall, erzählte ich ihm, die letzte Flasche von Chefs Lieblingssojasauce sei hingefallen und in tausend Stücke zerbrochen – was man eben so sagt, wenn man auf heißen Kohlen sitzt. Und nirgendwo in Küstennähe sei Ersatz aufzutreiben. Der Captain, der mich glücklicherweise halbwegs mochte, sah mich von der Seite an und grinste: „Ach ja?" Ich ahnte, er hatte mich durchschaut. Würde er meine Notlage ausnutzen? Doch er meinte nur: „Stephan, was für ein Glückspilz du doch bist! Der Chef hat einen wichtigen Geschäftstermin in London und will danach schnell wieder zurückkommen." Was bedeutete das? Noch ehe der Captain weiterreden konnte, schlug ich vor: „Dann könnte doch jemand von seinem Hauspersonal ein paar Flaschen besorgen und er bringt sie auf dem Rückweg mit."

Ich habe schon oft ein Phänomen beobachtet, das vielleicht gar nicht so erstaunlich ist, aber doch jedes Mal überrascht, wenn es auftritt:

MENSCHEN, DIE ZWAR SELBST NICHT REICH SIND, ABER FÜR SUPERREICHE ARBEITEN, GEWÖHNEN SICH IN MANCHEN – NICHT IN ALLEN! – BEZIEHUNGEN SEHR SCHNELL DEREN DENKART AN.

Vor allem, wenn es ums Geldausgeben geht, und zwar um das Geld des Arbeitgebers. Der Captain meinte also, es sei doch sehr viel zuverlässiger, wenn ich selbst mitfliegen würde, um die Sojasauce zu kaufen. Das klang weniger wie ein Vorschlag, sondern mehr nach Marschbefehl. „Na gut", bemerkte ich cool und dachte im Stillen: Privatjet!?! Wie geil ist das denn!

Es gibt keine Probleme, nur Lösungen, wenn auf die Kosten keine Rücksicht genommen werden muss. Im Übrigen ging es dem Captain vor allem darum, den Eigner mit so wenig Lappalien wie möglich zu behelligen. Ich grinste zurück: „Wann geht's los?"

Eine Stunde später ging es mit dem Beiboot an Land und dann weiter mit dem Chauffeur zum Flughafen. Dort stand der Privatjet meines Chefs. Er war jederzeit startbereit und kurz darauf hoben wir auch schon ab. So unbeschwert war ich noch nie zuvor an einem Flughafen durch den Zoll gewunken worden. Es ist nicht ungewöhnlich, dass die Privatjets immer auf Stand-by sind. Dann können

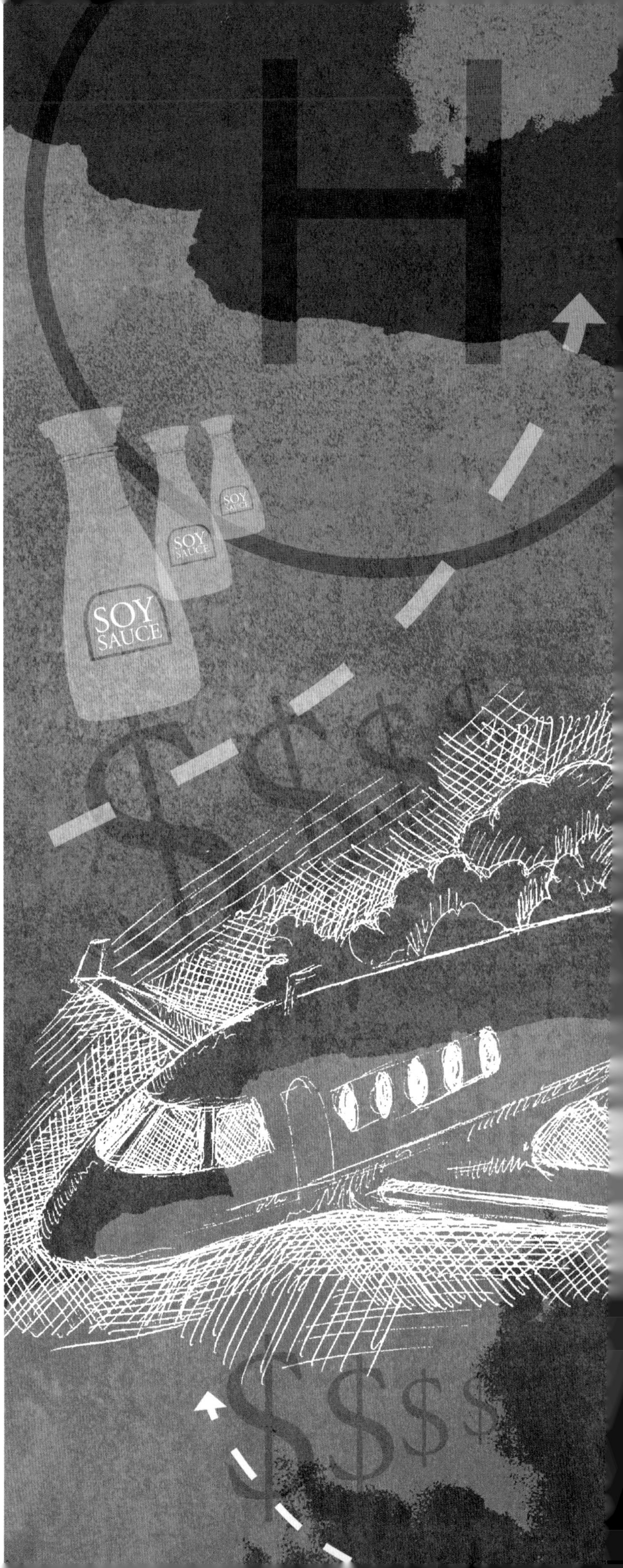

die Eigner für geschäftliche Angelegenheiten oder just for pleasure von jetzt auf gleich abheben. Das halten sie selbst dann so, wenn ein längerer Aufenthalt auf dem Boot geplant ist. Natürlich könnte man die Maschinen, die ungenutzt nur herumstehen und Kosten verursachen, ein paar Tage gewinnbringend vermieten – auch das ist durchaus üblich.

WIR FLOGEN ALSO NACH LONDON, ICH NAHM MIR EIN TAXI IN DIE CITY, BESORGTE EINE KISTE SOJASAUCE UND GELEGENHEITSHALBER NOCH EIN PAAR ANDERE KLEINIGKEITEN.

Dann ging es per Taxi zum Airport und da der Eigner noch Termine hatte, ging es für mich allein im Flieger zurück an die Côte d'Azur.

Zu dem asiatischen Abendessen kam es übrigens erst einige Wochen später. Das ist ein hervorragendes Beispiel für den zum Teil grenzenlosen Wahnsinn, mit dem ich mich umgeben durfte. Aber es sind eben auch diese Momente im Leben eines Privatkochs, für die sich alle Mühe und jede harte Arbeit lohnt und was einen antreibt. Normal kann jeder!

ES IST NICHT UNGEWÖHNLICH, DASS DIE PRIVATJETS IMMER AUF STAND-BY SIND. DANN KÖNNEN DIE EIGNER FÜR GESCHÄFTLICHE ANGELEGENHEITEN ODER JUST FOR PLEASURE VON JETZT AUF GLEICH ABHEBEN.

ZUBEREITUNGSZEIT **40 MINUTEN** ZEIT GESAMT **1 STUNDE 30 MINUTEN**

OSBAN

(LIBYSCHE REIS- UND LAMMWURST)

Ein weiterer Klassiker der libyschen und tunesischen Küche. Osban besteht aus Reis, Kräutern, Lammfleisch und -innereien sowie ausgewählten Gewürzen. Kräuter und Gewürze können variieren – dieses Rezept enthält die traditionellen Zutaten. Ich hörte zum ersten Mal von Osban, als wir vor der französischen Küste lagen und ein Gast meines Bosses sich während des Ramadans diese würzige Wurst zum Abendmahl wünschte. Zu meinem Glück hatte er die Rezeptur seiner Großmutter bei sich, die er mir anvertraute. Er reiste nie ohne eine Auswahl seiner Lieblingsrezepte aus seiner Heimat. Traditionell isst man Osban mit Reis oder Couscous und Mseyer – libyschen Pickles (siehe Seite 221).

FÜR 4 PORTIONEN

FÜLLUNG

400 g Lammleber und Lammherz, klein gehackt oder durch den Fleischwolf gedreht
350 g Lammfleisch mit Fettanteil, gehackt oder durch den Fleischwolf gedreht
2 EL Tomatenmark
150 ml Olivenöl
2 Tomaten, fein gehackt
1 EL getrocknete Minze
1 EL frisch gemahlener schwarzer Pfeffer
1 EL Ingwerpulver
450 g Rundkornreis, gewaschen, 20 Minuten eingeweicht und abgetropft
2 EL gehackte Petersilie
2 EL gehackter Koriander
2 EL gehackter Basilikum
2 EL gehackte Minze
2 Frühlingszwiebeln, gehackt
2 Chilischoten, die Samen entfernt, gehackt

KOCHBRÜHE

1 EL Cayennepfeffer
1 EL Kurkuma
1 EL Salz

AUSSERDEM

Fett zum Braten
2 Meter Schafsdarm, gewässert und 10 Minuten in Zitronensaft eingelegt (beim Metzger bestellen oder vom Metzgereibedarf im Internet)

1. Für die Füllung alle **Zutaten** gut vermengen. Mithilfe eines Spritzbeutels oder mit dem Wurstfüllvorsatz des Fleischwolfs in den Darm füllen. Nur sehr locker einfüllen, da sich der Reis beim Garen noch ausdehnt. **2.** Mit einem Faden alle etwa 10 cm abbinden. Dann mit einer dünnen Nadel (nur etwas dicker als eine Stecknadel) großzügig einstechen, damit die Wurst nicht platzt. Wurst in einen Topf legen und mit kochendem Wasser übergießen, bis es 4 cm über der Osban steht. **3.** Für die Kochbrühe die **Gewürze** zufügen, alles einmal aufkochen und dann auf mittlerer Hitze etwa 1 Stunde sieden lassen. Schwimmende Würste erneut mit der Nadel einstechen. **4.** Die Osban kurz abtropfen lassen. In etwas **Fett** in einer Pfanne knusprig braun braten. **5.** Mit Couscous und/oder Reis und Mseyer (siehe Seite 221) servieren. Der Dattelketchup (siehe Seite 231) aus Algerien passt auch sehr gut dazu.

ZUBEREITUNGSZEIT **35 MINUTEN** ZEIT GESAMT **2 STUNDEN 30 MINUTEN**

KHABZA BIL ASHAB

(KRÄUTERBROT)

In Libyen ist es üblich, dass man abends beisammensitzt, sich vom Tag erzählt und dabei köstlich feuchtes Khabza mit Minztee genießt. Wer einmal dabei war, vergisst es nicht so schnell.

FÜR 4 PORTIONEN

HEFEANSATZ

270 ml handwarme Milch
1 Tütchen Trockenhefe
1 TL Zucker

TEIG

400 g Mehl
200 ml Olivenöl
2 TL Zucker
2 TL Salz
1 TL Backsoda (Natron)

FÜLLUNG

1 EL grob gehackte Thymianblätter
1 TL grob gehackte Rosmarinnadeln
50 g Petersilie, grob gehackt
je 16 grüne und schwarze Oliven ohne Stein, in Scheiben geschnitten
½ rote Paprikaschote, in sehr feine Würfel geschnitten
½ gelbe Paprikaschote, in sehr feine Würfel geschnitten
2 Chilischoten, die Samen entfernt, fein geschnitten
250 g Fetakäse, gerieben
2 Frühlingszwiebeln, grob gehackt
1 EL grob gehackte Zitronenmelisse
1 EL grob gehackte Minze

AUSSERDEM

Öl für die Backform
Olivenöl zum Einstreichen

1. Für den Hefeansatz die **Zutaten** mischen und etwa 10 Minuten ruhen lassen. Erinnert mich an einen alten Kollegen, der grundsätzlich auch immer 10 Minuten für alles brauchte, was er anfing – er war nicht lange bei uns. **2.** Für den Teig das Hefegemisch am besten erst mit einem Holzlöffel und dann mit den Händen in einer großen Schüssel mit den weiteren **Zutaten** verrühren. Es sollte ein weicher, aber zusammenhaltender Teig entstehen. **3.** Für die Füllung alle **Zutaten** gut in den Teig einarbeiten. Den Teig in eine gut **eingeölte** Back- oder Lasagneform von 20 × 30 cm füllen und abgedeckt etwa 60 Minuten an einem warmen Ort stehen lassen. **4.** Kurz vor dem Backen gut mit **Olivenöl** einpinseln. Im vorgeheizten Ofen bei 220 °C Umluft 20 Minuten backen. Dann die Temperatur auf 180 °C reduzieren und weitere 20–30 Minuten backen. Anschließend aus der Form nehmen und abkühlen lassen. **5.** In großzügige Stücke schneiden und mit Minztee oder nach Belieben servieren. Ein Traum!

ZUBEREITUNGSZEIT **15 MINUTEN** ZEIT GESAMT **30 MINUTEN**

MSEYER

(LIBYSCHE PICKLES)

FÜR 4 PORTIONEN

GEMÜSE

¼ Blumenkohl
Salz
frisch gemahlener schwarzer Pfeffer
Olivenöl

3 milde oder scharfe Chilischoten, grob geschnitten
½ TL Salz

1 mittelgroße Möhre, geschält und in Stifte geschnitten
½ Gurke
3 EL gehackte Petersilie
1 EL gehackter Koriander
1 Knoblauchzehe, gerieben, oder
1 EL gerösteter Knoblauch (siehe Seite 39)
1 TL Kreuzkümmelsamen, geröstet
2 EL Apfelessig oder anderer heller Essig
Saft von 1 Zitrone

1. Für das Gemüse den **Blumenkohl** in sehr kleine Röschen (Florettes) schneiden. In einer Schüssel **Salz, Pfeffer** und **Olivenöl** verrühren und den Blumenkohl durch das Würzöl ziehen. Auf ein mit Backpapier ausgelegtes Blech geben und im vorgeheizten Ofen bei 220 °C Umluft 10–15 Minuten rösten. Nicht zu dunkel werden lassen, da er sonst bitter wird. **2.** Die **Chilis** mit **Salz** bestreuen, mit 4 EL kochendem Wasser begießen und etwa 5 Minuten stehen lassen. Abtropfen lassen und in ein Einmachglas geben. Restliche **Zutaten** und den Blumenkohl hineingeben, kräftig schütteln und im Idealfall 6 Stunden stehen lassen. Man kann die Pickles auch direkt servieren.

ZUBEREITUNGSZEIT **30 MINUTEN** ZEIT GESAMT **45 MINUTEN**

MBATHN KAWALI

(GEBRATENE FISCHFILETS MIT KARTOFFELFÜLLUNG)

Soweit mir bekannt ist, ist Mbathn Kawali nur in Libyen zu finden. Eventuell hat man auch in einem guten libyschen Restaurant in der Nähe Glück. Ansonsten unbedingt selbst machen und probieren!

FÜR 4 PORTIONEN

FÜLLUNG

4 mittelgroße Pellkartoffeln, frisch gekocht, geschält und gestampft
100 g Korianderblätter, fein gehackt
2 Knoblauchzehen, gerieben, oder
1 EL gerösteter Knoblauch (siehe Seite 39)
1 Chilischote, Samen entfernt, fein geschnitten
Salz
frisch gemahlener schwarzer Pfeffer

FISCH

8 doppelte (zusammenhängende) Fischfilets von Hering oder Rotbarbe
2 Eier, geschlagen
250 g Mehl und 250 g Paniermehl, gemischt
reichlich Öl zum Braten

1. Für die Füllung alle **Zutaten** gut vermengen. **2.** Für den Fisch die **Filets** gegebenenfalls entschuppen und von restlichen Gräten und Flossen befreien. Trocken tupfen. Die Füllung auf die Innenfläche der Filets streichen. Filets zusammenklappen. Erst durch das **Ei** ziehen und dann in der **Mehl-Paniermehl-Mischung** wälzen. Sofort in reichlich heißem **Öl** ausbacken. Mit Mseyer (siehe oben) servieren. Yummy!

ZUBEREITUNGSZEIT **10 MINUTEN** ZEIT GESAMT **15 MINUTEN**

COUSCOUS

Am Anfang meiner Kochkarriere war Couscous meine größte Herausforderung. Eigentlich ganz leicht zuzubereiten, aber mir hatte nie jemand gezeigt, wie man's macht. Wie so oft in meiner Laufbahn war auch hier Learning by Doing angesagt.

FÜR 4 PORTIONEN

370 g Couscous
50–100 ml Olivenöl und/oder Butter
750 ml Brühe von Rind, Geflügel oder Fisch
1 Prise Salz
Zitrusfrüchte
Pistazien zum Bestreuen

1. **Couscous** und **Olivenöl** in einer Schüssel kurz vermengen. **Brühe** oder 750 ml kochendes Wasser zugeben, kurz umrühren und mit einem Deckel oder Klarsichtfolie gut abdecken. 5 Minuten quellen lassen. Mit einer Gabel – wenn möglich, besser noch mit den Händen – auflockern. Mit **Salz** würzen. **2.** Mit **Zitrusfrüchten** vermischen und mit **Pistazien** bestreuen. Oder mit anderen Zutaten nach Wahl servieren. **3.** Couscous eignet sich auch hervorragend als Frühstück, herzhaft oder süß.

ZUBEREITUNGSZEIT **20 MINUTEN** ZEIT GESAMT **30 MINUTEN**

MAROKKANISCHER ORANGEN-GRANATAPFEL-PISTAZIEN-SALAT

Bietet sich pur als Dessert oder auch als Beilagensalat zu Fleisch- und Fischgerichten an. Granatäpfel werden seit Jahrtausenden kultiviert und sind eines der ältesten uns bekannten Superfoods. Nicht nur zur Winterzeit eine willkommene Vitamin-C-Bombe als Unterstützung unseres Immunsystems.

FÜR 4 PORTIONEN

4 Orangen, geschält, in Scheiben geschnitten oder in Segmente geteilt
2 Blutorangen, geschält, in Scheiben geschnitten oder in Segmente geteilt
(ersatzweise andere Saftorangen oder rote Grapefruits)
3 EL griechischer Joghurt (3–5 % Fett)
2 TL flüssiger Honig
1 Prise Zimt
100 g ungesalzene Pistazien, grob gehackt
Kerne von 1 Granatapfel
(Herauslösen von Granatapfelkernen siehe Seite 143)
10 Minzblätter, zerrissen und zwischen zusammengeklatschten Handflächen geschlagen

Zitrusfrüchte auf Tellern anrichten. **Joghurt, Honig** und **Zimt** zu einem Dressing verarbeiten und über die Früchte geben. Zum Schluss mit **Pistazien, Granatapfelkernen** und **Minze** garnieren.

ZUBEREITUNGSZEIT **10 MINUTEN** ZEIT GESAMT **10 MINUTEN**

MAROKKANISCHER MINZTEE

(MAGHREBI; TUAREG-TEE)

In den Genuss dieses sehr süßen Tees kam ich zum ersten Mal auf meiner ersten Reise nach Djerba, einer Insel vor der Küste Tunesiens. Es gibt ihn nicht nur in Marokko, sondern fast überall in der Region von Nordafrika bis in weite Teile der arabischen Welt. In der Regel wird er vom Herrn des Hauses gebraut. Ich bin ein ganz großer Fan dieses Tees, bevorzuge aber weniger Zucker als im Original. Honig ist natürlich auch eine Alternative.

FÜR 4 PORTIONEN

1 EL chinesisches Gunpowder (grüner Tee, im Teefachhandel)
1 Bund Minze (30 g)
4 EL Zucker (mehr oder weniger je nach Geschmack; ersatzweise Honig)
evtl. Zesten von Zitrusfrüchten

In einer Teekanne das **Gunpowder** mit 1 l kochendem Wasser übergießen. Die frische **Minze** sowie **Zucker** oder **Honig** zugeben und 6 Minuten ziehen lassen. Ich persönlich gebe auch noch **Zesten** von unbehandelten Zitronen, Limetten oder Orangen dazu. Vor dem Servieren durch ein Sieb geben. Am besten zu Meskonta-Orangenkuchen (siehe unten) servieren. Ala Sahhtek! Zum Wohl!

ZUBEREITUNGSZEIT **25 MINUTEN** ZEIT GESAMT **1 STUNDE 30 MINUTEN**

MESKONTA

(MAROKKANISCHER ORANGEN-ZITRONEN-KUCHEN MIT JOGHURT)

Hier meine Version dieses saftigen Kuchens – der totale Genuss, ob mit oder ohne Tee. Ich gebe zum Servieren immer noch etwas Mascarpone dazu.

FÜR 4 PORTIONEN

3 Eier
2 Eigelb
250 g Zucker
150 g Joghurt
Saft von 1 großen, saftigen Orange oder 2 EL Orangenreduktion (siehe Seite 143)
125 ml Pflanzenöl plus etwas für die Form
500 g Mehl plus etwas für die Form
1 TL Backsoda (Natron)
1 Prise Salz
4 frische Datteln, entkernt und gehackt
2 EL eingelegte Zitronenschale (siehe Seite 231) oder 1 EL Zitronenzesten, mit sehr heißem Wasser überbrüht
150 ml Orangenreduktion zum Tränken (siehe Seite 143)

1. **Eier, Eigelbe** und **Zucker** schaumig rühren. Nach und nach **Joghurt, Orangensaft** und **Öl** einrühren. Zuletzt **Mehl, Backsoda, Salz, Datteln** und **Zitronenschale** unterrühren. **2.** Die Masse in eine **geölte** und **mehlierte** Form geben. Den Ofen auf 175 °C Ober-/Unterhitze vorheizen. Den Kuchen darin 30–45 Minuten backen. **3.** Kurz abkühlen lassen und dann aus der Form stürzen. Boden und Seiten gleichmäßig mit der **Orangenreduktion** tränken. Lauwarm servieren.

ZUFLUCHT MÄRKTE

Wenn der Wochenmarkt dein Seelenheil ist

MANCHMAL WILL ICH EINFACH NUR WEG.

Trotz aller angenehmen Seiten, die dieser Lifestyle mit sich bringt, geht mir das geistige Klima an Bord manchmal gepflegt auf den Keks; ich komme mir oft vor wie in einer realitätsfernen Plastikwelt. Es wird viel über Mode, Geld, Gehälter, das neueste Smartphone und Ähnliches und natürlich über Kollegen sowie andere Leute an Bord geredet. Aber sobald die Gespräche beendet sind, hat man sie auch schon wieder vergessen, weil sie leer waren. Ich gehe zwar auch nicht mit geisteswissenschaftlichen Wälzern unterm Kopfkissen schlafen und habe auch nichts gegen entspannende, witzige Plaudereien. Aber wenn ausschließlich hohles Zeug gequatscht wird, fehlt mir auf Dauer etwas. Ich kann auch sagen, was das ist: Das Bordleben hat oft keine Seele. Dazu kommt, dass man immer unter Anspannung steht. Egal, ob man duscht oder auf dem Klo sitzt, man ist angespannt. Hat das Funkgerät sich gerade gemeldet, habe ich an alles gedacht, was kommt als Nächstes? Es ist immer dieselbe Rennbahn, auf der man sich abhetzt. Deshalb habe ich manchmal ein tiefes Bedürfnis nach einem Erholungsmoment und gleichzeitig nach geistiger Anregung. Ich weiß nicht, wie die Kollegen für den nötigen Ausgleich sorgen. Ich jedenfalls habe im Lauf der Zeit die Wochenmärkte für mich entdeckt, wunderbare Orte voller Menschen und Menschlichkeit. Es gibt sie in vielen Hafenstädten dieser Welt. Sie sind meine heimlichen Fluchten, weil sie mir ein Stück Geborgenheit schenken.

Je größer das Schiff ist, desto geringer die Chancen für mich als Koch, unter dienstlicher Flagge an Land gehen zu können. Für ein paar wenige Leute kann ich selbst einkaufen gehen, werden aber größere Mengen an Lebensmitteln gebraucht, wird ein Lieferant beauftragt. Und der bringt alles an Bord. Auf den großen Schiffen hat man ohnehin auch während der Liegezeiten so viel zu tun, dass man kaum weg könnte. Wenn man aber Glück hat, äußert der Eigner einen speziellen kulinarischen Wunsch. Das ist dann der Auftrag, an Land zu gehen und auf dem Markt einen bestimmten Fisch, frisches Obst aus der Region oder ein Saisongemüse zu besorgen. Solche Marktbesuche dienen fast immer dazu, Lebensmittel für die Beköstigung der Eigner und ihrer Gäste zu besorgen, vor allem, wenn lokale Spezialitäten zu haben sind. In Südfrankreich beispielsweise, wo die meisten Jachten vor Anker gehen, haben sich die Märkte auf diese Situation, auf die Nachfrage nach besonderen Produkten schon eingestellt. Dort hat man zwar eine immer größere Auswahl, aber es wird auch immer mehr Ware angeboten, die gar nicht aus Frankreich kommt.

DIE INSGESAMT SELTENEN MARKTBESUCHE SIND FÜR MICH IMMER EINE KLEINE AUSZEIT, IN DER ICH TIEF DURCHATMEN UND ALLES HINTER MIR LASSEN KANN.

Leider richten sich die Gelegenheiten für einen Marktbesuch nicht nach meinen Bedürfnissen. In früheren Zeiten hatte ich die sehr naive Vorstellung, dass es für den Koch auf einer Jacht automatisch dazugehört, jeden Morgen mit einem Korb auf einen Markt zu gehen. Und am nächsten Morgen im nächsten Hafen, jeden Tag also anderswo. Na ja, schön wär's, die Wirklichkeit ist leider weniger romantisch. Es gab deshalb Situationen, in denen mein Drang nach dem Eintauchen in einen Markt so groß war, dass ich auf die Idee kam, Marktbesuche zu fingieren. Ich habe also ab und zu mit Absicht weniger bestellt, als nötig gewesen wäre, nur um bald wieder an Land gehen zu können.

Falls das Boot draußen liegt, nehme ich das Beiboot für die Fahrt in den Hafen, meist reicht ein Schritt über die Gangway. Und schon komme ich mir vor wie eine Hausfrau, die mit dem Korb am Arm für die Familie einkaufen geht. Bald hat mich der Strom der Marktgänger erfasst und treibt mich in das Dickicht der Stände. Schlagartig bin ich in einer anderen Welt. Ich gehe von Stand zu Stand, sehe mir die Auslagen an, befühle manche Produkte, rieche daran und probiere. Am liebsten halte ich mit den Verkäufern und anderen Kunden an den

ICH HABE ALSO AB UND ZU MIT ABSICHT WENIGER BESTELLT, ALS NÖTIG GEWESEN WÄRE, NUR UM BALD WIEDER AN LAND GEHEN ZU KÖNNEN.

ODER SOLLTE ICH ES NICHT DOCH WENIGSTENS BEI IHR VERSUCHEN?

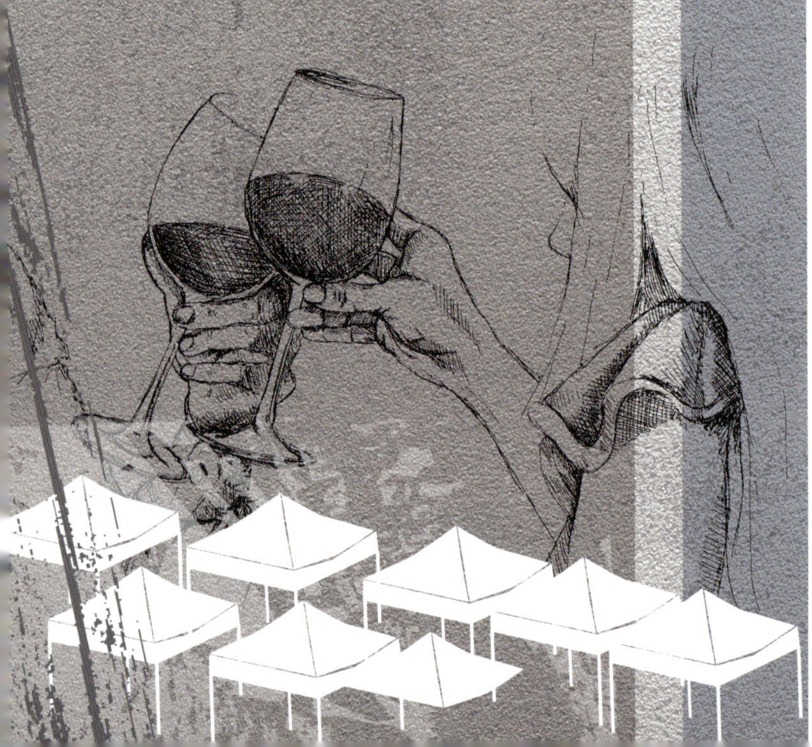

Ständen ein kleines Schwätzchen, genug Zeit vorausgesetzt. Manches Mal schon bin ich morgens früh noch völlig verkatert von nächtlichen Vergnügungen auf den Markt gegangen. Hatte eine Kippe im Maul und der Fischmann, zu dem ich ging, sah mit der Kippe in seinem Maul irgendwie genauso aus wie ich. Dann wusste ich, hier gehöre ich in diesem Moment hin.

Mir gefällt dort vor allem die Normalität der Leute. Nichts ist schrill oder gespreizt oder modisch zugespitzt oder sonstwie verfremdet, jeder gibt sich so natürlich, wie er gerade drauf ist. Und man kommt schnell ins Gespräch. Die Themen sind bodenständig und wohltuend einfach, der Ton ist herzlich. Anders als auf den Schiffen habe ich hier das Gefühl, es mit Menschen zu tun zu haben. Wenn ich mir allein deren Hände ansehe: Nicht nur Männer, auch viele Frauen an den Gemüseständen haben schwielige, wulstige und vernarbte Hände, wie sie von ihrer Arbeit geformt wurden. Mancher hat einen Buckel vom vielen Bücken, und denen, die viel draußen in der Sonne arbeiten müssen, sieht man es an ihrer ledrigen Gesichtshaut an. In Situationen, in denen es mir wegen des immensen Arbeitsdrucks schlecht geht, suche auf den Märkten Trost. Dort treffe ich auf Menschen, die ebenso schuften müssen wie ich, wenn auch auf ganz andere Weise. Mir ist dennoch klar, dass die meisten im Gegensatz zu mir ein wirklich schweres Leben haben, was ich von mir trotz mancher Belastungen auf keinen Fall sagen möchte. Mein Einkommen ist ganz okay und im Übrigen habe ich dieses Leben aus freien Stücken gewählt, ich könnte jederzeit auch etwas anderes tun. Wer eine Landwirtschaft hat und seine Produkte auf einem Markt anbieten muss, ist ganz sicher nicht so flexibel. Dennoch oder gerade deswegen haben alle, denen ich die tägliche Knochenarbeit ansehe, meinen Respekt.

Wenn ich an den Ständen vorbeigehe und die Ware begutachte, kann ich in Gedanken das nächste Menü schreiben. Im Kühlhaus gelingt mir das zwar auch, aber auf dem Markt fällt es wegen der Farben und Düfte und weil ich alles befühlen kann, sehr viel leichter, die Atmosphäre inspiriert mich. Auch die Akustik, der spezielle Marktsound, regt mich an: Menschenstimmen, Vogelgezwitscher vom Baum, raschelndes Einpackpapier, klappernde Kisten, bellende Hunde, weinende und lachende Kinder. Sinnlichkeit wie diese passt nicht auf die Schiffe, mit denen ich fahre. Aber ich brauche sie ab und zu. Wenn ich sie spüren wollte, bin ich schon manches Mal losgezogen, obwohl ich gar nichts brauchte. Hauptsache, ich konnte weg vom

Schiff und Marktluft atmen. Wenn ich die Wahl zwischen einem Puff, einer Kneipe und einem Markt hatte, habe ich mich immer für den Markt entschieden, zumal sich meistens eh ein Puff und eine Kneipe in unmittelbarer Nähe befinden. Just kidding! Am liebsten setze ich mich noch in ein Café. Ich trinke einen Pernod (ja, auch um sechs Uhr morgens, ich bin halt halber Franzose), rauche eine Zigarette, sehe dem Treiben an den Ständen zu und lasse das Geschehen um mich herum auf mich wirken. Kaum etwas anderes hat einen beruhigenderen Einfluss auf mich, wenn ich unterwegs bin.

DIE MÄRKTE DIESER WELT SIND FÜR MICH WIE HEIMLICHE GELIEBTE, BEI DENEN ICH NOCH BLIEB, OBWOHL ICH NACH DEN EINKÄUFEN SOFORT WIEDER AUFS SCHIFF ZURÜCKGEMUSST HÄTTE.

Meinen besonderen Spaß habe ich beim Probieren, auf Märkten gibt es Köstlichkeiten ohne Ende. Seien es Tapenaden, Brote aller Art, Salate, Oliven, mediterrane Öle, Würste, Pasteten, Terrinen oder die unglaublichsten Käsesorten, ich greife überall zu. Weil ich selbst ständig anspruchsvolle Küche produzieren muss, kann ich mein eigenes Essen schon gar nicht mehr sehen, es ist mir über. Nein, ich übertreibe oder kokettiere nicht, es ist tatsächlich so. Ich sehe dann gern jemandem zu, wie er eine hauchdünne Scheibe Serranoschinken abschneidet, und lasse mir ein Stück zum Kosten geben. Mag sein, dass ich mich in eine romantische Träumerei verliebt habe. Trotzdem ist das ein Stück Realität, die, wenn auch in einer Nische weit weg von meiner eigentlichen Welt, tatsächlich existiert. Hier zu sein ist für mich mit einem Gefühl des Nachhausekommens verbunden.

Ich kann zwar nicht sagen, dass sich zwischen mir und Marktleuten Freundschaften entwickelt haben, dazu reichte es leider doch nicht. Aber ein paar von ihnen und ich haben uns über die Jahre so gut kennengelernt, dass wir uns auch noch nach längerer Zeit sofort wiedererkennen und uns freuen. Eine Bekanntschaft ist mir besonders in Erinnerung geblieben. In Beaulieu-sur-Mer, einer Gemeinde in der Region Provence-Alpes-Côte d'Azur, gibt es den typisch französischen „Le Marché Provençal". An einem Delikatessenstand arbeitete eine junge Frau namens Virginie, ein Traum von einer Frau. Für mich war sie Mademoiselle Virginie. Sie war nicht nur optisch und wesensmäßig eine überaus reizvolle Erscheinung, sie kannte sich auch bestens mit den Köstlichkeiten der Region aus. Keine Frage, dass ich den „Le Marché Provençal" nicht besuchen konnte, ohne auch ihren Stand anzusteuern. „Comment vas-tu, Virginie?" „Bien, merci." Und dann redeten wir ein paar Sätze. Bei ihr konnte ich das Dienstliche mit meinem privaten Bedürfnis nach menschlicher Wärme ideal verbinden. Über die Jahre lernten wir uns immer besser kennen.

Einmal durfte ich sie sogar zum Essen ausführen – wie man es in der Generation meiner Eltern gewählt ausgedrückt hätte. Aber ich kann die Situation tatsächlich nur mit dieser althergebrachten Formulierung wiedergeben, weil auch Virginie von einer anderen Modernität war als die vielen Frauen, mit denen ich sonst zu tun habe. Trotz aller französischen Unbefangenheit und Leichtigkeit vermittelte sie Bodenständigkeit und ein wenig Traditionalismus. Mir war schnell klar, dass sie nicht der Typ für einen One-Night-Stand war. Oder sollte ich es nicht doch wenigstens bei ihr versuchen? Einen Moment bedauerte ich die Tatsache, dass es bei ihr vielleicht nicht so einfach werden würde. Doch dann begriff ich, dass ich mir selbst etwas kaputtmachen würde, wenn ich mich mit ihr ins Bett legen würde. Wenn ich es täte, würde nicht nur unsere Beziehung, sondern der ganze Markt seine Unschuld verlieren, und ich würde mir mein kleines Stückchen Paradies verderben. Hatte sie ähnliche Gedanken? Ich konnte es nicht ausschließen. Es blieb deshalb bei einem gemeinsamen Essen. Wir würzten es aber mit einem Flirt, der tiefer unter die Haut ging als purer Sex und einen wohltuenden Vorrat moussierender Sehnsucht hinterließ.

AUCH NOCH VIEL SPÄTER WAR ICH FROH, DASS DER ABEND DIESEN UND KEINEN ANDEREN VERLAUF GENOMMEN HATTE.

In der Zeit danach schickte sie mir immer SMS, wenn Beaulieu-sur-Mer wieder der nächste Hafen sein sollte. Sie bot mir – nicht selten exklusiv – die besten und frischesten Produkte an, Trüffel, Hummer, Austern, Gartensalate, Kräuter und manches mehr. Ich profitierte wirklich davon, denn damals wimmelte es an der Küste nur so von Megajachten und alle Chefköche waren auf der Jagd nach dem Feinsten, Erlesensten, Frischesten. Meine Beute war immer die beste.

Merci, cherie Virginie!
XXX

ZUBEREITUNGSZEIT **15 MINUTEN** ZEIT GESAMT **3–4 WOCHEN**

EINGELEGTE ZITRONEN

Eingelegte Zitronen haben einen sehr intensiven Geschmack und ein einzigartiges Aroma. Sie sollten deshalb in Maßen verwendet werden. Man könnte sie auch als Gewürz bezeichnen, mit dem man behutsam umgehen muss, wenn es nicht das ganze Gericht übertünchen soll. Wie so oft spreche ich hier aus Erfahrung. Nicht alle meine kulinarischen Abenteuer verliefen auf Anhieb erfolgreich wie diese Zubereitung. Passt unter anderem gut zu Leblebi (siehe Seite 235).

FÜR MEHRERE ANWENDUNGEN

10 unbehandelte Zitronen
120 g Salz

1. Von sechs **Zitronen** oben und unten einen kleinen Deckel abschneiden. Zur Mitte hin einschneiden, als würde man sie vierteln wollen, aber nicht ganz durchschneiden. Das **Salz** gleichmäßig in den Zitronen verteilen und diese dann kraftvoll in ein am besten sterilisiertes oder mit kochendem Wasser ausgespültes Einmachglas pressen – dabei darf man nicht zu zimperlich sein. **2.** Die restlichen **Zitronen** pressen und den Saft über die Zitronen im Glas gießen. Bis zum oberen Rand des Glases mit warmem, abgekochtem Wasser auffüllen, falls nötig. Deckel aufschrauben. 2 Tage zum Beispiel in der Küche stehen lassen und gelegentlich schütteln und drehen. Dann 3–4 Wochen an einem kühlen und dunklen Ort – am besten im Kühlschrank – deponieren. Gut gekühlt halten sich die Zitronen bis zu 1 Jahr. **3.** Von diesen eingelegten Zitronen wird als würzende Zutat zu anderen Gerichten die Schale verwendet. Vor Gebrauch gut abwaschen und fein hacken oder in groben Stücken zugeben. Die Zubereitung gelingt auch mit anderen Zitrusfrüchten wie Limetten, Orangen und Grapefruits.

ZUBEREITUNGSZEIT **20 MINUTEN** ZEIT GESAMT **30 MINUTEN**

SÜSSER DATTELKETCHUP

Eine hervorragende Alternative zu handelsüblichem Ketchup. Und wegen der Datteln auch sehr viel gesünder, da der übliche Supermarkt-Tomatenketchup gewaltige Mengen an Zucker enthält. Mit etwas Madras-Currypulver verfeinert, macht er auch eine großartige Currywurstsauce.

FÜR CA. 750 ML

1 mittelgroße Zwiebel, in sehr feine Würfel geschnitten
3 Knoblauchzehen, in sehr feine Würfel geschnitten
2 TL grob gehackte Ingwerwurzel
2 EL Olivenöl
2 EL Tomatenmark
4 große und reife Tomaten, gehäutet und grob gehackt
12 frische Datteln, entkernt und die Haut abgezogen (notfalls getrocknete Früchte nehmen)
Salz
frisch gemahlener schwarzer Pfeffer
250 ml Apfelessig oder ein anderer klarer Essig
1 TL Kurkuma
1 TL gemahlener Kreuzkümmel

1. Zwiebeln, Knoblauch und **Ingwer** etwa 5 Minuten in **Olivenöl** anschwitzen. **Tomatenmark** einrühren und weitere 2 Minuten mitrösten – das intensiviert den Geschmack und die Farbe des Ketchups. **2.** Restliche **Zutaten** mit 250 ml Wasser zugeben und auf mittlerer Hitze etwa 30 Minuten köcheln. Mit dem Handmixer bis zur gewünschten Konsistenz – etwas grober oder sehr fein – pürieren. Eventuell weiter einkochen, bis die Dickflüssigkeit von Tomatenketchup erreicht ist. In einem Glas oder einer Flasche, am besten sterilisiert oder mit kochendem Wasser ausgespült, im Kühlschrank aufbewahren. **3.** Der Ketchup hält sich gekühlt auf jeden Fall ein paar Wochen – wobei ich mir nicht vorstellen kann, dass er so lange überleben wird.

ZUBEREITUNGSZEIT JEWEILS 20 MINUTEN

HARISSA

(ROT, GRÜN, GELB)

Harissa ist eine sehr scharfe Chilipaste, die überwiegend in der nordafrikanischen Küche vorkommt. Harissa kann wie viele andere Chilisaucen zu allem gereicht werden, was noch mehr Spaß macht, wenn es besonders spicy ist. Hier das Original und zwei kreative Varianten von mir.

RED!

20 rote Chilischoten, getrocknet, knapp 30 Minuten in kochendem Wasser eingeweicht
5 Knoblauchzehen, geschält
1 TL Salz
4 EL Olivenöl und etwas zum Aufgießen
2 TL gemahlener Koriander
2 TL gemahlener Kreuzkümmel

GREEN!

10 frische Jalapeño-Chilischoten (ersatzweise aus dem Glas, dann weniger Zitronensaft nehmen)
2 Knoblauchzehen, geschält
1 TL Salz
3 EL Olivenöl und etwas zum Aufgießen
50 g Petersilie
50 g Koriander
100 g Spinat, gewaschen und trocken geschleudert
1 Frühlingszwiebel, geputzt und zerkleinert
Saft von ½ Zitrone
1 TL gemahlener Kreuzkümmel

YELLOW!

10 gelbe Scotch-Bonnet-Chilischoten (ersatzweise gelbe Chilis, sonst rote)
1 gelbe Paprikaschote, geputzt und zerkleinert
2 Knoblauchzehen, geschält
1 TL Salz
3 EL Olivenöl und etwas zum Aufgießen
1 TL gemahlener Koriander
1 TL gemahlener Kreuzkümmel
4 Safranfäden

Die Zubereitung ist bei allen Varianten gleich: Je nach geschmacklicher Vorliebe die besonders scharfen Samen der **Chilischoten** entfernen oder eben belassen. Dann alle **Zutaten** im Küchenmixer so grob oder fein zerkleinern, wie man will. In verschraubbare Gläser füllen und zu Konservierungszwecken auf die Oberfläche einen Spiegel **Olivenöl** gießen, der nach jeder Entnahme wiederhergestellt werden sollte. Hält sich wochenlang im Kühlschrank.

ZUBEREITUNGSZEIT 2 STUNDEN ZEIT GESAMT 2 STUNDEN 20 MINUTEN

BROCHETTES

(FEURIGE KEBABS)

Besser bekannt und verbreiteter als Kebabspieße sind im nordafrikanischen Raum Brochettes. Es gibt praktisch keinen Unterschied: Man kann sie mit Lamm, Hühnchen, Rind oder auch Schwein zubereiten – wobei Schwein in der muslimischen Welt natürlich nicht verwendet wird.

FÜR 4 PORTIONEN

800 g Rind- und/oder Lammfleisch, in Würfel von 2 cm Kantenlänge geschnitten
1 Zwiebel, in sehr feine Würfel geschnitten
4 Knoblauchzehen, fein gehackt, oder 2 TL gerösteter Knoblauch (siehe Seite 39)
100 g Petersilie, fein gehackt
100 g frischer Koriander, fein gehackt
Saft von 1 Zitrone
1 TL edelsüßes Paprikapulver
4 Safranfäden
40 ml Olivenöl
½ TL Salz
1 TL frisch gemahlener schwarzer Pfeffer
40 g eingelegte Zitronen (siehe Seite 231)

Fleisch mit allen anderen **Zutaten** in einer Schüssel mit beiden Händen vermengen. 2 Stunden im Kühlschrank marinieren lassen. Kurz vor dem Anbraten auf Spieße schieben. Holzspieße vor dem Grillen in Wasser einlegen, damit sie nicht verbrennen. 5–8 Minuten von beiden Seiten grillen oder in der Pfanne braten. Kurz ruhen lassen und dann mit Harissa (siehe oben) oder Piri-Piri-Sauce (siehe Seite 65) reichen.

ZUBEREITUNGSZEIT **20 MINUTEN** ZEIT GESAMT **1 STUNDE**

LEBLEBI

(KICHERERBSENSUPPE)

Unspektakulär in der Zubereitung, dafür aber raffiniert beim Anrichten. Ein bodenständiger und landestypischer Genuss, den man als Hauptgericht, aber auch als appetitmachende Vorsuppe anbieten kann.

FÜR 4 PORTIONEN

1 Zwiebel, in sehr feine Würfel geschnitten
2 TL Olivenöl
2 Knoblauchzehen, gehackt
1 mittelgroße Möhre, gerieben
1 Lorbeerblatt
2 TL Kreuzkümmelsamen, ohne Fett in der Pfanne geröstet
1,2 l Kichererbsenbrühe (vom Kochen oder aus der Dose)
200 g Kichererbsen (frisch gekocht oder aus der Dose)
1 Prise Salz
2 TL Zitronensaft
4 Portionen geröstetes Brot

1. Die **Zwiebeln** in **Olivenöl** glasig anschwitzen, dann **Knoblauch** und **Möhre** zufügen. Weitere 5 Minuten dünsten. **Lorbeerblatt** und **Kreuzkümmel** hinzugeben. Mit **Kichererbsenbrühe** aufgießen und zum Kochen bringen. Jetzt die **Kichererbsen** zufügen und 10 Minuten auf mittlerer Hitze köcheln lassen. Es soll so viel Flüssigkeit vorhanden sein, dass alles bedeckt ist. Wenn nötig, noch etwas von der **Brühe** zugeben. Von der Hitze nehmen und mit **Salz** und **Zitronensaft** vollenden. **2.** Anrichten: Das **geröstete Brot** in die Suppenteller legen, darauf die Suppe geben. Das Brot saugt sich mit der Brühe voll und verleiht der Leblebi eine reizvolle Konsistenz.

Tipp: Mit eingelegten Zitronen (siehe Seite 231) und Harissa (siehe Seite 232) garnieren und genießen.

ZUBEREITUNGSZEIT **30 MINUTEN** ZEIT GESAMT **45 MINUTEN**

SHAKSHUKA

(GEBACKENE EIER IN TOMATEN-PAPRIKA-SUD)

Die genaue Herkunft der Shakshuka lässt sich wahrscheinlich nicht mehr ermitteln. Das Gericht ist jedenfalls so gut, dass gleich mehrere Länder es als das ihre vereinnahmen wollen. Schmeckt hervorragend als herzhaftes Frühstück, eigentlich aber zu jeder Tageszeit. Hier meine Version.

FÜR 4 PORTIONEN

2 EL Olivenöl
1 Zwiebel, in sehr feine Streifen geschnitten
4 große geröstete Paprikaschoten (siehe Seite 66)
1 TL brauner Zucker
1 EL Harissa (siehe Seite 232)
1 EL Tomatenmark
4 Knoblauchzehen, in sehr feine Streifen geschnitten
800 g gehackte oder pürierte Tomaten (aus der Dose)
1 EL Salz
frisch gemahlener schwarzer Pfeffer
100 g Petersilie, fein gehackt
4 große Eier
evtl. Fetakäse, zerbröselt

1. In einer ofenfesten Pfanne das **Olivenöl** erhitzen. **Zwiebeln** und **Paprika** mit dem **Zucker** darin andünsten. **Harissa, Tomatenmark** und **Knoblauch** einrühren und alles etwa 1 Minute weiterköcheln lassen. **Dosentomaten** dazugeben und 10–15 Minuten einkochen. Die Konsistenz sollte der von Tomatenketchup ähnlich sein. Wenn nötig, etwas Wasser hinzugeben, die Mischung sollte nicht zu trocken werden. Mit **Salz** und **Pfeffer** würzen. Die Hälfte der **Petersilie** untermengen. **2.** Vier Vertiefungen in die Sauce formen und die **Eier** wie Spiegeleier hineinsetzen. 7–10 Minuten im vorgeheizten Ofen bei 200 °C Umluft backen. Mit noch etwas **Pfeffer,** der restlichen **Petersilie** und eventuell **Feta** bestreuen. Schmeckt super mit gegrilltem Fladenbrot (siehe Seite 177).

ZUBEREITUNGSZEIT **20 MINUTEN** ZEIT GESAMT **30 MINUTEN**

GEGRILLTER STEINFRÜCHTESALAT

Eine abwechslungsreiche Alternative zu gewöhnlichem Obstsalat gerade zur Sommerzeit, wenn der Grill ohnehin fast jeden Abend glüht. Durch das Erhitzen des fruchteigenen Zuckers entsteht das unverwechselbare Aroma. Wie hier beschrieben als Dessert servieren oder zu Geflügel und Fisch reichen.

FÜR 4 PORTIONEN

4 Aprikosen
2 Nektarinen
2 Pfirsiche
4 Mirabellen
4 Feigen
2 EL Olivenöl
Mark von 1 Vanilleschote
400 g Naturjoghurt (siehe Seite 136)
ca. 2 EL Honig

1. **Aprikosen, Nektarinen, Pfirsiche** und **Mirabellen** halbieren und entsteinen. Die **Feigen** ebenfalls halbieren. Je nach Größe die Nektarinen und Pfirsiche vierteln. Alle Früchte in **Olivenöl** schwenken. Nun die einzelnen Stücke auf einen gut geheizten, aber nicht zu heißen Grill legen und 2–6 Minuten garen. **2.** In der Zwischenzeit das **Vanillemark** mit **Joghurt** und **Honig** verrühren. Yummy! Zum Grillen sollte man nicht zu reife Früchte nehmen, sie werden nicht (so schnell) matschig.

ZUBEREITUNGSZEIT **30 MINUTEN** ZEIT GESAMT **2–3 STUNDEN**

LEMON 'N' THYME POTS

(ZITRONEN-THYMIAN-TÖPFCHEN)

Eine Geschmacksexplosion sondergleichen. In diesem Rezept verwende ich landestypische Zutaten und verbinde sie mit meinen Erfahrungen und Techniken, die ich über die Jahre auf meinen Reisen gesammelt habe. Es ist deshalb wohl unwahrscheinlich, dass diese kleinen Desserts auf der Karte eines tunesischen Restaurants zu finden sind. Also selbst ausprobieren! Die Kalorien zählen wir später, wenn überhaupt.

FÜR 4 PORTIONEN

500 ml Sahne
125 g Zucker
½ Bund Thymian
80 ml Zitronensaft (von etwa 1 ½ Zitronen)
4 Pistazienmacarons (siehe Seite 28)

1. **Sahne, Zucker** und **Thymian** auf kleiner Hitze 20 Minuten köcheln lassen. **Zitronensaft** hinzugeben und 5 Minuten sanft einkochen. Nicht zu stark kochen, da sonst die Sahne gerinnt. Topf von der Herdplatte ziehen und 5 Minuten ruhen lassen. **2.** Die Mischung durch ein Sieb geben und in gut vorgekühlte Timbal- oder Kokottenformen füllen. Ersatzweise kleine Tassen nehmen. Nicht abdecken und 2–3 Stunden in den Kühlschrank stellen. Wenn die Creme völlig erstarrt ist, aus den Formen auf Teller stürzen. Mit **Pistazienmacarons** servieren. Viel Spaß damit!

SYRIEN
TARTUS
TRIPOLIS
BEIRUT
LIBANON
HAIFA
ISRAEL
TEL AVIV
GAZA
GAZASTREIFEN

ISRAEL GAZASTREIFEN SYRIEN LIBANON

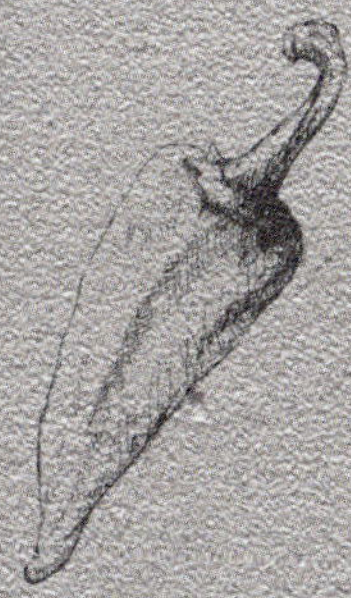

ZUBEREITUNGSZEIT **25 MINUTEN** ZEIT GESAMT **3 STUNDEN 30 MINUTEN**

CHALLAH

(SABBATBROT, HEFEZOPF)

Jeden Freitag war für einen Zeitraum von sechs Monaten das Challah eines dieser Dinge, die man immer wieder irgendwie vergisst, obwohl sie wie in diesem Fall aus religiösen Gründen wichtig sind. Mehr als einmal bin ich ins Schwitzen gekommen, weil ich den Teig zu spät angesetzt habe. Und für eine Familie, die ihr Challah allerbestens kennt, braucht man sich erst gar keine Tricks einfallen zu lassen. So wird selbst ein schlichter Hefezopf unbequem, wenn man ihm nicht die Zeit gibt, die er braucht.

FÜR 4 PORTIONEN

2 Tütchen Trockenhefe
Zucker
80 ml Pflanzenöl
plus etwas zum Einfetten
2 EL Honig
2 Eier
400 g Mehl
plus etwas für die Arbeitsfläche
1 TL Salz
1 Eigelb, mit 1 EL Wasser vermischt

1. 120 ml warmes Wasser, **Hefe** und 1 TL **Zucker** in einer Schüssel vermischen. Den Starter 10 Minuten ruhen lassen. **2. Pflanzenöl,** 60 ml warmes Wasser, **Honig** und **Eier** mit dem Schneebesen in einer Schüssel verrühren. **3.** In der Küchenmaschine **Mehl, Salz** und 2 EL **Zucker** auf kleiner Geschwindigkeitsstufe vermischen. **4.** Den Starter zur Mehlmischung geben, dann das Öl-Wasser-Honig-Eier-Gemisch zufügen und alles 10 Minuten auf kleiner Stufe kneten. Es sollte ein nicht zu feuchter, aber zusammenhängender Teig entstehen. Teig auf einer leicht **bemehlten** Arbeitsfläche rund formen. In eine **geölte** Schüssel geben. Mit Klarsichtfolie abdecken und etwa 2 Stunden an einem warmen Ort gehen lassen. Der Teig sollte dann das Volumen verdoppelt haben. **5.** Den Teig in sechs gleich große Stücke aufteilen. Die Teiglinge etwas kneten und in 30 cm lange und gleichmäßige Würste rollen. Aus den Teigsträngen einen Zopf flechten. Oder man stellt zwei Zöpfe aus je drei Strängen her. **6.** Den geflochtenen Zopf auf ein mit Backpapier oder einer Silikonmatte ausgelegtes Blech setzen und abgedeckt 30 Minuten gehen lassen. Behutsam mit **Eigelb** einpinseln, dabei auch alle kleinen Falten berücksichtigen. Im vorgeheizten Ofen bei 185 °C Umluft 25–30 Minuten backen.

ZUBEREITUNGSZEIT **20 MINUTEN** ZEIT GESAMT **1 STUNDE**

TOPINAMBUR-SUPPE UND TOPINAMBUR-CHIPS

Alles andere als nur ein cooles Gemüse, weil es sich geschmacklich sehr nuanciert zubereiten lässt. Es hat für mich einen ganz besonderen Charakter.

FÜR 4 PORTIONEN

CHIPS

100 ml Pflanzenöl
2 kleine Topinambur, gut gewaschen und in sehr dünne Scheiben geschnitten
Za'atar zum Bestreuen (nordafrikanische Gewürzmischung; in Gewürzläden und im Internet; siehe auch Seite 206)

SUPPE

2 EL Butter
2 Schalotten, in sehr feine Würfel geschnitten
1 Knoblauchzehe, in sehr feine Würfel geschnitten
600 g Topinambur, gut gewaschen und in Würfel geschnitten
1 l Hühner-, Gemüse- oder Fischbrühe
Salz
frisch gemahlener schwarzer Pfeffer

1. Für die Chips das **Öl** erhitzen. Die **Topinamburscheiben** darin in zwei Durchgängen goldbraun frittieren und dann auf etwas Küchenpapier abtropfen lassen. In einer Schüssel mit **Za'atar** würzen, nicht extra salzen. **2.** Für die Suppe in einem Topf **Butter** zerlassen und auf gemäßigter Hitze die **Schalotten** und den **Knoblauch** darin anschwitzen. **Topinambur** dazugeben und 5 Minuten mit anschwitzen. **Brühe** angießen und alles 20 Minuten bei gemäßigter Hitze kochen. Die Suppe mit einem Zauberstab pürieren und durch ein Haarsieb streichen. Mit **Salz** und **Pfeffer** würzen. Auf Teller verteilen und mit den Chips garnieren.

ZUBEREITUNGSZEIT **20 MINUTEN** ZEIT GESAMT **40 MINUTEN**

LINSEN-PISTAZIEN-DIP

Es gibt Linsensuppe, Linsensalat, Linsenburger, Linsenpasta, Linsenauflauf, Linsensprossen und jetzt auch einen Linsendip – diesen. Die Hülsenfrüchte sind vor allem für unsere vegetarisch und vegan lebenden Freunde eine gute Sache.

FÜR 4 PORTIONEN

1 Zwiebel, in sehr feine Würfel geschnitten
Olivenöl
1 EL gerösteter Knoblauch (siehe Seite 39)
1 EL Tomatenmark
400 g gelbe Linsen,
über Nacht in Wasser eingeweicht
2 Thymianzweige
300 ml Gemüsebrühe
Salz
frisch gemahlener schwarzer Pfeffer
10 Minzeblätter, fein gehackt

1. Zwiebeln in 2 EL **Olivenöl** etwa 2 Minuten anschwitzen. **Knoblauch** und **Tomatenmark** einrühren und 1 Minute mitgaren. **Linsen, Thymian** und **Brühe** zufügen und etwa 20 Minuten köcheln lassen, bis der Fond aufgesogen ist und die Linsen schön breiig sind. **2.** Thymianzweige entfernen und die Linsen mit einem Kartoffelstampfer zerdrücken. Alternativ in der Küchenmaschine pürieren. Mit **Salz** und **Pfeffer** würzen. **Minze** untermengen und den Dip in eine Servierschüssel füllen. Mit etwas **Olivenöl** beträufeln und mit Gemüsesticks oder ofenwarmem Brot genießen.

ZUBEREITUNGSZEIT **20 MINUTEN** ZEIT GESAMT **30 MINUTEN**

AUBERGINEN-SUMAK-SCHNITZEL

Ich liebe Fleisch- und Fischgerichte, habe aber auch eine vegetarische Prägung. In Australien lebte ich mit einer Frau aus England zusammen, die Vegetarierin war und sich hauptsächlich von Käse und Schokolade ernährte. Aber natürlich habe ich für sie und uns auch vollständige Mahlzeiten gekocht und erweiterte so meinen Horizont jenseits von Steaks und Fischfilets. Das Auberginen-Sumak-Schnitzel als Beispiel dafür.

FÜR 4 PORTIONEN

1 große Aubergine, in ca. 1 cm dicke Scheiben geschnitten
Salz
100 g Mehl
2 Eier
2 EL Milch
200 g Paniermehl
2 EL frisch gemahlener Sumak (z. B. in türkischen Geschäften)
2 EL geriebener Parmesan
6 Minzblätter, gehackt
2 Petersilienstängel, gehackt
Zesten von ½ unbehandelten Zitrone
frisch gemahlener
schwarzer Pfeffer
Pflanzenöl zum Braten
8 Zitronenecken

1. **Auberginenscheiben** beidseitig mit **Salz** bestreuen und 10–15 Minuten auf etwas Küchenpapier legen. In der Zwischenzeit **Mehl, Eier** und **Milch** vermischen. Dann **Paniermehl, Sumak, Parmesan, Minze, Petersilie, Zitronenzesten, Salz** und **Pfeffer** einrühren. **2.** Das **Öl** erhitzen. Auberginen in der Mischung wenden und von beiden Seiten etwa 4 Minuten goldbraun braten. Auf Küchenpapier abtropfen lassen und mit den **Zitronen** servieren.

ZUBEREITUNGSZEIT **20 MINUTEN** ZEIT GESAMT **30 MINUTEN**

KNACKIGES GEMÜSEBEET

Aus einer Notsituation entstanden. Schnell, schön bunt, gesund und macht was her. Simple is sometimes best.

FÜR 4 PORTIONEN

1 Salatgurke
1 Möhre, geschält
1 Zucchini, geputzt
1 rote Paprikaschote, geputzt
1 gelbe Paprikaschote, geputzt
1 Topinambur, geschält
60 g Sprossen (Sorte nach Belieben)
10 Minzblätter, zerrissen
3 EL Granatapfelkerne (Herauslösen siehe Seite 143)
4 EL Orangenreduktion (siehe Seite 143)
3 EL Olivenöl
Saft von 1 Limette
Salz
frisch gemahlener
schwarzer Pfeffer

Mit einem Sparschäler alle **Gemüsesorten** und die **Topinamburknolle** der Länge nach in dünne Streifen schneiden. In eine Schüssel füllen. **Sprossen, Minze** und **Granatapfelkerne** dazugeben. **Orangenreduktion, Olivenöl, Limettensaft, Salz** und **Pfeffer** hinzufügen und alles behutsam miteinander vermischen.

WACHKOMA

Nach 20 Stunden noch frisches Sushi?

Manchmal denke ich, ich habe den interessantesten Job der Welt, den ein Koch haben kann. Ich schippere auf den größten existierenden Luxusjachten quer über die Weltmeere, ich sehe Palmen, Eisberge, Regenwälder, Goldstrände und faszinierende Klippen vorbeirauschen, ich erlebe körpernah (gelegentlich sehr körpernah) die schönsten und attraktivsten Frauen der Welt, lerne wichtige Männer aus Kultur und Wirtschaft von ihrer persönlichen Seite kennen und ich kann, ja, soll sogar alle Register ziehen, die ich als Koch draufhabe, und werde wertgeschätzt. Ich gerate in abenteuerliche Situationen, muss Gefahren überstehen und fühle mich anschließend wie der siegreiche Held, unverletzlich und unsterblich. Zudem verdiene ich für meine Verhältnisse kleine Vermögen, die mir eine wie auch immer gestaltete Zukunft ermöglichen sollen. Sorgen, taucht ab! Ich platze vor Stolz. Was bin ich doch für ein toller Kerl! Müsste man so einen Typen, diesen strahlenden Glückspilz nicht grenzenlos beneiden? Denke ich manchmal. Doch, Halt, ich bemerke gerade, dieses kolossale und bestechende Gemälde hängt leicht schief. Ganz minimal nur und es reicht schon ein winziger Fingerstubbs, um das Bild geradezurücken.

JEDEN MORGEN, DEN DIE SONNE WERDEN LÄSST UND DEN ICH IN MEINEM BETT AN BORD WACH WERDE, HABE NUR DIESEN EINEN GEDANKEN IM KOPF: „STEPHAN, DU STECKST IN DER SCHEISSE."

Doch, ich denke das wirklich so konkret, in genau dieser Formulierung und tatsächlich jeden Morgen: Du steckst in der Scheiße! Und wie! Es handelt sich um ein tief sitzendes und schmerzhaft bohrendes Grundgefühl, das permanent vorhanden ist. Es hat nichts damit zu tun, ob du bei deiner Arbeit einen Bock geschossen hast oder ob, umgekehrt, alles vielleicht sogar so gut gelaufen ist, dass du ein Lob einstreichen konntest. Auch die Tatsache, ob für dich an dem soeben anbrechenden Tag besonders viel Arbeit ansteht oder eher weniger, fällt kaum ins Gewicht. Im Übrigen lehrt die Erfahrung, dass sich von einer Minute zur nächsten ohnehin alles vollständig ändern kann. Es spielt ebenso keine Rolle, wie lange du geschlafen hast und wie ausgeruht du bist. Dieses Gefühl, in der Scheiße zu stecken, hat damit zu tun, dass in deiner Vorstellung der anstehende Arbeitstag wie eine gigantische Wellenwand auf dich zurollt und dich unter sich zu begraben droht. Was du spürst, ist elender Druck. Und damit verbunden ist die tief sitzende Angst, daran zu zerbrechen. Und keine Chance am Horizont, dem Ganzen wie auch immer entrinnen zu können. Zu allem Unglück weißt du genau, die Situation wird sich auf absehbare Zeit weder grundsätzlich noch im Kleinen ändern, denn der Arbeitsvertrag lässt dir für die nächsten Monate nicht einen einzigen freien Tag. Dieser Druck ist Teil deines augenblicklichen Lebens wie Hunger, Durst und Müdigkeit und will dich wie ein Anker mit Kette um deinen Hals nach unten ziehen. Was kann man dagegen tun? Kann man überhaupt etwas dagegen tun? Und keiner da, mit dem du darüber reden kannst. Ab und zu hatte ich wohl Zwiegespräche mit Johnny Walker, er kann wunderbar zuhören, oder mit Jim Beam, ein feiner Kerl, der nie ein böses Wort zu dir sagt.

Die Kollegen in der Küche, denen es nicht anders ergeht als mir, gehen unterschiedlich mit ihrer Situation um. Die einen haben nicht genug Disziplin beziehungsweise die Kraft, den eigenen Schweinehund zu überwinden, und erlauben sich Nachlässigkeiten, die hopphopp zum Scheitern führen können, wie ich mehrfach beobachtet habe. Andere versuchen, ihrer negativen Stimmung etwas entgegenzusetzen, indem sie sich in jeder freien Minute im Gym wieder auf Vordermann bringen. Ich glaube kaum, dass das der richtige Weg ist, weil man damit bestenfalls seinem Körper eine Wohltat erweist – wenn überhaupt. Denn du funktionierst immer erst vom Kopf her. Ich habe erlebt, dass manche so maßlos ihre Gewichte gestemmt haben, dass sie sich vor Erschöpfung anschließend kaum noch auf den Beinen halten konnten, sie waren ja ohnehin schon geschwächt. Auch Drogen

DIESER DRUCK
IST TEIL DEINES
AUGENBLICKLICHEN
LEBENS WIE
HUNGER, DURST
UND MÜDIGKEIT
UND WILL DICH
WIE EIN ANKER MIT
KETTE UM DEINEN
HALS NACH
UNTEN ZIEHEN.

„SUSHI FÜR 20 LEUTE IN EINER HALBEN STUNDE. GEHT DAS?“

05:15

sind schon manches Mal im Spiel gewesen, aber wer sich darauf einließ, baute am Ende noch schneller ab und war dann nur noch ein unbrauchbares Wrack.

Auch ich habe nie eine richtig wirkungsvolle Strategie gegen diesen Druck und die permanente Übermüdung entwickeln können. Ganz am Anfang habe ich Red Bull und Co. vertraut – Schwächlinge und Angeber, wie sich sehr bald zeigte! Dann, wie gesagt, kleine Freundschaften mit Johnny und Jim. Aber die haben letztlich mehr an mir gezehrt, als sie mich aufbauen konnten. Irgendwann habe ich aber begriffen, dass ich, wenn ich meine Lage schon nicht ändern konnte, sie in meinem Kopf durch falsches Denken nicht noch verschlimmern durfte. Es kommt allein auf die richtige Einstellung zu dir selbst und deiner Lage an. Alles Unveränderbare möglichst gelassen hinnehmen, lautete bald meine Formel. Und so gut es geht, das Beste aus der jeweiligen Situation machen. Funktioniert natürlich nicht immer 100-prozentig, da darf man sich nichts vormachen. Aber besser, man hat sich auf diese Weise einigermaßen im Griff, als dass man zum Spielball seines vergeblichen Auflehnens, seiner Unzufriedenheit und womöglich von Selbstmitleid wird. Wer zu den eigenen Feinden überläuft, hat schon verloren.

Einmal hatte ich 20 Stunden ohne Pause durchgearbeitet. Ich war absolut fertig, was allerdings nichts Unbekanntes war. Ich schloss die Schränke und Kühlgeräte ab und legte mich ins Bett. 30 Sekunden kreiste die Welt durch meinen Kopf wie eine außer Kontrolle geratene Schiffsschraube, dann fiel ich ins Schlafkoma. Es kann nicht lange gedauert haben, bis mich das Funkgerät brutal ins Hier und Jetzt zurückriss. „Sushi für 20 Leute in einer halbe Stunde. Geht das?"

DA KANNST DU NICHT SAGEN: „ICH MUSS JETZT SCHLAFEN." ODER: „ICH HABE KEINE LUST." ODER: „ICH KANN NICHT MEHR." DU MUSST!

Denke gar nicht erst nach, sage sofort ganz laut „Ja!", damit deine Antwort sich dir selbst augenblicklich einprägt, eine ernst gemeinte Frage war das sowieso nicht. Während mein Arsch noch auf dem Bett saß, rollte mein Hirn in der Küche schon die ersten Nigiris, Makis und Oshis. Nach einer Minute hatte ich es eingeholt und der Rest von mir rollte mechanisch mit. Natürlich musste ich nicht noch anfangen, Reis zu kochen, auf solche Eventualitäten bin ich als Küchenchef vorbereitet. Ich beobachtete, wie sich wie von Geisterhand gelenkt ein Sushi nach dem anderen auf der Servierplatte versammelte. Ich sah meine Arme und Hände wie von einer emsigen Kurbelwelle angetrieben immer dieselben Bewegungen machen.

ICH FUNKTIONIERTE! ODER WAR ICH EIN ZOMBIE, DER DÄMONISCHEN IMPULSEN GEHORCHTE UND WIE UNTER ZWANG SEINEN AUFTRAG ERFÜLLTE?

Ich hatte diese Handgriffe schon hunderttausendmal gemacht und es war fast so, als würden nicht meine Hände die Sushi formen, sondern die Sushi meine Hände zu ihren Bewegungen anleiten.

Die Chefstewardess kam, um die Platten zu holen. Eigentlich mochte ich sie nicht und sie mich auch nicht, aber wir hielten Frieden miteinander. Mit manchen Leuten kann man das, ohne ein Wort darüber zu verlieren. Ich sah ihr an, dass sie unter ihrem Make-up nicht weniger verknittert sein musste als ich und vielleicht auch schon auf dem Weg ins Bett gewesen war. „Die da oben sind gerade von Land gekommen und alle angetrunken", sagte sie. In dieser Situation klang es so, als sei ein unerbittliches Schicksal am Werk, das sich ausgerechnet die beiden unschuldigsten Opfer der Welt ausgesucht hätte. Unverkennbar eine Solidaritätsbotschaft. Eigenartig, das baute mich einen Moment auf. Auch wenn ich nicht viel Wert darauf legte, so schwang unausgesprochen auf einmal ein gegenseitiges Mitgefühl mit. „Von so ein paar Sushi lasse ich mich doch nicht aus der Bahn werfen", antwortete ich. „Na", sagte sie, „dann freue ich mich, dass du immer noch der alte bist." Meine beste Nichtfreundin in diesem Moment. Ich wette, auch sie wird jeden Morgen mit diesem Scheißgefühl im Bauch wach – ganz genau wie ich.

ZUBEREITUNGSZEIT **20 MINUTEN** ZEIT GESAMT **30 MINUTEN**

ZIBDIYIT GAMBARI

(GARNELEN IM TONTOPF)

Ich war zwar noch nie persönlich im Gazastreifen, habe aber großartige Menschen aus der Region kennengelernt. Deshalb weiß ich, dass die Bewohner dort keine wirklich große Auswahl an Produkten haben und sich viel einfallen lassen müssen, um mit dem wenigen Verfügbaren eine abwechslungsreiche Küche zu zaubern. Sie haben meinen vollen Respekt.

FÜR 4 PORTIONEN

20 ml Pflanzenöl
1 kg Garnelen, geschält und entdarmt
20 ml Olivenöl
4 Schalotten, in sehr feine Würfel geschnitten
4 Knoblauchzehen, in sehr feine Würfel geschnitten
2 EL Tomatenmark
1 grüne Chilischote, fein gehackt
5 Tomaten, gehäutet und grob gehackt
½ TL frisch gemahlener Koriander
½ TL gemahlener Kreuzkümmel
½ TL gemahlener Kardamom
½ TL gemahlener Piment
½ TL frisch gemahlener schwarzer Pfeffer
1 TL Salz
100 g Pinienkerne, in der Pfanne ohne Fett goldbraun geröstet
2 EL Sesamsamen, in der Pfanne ohne Fett goldbraun geröstet
¼ Bund Petersilie, gehackt
¼ Bund Koriander, gehackt
¼ Bund Dill, gehackt

1. In einer Pfanne das **Pflanzenöl** stark erhitzen. **Garnelen** darin etwa 30 Sekunden von beiden Seiten scharf anbraten. Herausnehmen und zur Seite stellen. **2.** Die Pfanne mit Küchenpapier säubern und dann auf mittlerer Hitze erneut erwärmen. In **Olivenöl** die **Schalotten** und **Knoblauch** andünsten. **Tomatenmark** und **Chili** einrühren und 2 Minuten mitgaren. **3.** Dann **Tomaten, Koriander, Kreuzkümmel, Kardamom, Piment, Pfeffer** sowie **Salz** zufügen und alles etwa 10 Minuten köcheln lassen. **Pinienkerne, Sesam, Petersilie, Koriander** und **Dill** dazugeben und alles vermischen. Die Garnelen zufügen. **4.** Alles in einen feuerfesten Tontopf oder eine andere Form füllen. Im vorgeheizten Ofen bei 180 °C Umluft 12 Minuten backen. Mit Brot ein Traum.

ZUBEREITUNGSZEIT **20 MINUTEN** ZEIT GESAMT **1 STUNDE 30 MINUTEN**

KHABEESA

(JOHANNISBROT-PUDDING)

Pudding mal anders und mit orientalischem Flair. Die Säure der Johannisbrot-Melasse steht dem Vanillepudding etwas dominanter gegenüber und vermählt beides aufs Beste. Erinnert mich ein bisschen an die süßen Wohltaten meiner Großmutter – und die waren damals Disco für die Zunge.

FÜR 4 PORTIONEN

MILCHPUDDING

300 ml Milch
Mark von 1 Vanilleschote
1 EL Zucker
1 EL Mondamin

JOHANNISBROT-PUDDING

4 EL Johannisbrot-Melasse
bzw. Johannisbrot-Sirup
(im Reformhaus und Internet)
1 EL Mondamin

1. Für den Milchpudding **Milch, Vanillemark, Zucker** und **Mondamin** unter ständigem Rühren auf kleiner Hitze 5 Minuten durchkochen. Falls die Masse zu stark spritzt, die Hitze verringern. In Gläser füllen und in den Kühlschrank stellen. **2.** Für den Johannisbrot-Pudding 250 ml Wasser, **Johannisbrot-Melasse** und **Mondamin** 5 Minuten langsam aufkochen. Falls die Masse zu stark spritzt, die Hitze verringern. **3.** Gläser aus dem Kühlschrank nehmen und die Johannisbrot-Mischung darauf verteilen. 1 Stunde in den Kühlschrank stellen.

ZUBEREITUNGSZEIT **15 MINUTEN** ZEIT GESAMT **40 MINUTEN**

SHORABIT

(LINSENSUPPE)

Linsen, Linsen, Linsen. Ja, ich liebe Linsen!
Sie vertragen sich besonders gut mit Kreuzkümmel,
der in dieser Region aber auch sonst nie fehlen darf.

FÜR 4 PORTIONEN

Olivenöl
4 Frühlingszwiebeln (nur weiße Teile), grob gehackt
2 Knoblauchzehen, grob gehackt
2 Selleriestangen, grob geschnitten
1 Möhre, geschält und grob geschnitten
250 g rote Linsen, über Nacht eingeweicht
1 l Gemüse- oder Hühnerbrühe
1 TL Salz
1 TL gemahlener Kreuzkümmel
gegrilltes Fladenbrot (siehe Seite 177)
2 EL gehackte Petersilie
1 Prise edelsüßes Paprikapulver

1. 2 EL **Olivenöl** erhitzen. **Frühlingszwiebeln** und **Knoblauch** darin 2 Minuten anschwitzen. **Sellerie, Möhre** und **Linsen** dazugeben und 2 Minuten mitgaren. **Brühe, Salz** und **Kreuzkümmel** zufügen und alles 30 Minuten köcheln lassen. **2.** Die Suppe pürieren und durch ein Haarsieb passieren. **Fladenbrot** in Stücke reißen und in die Suppe geben. Etwas **Olivenöl, Petersilie** und **Paprikapulver** aufträufeln beziehungsweise aufstreuen.

FLUCH DER GUTEN ARBEIT

Einmal habe ich als Folge meines Engagements einen guten Job verloren. Ich meine, eigentlich müsste doch klar sein, dass sich jeder richtig ins Zeug wirft, wenn er eine neue Stelle angetreten hat, oder? Wird nicht von einem neuen Mitarbeiter erwartet, dass er sich so verhält? Für mich und viele andere ist das eine Selbstverständlichkeit, aber für einige offenbar gar nicht. Man sagt, neue Besen kehren gut, was so viel heißt wie, dass neue Leute am Anfang Vollgas geben, dann aber bald nachlassen und kaum mehr als Mittelmaß zeigen. Wenn aber einer den Job seines Lebens gefunden hat, den er aus Überzeugung genauso wie aus Leidenschaft perfekt machen will, dann wird er ein hohes Niveau anstreben, und zwar dauerhaft. Es ist einfach sein persönlicher Standard. Ich denke, das trifft auch auf mich zu. Ich will meine Arbeit gut machen und wäre mit mir selbst nicht zufrieden, wenn ich nicht an die Grenzen meiner Möglichkeiten ginge. Dennoch musste ich die unangenehme Erfahrung machen, dass das Engagement eines Einzelnen – meins in diesem Fall – auch auf heftigen Widerstand treffen kann.

Auf den meisten Jachten gibt es eine Norm, die meiner Auffassung entgegenkommt: Das Schiff muss insgesamt wie ein Hotel der Luxusklasse funktionieren. Ausnahmslos alle Abteilungen müssen Spitzenleistungen abliefern und sobald eine nicht mitzieht, fällt sie auf. Schon beim Vorgespräch für einen neuen Job, das ich mit dem Captain führte, deutete sich eine Unstimmigkeit an. Ich spürte, dass er jemand war, der es gern bequem hatte und der sich nicht um jeden Preis den Arsch aufreißen wollte. So etwas ist nie gut. Als ich später ganz an Bord kam, war unübersehbar, wie nachlässig die Strukturen in der Küche waren. Hier wurde nach Möglichkeit ein fast schon lässiges Easy-going gepflegt, Volldampf gehörte nicht zum Programm. Was sollte ich mich damit aber lange aufhalten? Wenn ich auf einem Schiff neu anfange, versuche ich immer, ein System in die Abläufe zu bringen. So habe ich es auch hier gemacht. Und weil es dringend nötig war, habe ich gleich auch die Küche in puncto Hygiene und Ordnung auf Vordermann gebracht. Als ich damit fertig war, gab ich Gas auf dem Level, das ich gewohnt war, und passte erst einmal die Qualität des Essens an meine Ansprüche an. Das lief so weit auch ganz gut und fast hätte ich zufrieden sein können. Doch bald bemerkte ich, dass die anderen mich beobachteten. Ein Konflikt schien in der Luft zu liegen.

Der Captain rief mich zu sich. Er machte keine langen Vorreden und kam gleich zur Sache:

„STEPHAN, DEINE ANSPRÜCHE SIND SEHR HOCH. ES WÄRE BESSER, WENN DU VON DER ÜBERHOLSPUR HERUNTERKOMMST."

Er sagte das so unverblümt und direkt, dass ich spontan dachte, der Kerl macht einen Witz. Der findet meine Arbeit total gut und will mich auf seine ironische Weise loben, ha! Noch ehe ich darauf antworten konnte, fuhr er fort: „Glaub mir, es ist besser so. Mach einfach, was ich dir gesagt habe." Scheiße auch, ich lag daneben, er meinte es ernst! Ich war irritiert. Wie konnte das denn sein? „Wie soll ich das verstehen?", fragte ich ihn, „gibt es dafür Gründe?" Er sah ins Blau des Himmels. „Der Eigner hat mitbekommen, dass sich die Küche gesteigert hat, seitdem du an Bord bist. Von 100 Prozent war sogar die Rede." Er fixierte mich kurz und richtete seinen Blick wieder in die Ferne. „Weißt du, wenn du deine Küche derart ins Licht rückst,

HIER WURDE NACH
MÖGLICHKEIT
EIN FAST SCHON
LÄSSIGES EASY-
GOING GEPFLEGT,
VOLLDAMPF
GEHÖRTE NICHT
ZUM PROGRAMM.

ICH NAHM KEIN BLATT VOR DEN MUND, WARUM AUCH, UND ERKLÄRTE KLIPP UND KLAR, WAS AUF DIESEM SCHIFF LOS WAR.

geraten die anderen Abteilungen automatisch in den Schatten." Seine Stimme hatte etwas Mafiöses wie bei Marlon Brando in „Der Pate". „Ich sagte: „Sorry, das war nicht meine Absicht. Ich arbeite immer so und die Nebeneffekte habe ich natürlich nicht gewollt. Aber ich kann und will nur gute Arbeit abliefern." „Die Sache ist doch ganz einfach", wandte er ein, „wenn ich dich so weitermachen lasse, muss ich in allen anderen Abteilungen aufräumen." Seine totale Offenheit wirkte frappierend auf mich. Er redete weiter. „Die Eigner müssen doch nicht wissen, was alles möglich ist. Du machst uns allen die Preise kaputt." Er machte eine Pause, um bei mir sacken zu lassen, was er gesagt hatte. „Was wäre wohl das Ergebnis?", fuhr er fort, „jeder muss mehr arbeiten – und das will keiner. Zeig also weniger Einsatz, sonst gerät das Gleichgewicht aus den Fugen. Solange das Gleichgewicht stimmt, läuft der Laden doch."

Wer noch nie auf einem Schiff gearbeitet hat, kann die Zusammenhänge wahrscheinlich nur schwer erkennen – denn was hat auf den ersten Blick die Küche etwa mit der Maschinentechnik zu tun? Ein Beispiel: Der Koch und der Ingenieur gehen völlig unterschiedlichen Tätigkeiten nach und doch kann man die Arbeit von beiden miteinander vergleichen. Für alle Aufgabenbereiche an Bord gilt: Du musst für alle Eventualitäten immer bestens vorbereitet sein. Daran, wie du vorbereitet bist oder auch nicht, zeigt sich ganz wesentlich deine Einstellung zur Arbeit, wovon wiederum deren Qualität abhängt. Auf diesem Schiff war es so, dass die Ingenieure nicht richtig auf Zack waren. Wenn irgendwo ein technisches Problem auftauchte, gab es auffällig oft Verzögerungen, Wartezeiten und Komplikationen, bis die Sache behoben war. Solche Schludrigkeiten kannte ich von anderen Schiffen nicht, da lief immer alles generalstabsmäßig – und schon war wieder okay, was gerade noch in die Grütze zu gehen drohte. Als Koch musst du ebenfalls auf alle Eventualitäten vorbereitet sein. Wenn der Eigner morgens um vier Uhr für sich und seine Gäste Meeresfrüchtesalat oder für alle einen Cheeseburger haben will, sollten die Wünsche in kürzester Zeit erfüllbar sein. Es hängt nur von dir ab.

Klare Worte also vom Captain. Offenbar hatte sich auf diesem Dampfer noch nie jemand richtig Mühe gegeben – jedenfalls nicht während der acht Jahre, in denen dieser Captain das Sagen hatte. Während es auf anderen Schiffen beispielsweise üblich ist, dass jeden Morgen ein paar Leute das Deck komplett abledern, damit alles schön blitzt und glänzt, hatte man hier keinerlei Sinn für derartige Kosmetik. Das sah man allerdings auch an allen Ecken und Enden. Dieses Schiff kannte nur Mittelmaß und Durchschnitt. Und weil alle an einem Strang zogen, würde keiner dem anderen das Leben schwer machen. Es sah auch nicht danach aus, dass sich daran in Zukunft nur die geringste Kleinigkeit ändern sollte.

Ich war nicht bereit, mich auf das Ansinnen des Captains einzulassen. Zum einen fand ich seine Argumentation äußerst fragwürdig. Zum anderen wollte ich meinen Job auf keinen Fall in voller Absicht schlechter machen, als es die Umstände erlaubt hätten. Ich sagte ihm in derselben Offenheit: „Tut mir leid, ohne mich." „Dann wirst du hier wohl keine Zukunft haben", lautete seine Antwort. Ich sah keinen Grund, mich geschlagen zu geben, und sagte ganz ruhig. „Das ist doch merkwürdig. Die Küche arbeitet super und streicht jede Menge Lob ein und du willst mich deswegen feuern? Wie passt das zusammen?" Die Lage spitzte sich zu.

Ich gebe zu, ich war damals in einer etwas rebellischen und unberechenbaren Phase, mein Gefühlsleben hing komplett durch. Einige Wochen zuvor hatte ich durch Zufall von einem gemeinsamen Bekannten erfahren, dass Johannes, mein bester Freund, schwer erkrankt war. Wir hatten uns längere Zeit nicht gesprochen, da er ebenso wie ich ständig unterwegs war. Johannes selbst wollte, wie ich später erfuhr, mich nicht beunruhigen, deshalb kamen von ihm keine Signale. Mir war jedenfalls augenblicklich klar, dass ich ihn unbedingt besuchen musste. An ein paar Tage Auszeit dafür war in der damaligen Situation eigentlich gar nicht zu denken, der Eigentümer des Schiffes wurde erwartet. Irgendwie gelang es mir aber doch, mich auszuklinken, und ich buchte einen Flug. Zwei Tage später sollte es losgehen. Ich wollte wenigstens 24 Stunden an der Seite von Hannes sein. Dann natürlich sofort wieder zurück, um auf der Jacht in die Sommersaison zu starten. Ich war sehr nervös und machte mir selbstverständlich große Sorgen um meinen Freund, weil mir nach einigen Telefonaten mit ihm und seiner Familie klar geworden war, dass es mehr als ernst um ihn stand. Am Morgen meiner geplanten Abreise – ich hatte das Schiff gerade verlassen und befand mich noch im Hafen – ging das Telefon. Es war Hannes' Vater.

ER SAGTE, ICH MÜSSE JETZT SEHR, SEHR STARK SEIN – HANNES SEI IN DER NACHT GESTORBEN.

Für Sekunden war es so, als hätte plötzlich jemand alle Töne der Welt um mich herum stumm gestellt – dann brach ich zusammen. Ich sackte auf meine Knie und fing an, bitterlich zu weinen und zu schreien. Ich weiß nicht mehr, wie lange ich in dieser Haltung und Verfassung war, bis meine damalige Freundin mich fand. Ich erinnere mich aber noch, es war ein wunderschöner sonniger Tag in La Ciotat in Südfrankreich. Werde ich wohl nie vergessen. Dass Johannes so jung sterben musste, noch nicht einmal 30 Jahre alt, war und ist für mich eine der Ungerechtigkeiten des Lebens, die man manchmal nur schwer versteht und nur schlecht hinnehmen kann.

Vor diesem Hintergrund kam mir der alberne Scheiß, den der Captain von sich gab, verletzend, zynisch und provozierend vor. Ich war bereit, ihm die Stirn zu bieten.

ICH WAR VERLETZT GENUG, WER HÄTTE MIR JETZT NOCH WEHTUN KÖNNEN – DIESER SCHEISSKERL JEDENFALLS NICHT.

„Denke nicht, du kannst mich am Arsch kriegen, bloß weil du drei Streifen auf der Schulter hast. Mach dich darauf gefasst, dass ich dasselbe mit dir versuche!“ Ich drehte mich um und verließ die Brücke. Ich sah eine Möglichkeit, was ich gegen ihn unternehmen könnte. Es war allerdings die einzige. Nun, warum nicht alles auf eine Karte setzen?

Das Boot gehörte einer deutschen Familie. Ich rief nach diesem Gespräch das Office in Deutschland an und legte die Situation an Bord dar. Zuerst stieß ich auf taube Ohren, doch dann wurde eine Telefonkonferenz arrangiert, an der auch der Eigner des Schiffes teilnahm. Ich nahm kein Blatt vor den Mund, warum auch, und erklärte klipp und klar, was auf diesem Schiff los war. Ich wies auch darauf hin, dass ich lieber den wie sonst üblich zwischengeschalteten Manager angesprochen hätte. Doch das sei in diesem Fall nicht möglich gewesen, weil es niemanden in dieser Position gab. Der Captain, der an dieser Konferenz nicht teilgenommen hatte, wurde natürlich darüber informiert. Er rief mich zu sich auf die Brücke und fing an, von Meuterei zu sprechen:

„LEUTE WIE DICH HÄTTE MAN IN FRÜHEREN ZEITEN SOFORT ERSCHOSSEN.“

Na ja, ich wusste bereits, wie er in seinem Hirn gestrickt war. „Okay, okay“, entgegnete ich, „ich habe keine Angst vor dir. Und wenn du Eier in der Hose hast, dann mach doch mal!“

Er machte. Kurzum: Ich wurde gefeuert. Ich musste einsehen, dass ich am kürzeren Hebel gesessen hatte. Neuer, dickköpfiger Koch gegen langjährigen Kapitän – da ist die Verliererrolle schnell vergeben. Ich ging und hatte kein Probleme damit. Mich wurmte anschließend nur eines: Sie hielten mir fast drei mir zustehende Monatsgehälter vor und trotz meiner Bemühungen, doch noch an das Geld zu kommen, blieb es letztlich dabei. Später habe ich mich gefragt, was ich aus der Geschichte eigentlich gelernt habe – hatte ich überhaupt etwas gelernt? Doch, ich hatte. Zum einen das: Es ist selbst für die Eigner oft einfacher, sich mit einem Übel zu arrangieren und dafür in aller Ruhe weitermachen zu können. Wer aber alles auf den Kopf stellt, hat nur Lästigkeiten und Ärgerlichkeiten am Hals – und warum das Ganze mit ungewissem Ausgang auf sich nehmen, wenn doch vorher alles irgendwie lief und kein Sand im Getriebe war? Zum anderen hätte ich bis zur Erfüllung meines Vertrags die Fresse halten und gute Miene zum bösen Spiel machen können. Aber genau das ging eben nicht, weil ich so bin, wie ich bin, und mir treu bleiben muss. Heute sage ich: Ich habe das Richtige getan und würde es auch wieder so tun. Einerseits jedenfalls. Es gibt aber noch eine andere Wahrheit: Ich hätte mich entschlossener, also eher um Hannes kümmern müssen. Wird mir sicher nicht noch einmal passieren.

„ICH HABE KEINE ANGST VOR DIR. UND WENN DU EIER IN DER HOSE HAST, DANN MACH DOCH MAL!“

ZUBEREITUNGSZEIT **20 MINUTEN** ZEIT GESAMT **1 STUNDE 30 MINUTEN**

FATTEH

(PITABROT, HUHN, REIS UND JOGHURT-TAHINI)

Auf Neues habe ich immer Lust. Die Neugier auf Unbekanntes ist das, was mich in meinen Küchen antreibt. Sie inspiriert mich ungemein und versetzt mich in eine Art Abenteuerstimmung. Das folgende Rezept hatte auch einmal diese Wirkung auf mich.

FÜR 4 PORTIONEN

FLEISCH

1 mittelgroßes Hähnchen
Saft von 2 Zitronen
40 ml Olivenöl
100 ml Naturjoghurt (siehe Seite 136)
3 Knoblauchzehen, geschält
½ Bund Minze, zwischen zusammengeklatschten Handflächen geschlagen

WÜRZREIS

200 g Reis
2 grüne Kardamomkapseln
40 ml Olivenöl plus etwas zum Beträufeln

BROT

2 kleine Pitabrote, in kleine Stücke gerissen
75 g Butter
340 ml Hühnerbrühe (aus diesem Rezept oder anderweitig hergestellt)
60 g Tahini (Sesampaste, z. B. in türkischen Geschäften)
250 g Naturjoghurt (siehe Seite 136)
Saft von 1 Limette
Salz
½ EL gerösteter Knoblauch (siehe Seite 39)

KERNMISCHUNG

40 g Pinienkerne
40 g Pistazien
40 g gehobelte Mandeln

1. Für das Fleisch das **Hähnchen** halbieren und mit **Zitronensaft, Olivenöl, Joghurt, Knoblauch** und **Minze** in einen Gefrierbeutel geben und alles gut vermischen. Dann mindestens 6 Stunden in der Tüte zum Marinieren in den Kühlschrank legen. **2.** Das Fleisch aus der Marinade nehmen und auf ein mit Backpapier ausgelegtes Blech setzen. Im vorgeheizten Ofen bei 190 °C Umluft 30–40 Minuten garen. Kurz abkühlen lassen und dann das Fleisch von den Knochen lösen. Die Knochen in einem Topf mit etwa 350 ml Wasser bedecken und etwa 15 Minuten köcheln lassen. Fond durch ein Musselintuch, ein Käseleinen oder ein ungefärbtes, dicht gewebtes Baumwolltuch gießen und zur Seite stellen. **3.** Für den Würzreis den **Reis** in 400 ml Wasser mit **Kardamom** und dem **Olivenöl** garen. **4.** Für das Brot die **Pitastücke** in **Butter** auf kleiner Hitze anbraten und in einen Römertopf oder ein anderes Tongefäß legen. 40 ml **Hühnerbrühe** mit **Tahini** glatt rühren. Mit **Joghurt, Limettensaft, Salz** und **geröstetem Knoblauch** verrühren. Zur Seite stellen. **5.** Für die Kernmischung **Pinienkerne, Pistazien** und **Mandeln** in einer Pfanne ohne Öl rösten. **6.** Das Brot mit etwa 300 ml Hühnerbrühe bedecken und den Reis darübergeben. Darauf das Fleisch verteilen und mit Tahini-Joghurt bedecken. Zum Schluss die Kernmischung aufstreuen und alles mit etwas **Olivenöl** beträufeln. Fertig – sofort servieren.

Kibbeh – Fleischklöße mal anders. Oder sollte man sie nach dem vergleichbaren holländischen Vorbild „Kroketten" nennen? Wir nennen sie einfach, was sie sind: Kibbeh! Ein Muss, wenn man die syrische Küche kennenlernen möchte. Mit Tahini-Dressing oder etwas harissawürzigem Joghurt servieren.

Taboulé: Syrien verfügt wie viele seiner Nachbarländer über eine unglaubliche Vielfalt an Produkten und Gewürzen. Die Menschen schöpfen die darin steckenden Möglichkeiten voll aus und bereiten ganz köstliche und auch optisch stimulierende Gerichte zu. Eine Freude, wenn man daran teilhaben kann!

ZUBEREITUNGSZEIT **40 MINUTEN** ZEIT GESAMT **1 STUNDE**

KIBBEH

(KLÖSSE AUS BULGUR, HACKFLEISCH UND ZWIEBELN)

FÜR 4–6 PORTIONEN (CA. 16 KIBBEH)

TEIG

330 g feiner Bulgur
1 EL Zimt
1 EL gemahlener Kreuzkümmel
½ EL Salz
2 EL edelsüßes Paprikapulver
1 Zwiebel, grob gehackt
400 g Rinder- oder Lammhackfleisch
15 Minzblätter, grob gehackt

FÜLLUNG

4 Frühlingszwiebeln, in sehr feine Streifen geschnitten
2 Knoblauchzehen, in sehr feine Würfel geschnitten
20 ml Olivenöl
400 g Rinder- oder Lammhackfleisch
½ TL gemahlener Kreuzkümmel
¼ Bund Koriander, gehackt
50 g Pinienkerne
Zesten von ½ unbehandelten Zitrone
Saft von 1 Orange
Salz
frisch gemahlener Pfeffer

AUSSERDEM

Öl zum Frittieren

1. Für den Teig **Bulgur** mit 300 ml kochendem Wasser übergießen und 15 Minuten quellen lassen. Zum Abtropfen in ein Sieb geben und dann in einem Küchentuch stramm ausdrücken. In einer Küchenmaschine mit **Zimt, Kreuzkümmel, Salz, Paprikapulver** und **Zwiebeln** fein pürieren. Mit **Hackfleisch** und **Minze** zu einem zusammenhängenden Teig verkneten. 20 Minuten in den Kühlschrank stellen. **2.** Für die Füllung **Frühlingszwiebeln** und **Knoblauch** im **Olivenöl** anschwitzen. **Hackfleisch** dazugeben und etwa 8 Minuten Farbe annehmen lassen. **Kreuzkümmel, Koriander, Pinienkerne, Zesten, Orangensaft, Salz** und **Pfeffer** dazugeben. Einkochen, bis die Masse praktisch trocken ist. **3.** Den Teig aus dem Kühlschrank nehmen und in 16 gleich große Stücke aufteilen. Mit nassen Händen zu festen Knödeln rollen. Dann mit dem Daumen eine Vertiefung bilden und den Teig behutsam gleichmäßig zu einer Tasche dehnen, in die 1 EL Füllung hineinpasst. **4.** Die Kibbeh füllen, behutsam verschließen und zu einer Träne formen. In 180 °C heißem **Öl** etwa 4 Minuten frittieren. Auf Küchenpapier abtropfen lassen und dann mit Taboulé (siehe unten) und Tahini-Joghurt (siehe Seite 266) servieren.

ZUBEREITUNGSZEIT **20 MINUTEN** ZEIT GESAMT **25 MINUTEN**

TABOULÉ

FÜR 4 PORTIONEN

60 g rote Quinoa (z. B. im Reformhaus oder Bioladen)
120 ml Wasser oder Brühe
2 Bund glatte Petersilie, fein gehackt
1 Bund Minze, Blätter abgezupft
12 Kirschtomaten, geviertelt
2 Frühlingszwiebeln, in sehr feine Streifen geschnitten
100 ml Olivenöl
Saft von 2 Zitronen
Salz
frisch gemahlener schwarzer Pfeffer

1. Quinoa mit Wasser oder **Brühe** in einen Topf geben und zum Kochen bringen. Auf kleiner Hitze etwa 15 Minuten köcheln lassen. Abtropfen und abkühlen lassen. **2. Petersilie, Minze, Tomaten, Frühlingszwiebeln, Olivenöl, Zitronensaft, Salz** und **Pfeffer** in einer Schüssel vermischen. Mit der Quinoa vermischen. Dazu Fladenbrot reichen.

ZUBEREITUNGSZEIT **10 MINUTEN** ZEIT GESAMT **10 MINUTEN**

TAHINI-ZITRONEN-DRESSING

Oftmals ist Tahini nur eine Art Nebendarsteller, um Konsistenz und Aroma in so leckeren Sachen wie Hummus und Baba Ghanoush zu verbessern. Hier spielt diese köstliche Paste nun die Hauptrolle. Dieses vielseitig einsetzbare Dressing vermittelt Eleganz und Klasse.

FÜR 4 PORTIONEN

200 ml Tahini (Sesampaste, z. B. in türkischen Geschäften)
Saft von 1 Zitrone
½ EL Zesten von 1 unbehandelten Orange
½ EL gerösteter Knoblauch (siehe Seite 39)
60 ml Olivenöl
Salz
frisch gemahlener schwarzer Pfeffer
6 Minzblätter
1 Korianderzweig mit Blättern, fein gehackt

1. In einer Schüssel **Tahini** und 75 ml heißes Wasser glatt rühren. Die restlichen **Zutaten** untermengen, fertig. **2.** Zu Salaten, kurzgebratenem Fleisch, Fisch und, und, und reichen – kurz: zu allem, das einen Hauch Syrien vertragen kann.

ZUBEREITUNGSZEIT **30 MINUTEN** ZEIT GESAMT **20 TAGE**

MAKDONS

(EINGELEGTE AUBERGINEN)

Auberginen waren erst nie mein Ding. Meine vegetarisch lebende Freundin während meiner Australienzeit hat dazu beigetragen, dass ich bald bekehrt wurde. Heute kenne ich das ganz große Potenzial dieses Gemüses und es hat schon mit Leidenschaft zu tun, dass ich immer noch etwas Neues herauskitzeln möchte. Hier also Auberginen, die ein bisschen an Essiggurken erinnern, aber viel delikater sind. Zwei Löffel davon an ein Käse-Omelette – verdammt lecker!

FÜR 4 PORTIONEN

GEMÜSE

4 kleine Auberginen, Stielansätze sorgfältig gereinigt, aber nicht abgeschnitten
250 ml Weißweinessig
½ Bund Minze, Blätter grob gehackt
½ Bund Petersilie, Blätter grob gehackt
½ Bund Estragon, Blätter grob gehackt
4 Knoblauchzehen, in sehr feine Würfel geschnitten
2 milde grüne Chilischoten, grob gehackt
1 TL Salz
1 TL Kurkuma
½ TL Angelikawurzel (Engelwurzpulver; in Apotheken und Reformhäusern)
1 geröstete Paprikaschote, geviertelt (siehe Seite 66)

MARINADE

250 ml Weißweinessig
1 TL Salz
1 getrocknete Chilischote
1 kleine Handvoll Estragon

AUSSERDEM

Zahnstocher
1 großes Einmachglas

1. Für das Gemüse die **Auberginen** mit einem kleinen Messer der Länge nach tief ein-, aber nicht durchschneiden – wie bei einem Brötchen zum Aufklappen. In einen Topf geben und mit **Essig** sowie 1 l kochendem Wasser übergießen. 10 Minuten köcheln lassen. Herausnehmen und abtropfen lassen. **2. Minze, Petersilie, Estragon, Knoblauch, Chili, Salz, Kurkuma** und **Angelikawurzel** vermischen und zusammen mit der **Paprika** in den Schlitz der Auberginen füllen. Mit einem Zahnstocher verschließen. In ein am besten sterilisiertes oder mit kochendem Wasser ausgespültes Einmachglas füllen. **3.** Für die Marinade **Weißweinessig** und **Salz** mischen und mit der **Chili** zu den Auberginen geben. Alles mit Wasser auffüllen. **Estragon** darauflegen und dann das Glas verschließen. 20 Tage ungekühlt ruhen lassen. **4.** Zum Servieren mit **Olivenöl** beträufeln. Dazu Brot reichen.

DER UNFALL

Wie viele Leben habe ich noch?

Nachher ist es immer leicht zu sagen, man habe schon vorher gewusst oder geahnt, es würde etwas passieren. Hätte nie gedacht, dass es auch mir so ergehen sollte. Dabei halte ich mich weder für einen Spinner noch für einen Hellseher und mit Seemannsgarn habe ich auch nichts am Hut. Doch in diesem besonderen Fall war es tatsächlich so, wie ich es hier wiedergebe, ich habe nichts nachträglich hineingedeutet oder dazugedichtet. Die betreffende Situation zeichnete sich durch das sonderbare Gefühl aus, irgendetwas würde nicht stimmen. Es lag etwas in der Luft. Ich konnte es nicht greifen. Und von diesem Etwas ging eine Bedrohung oder Gefahr aus. Meist kannst du schnell abklären, was es mit solchen Anwandlungen auf sich hat, indem du dir einen rundum lustigen Abend machst und bis zum nächsten Morgen abwartest, was von deinen Gefühlsduseleien noch übrig ist. Erfahrungsgemäß nichts, weil dir längst klar ist, was dir vorher gefehlt hat. Dieses Mal jedoch wollte die Besorgnis nicht weichen, zumal sie sich an konkreten Anlässen festmachte. Mir gingen ständig drei Ereignisse durch den Kopf, die mir in den zurückliegenden Wochen tief unter die Haut gegangen waren. So hatte ich während meiner ersten Atlantiküberquerung einen so heftigen Sturm erlebt, dass ich mein Ende kommen sah (siehe Seite 90).

NUR ZWEI TAGE VORHER HATTE MICH EIN KOLLEGE MIT EINER MACHETE ANGEGRIFFEN UND MICH UNBEABSICHTIGT SCHWER AM HALS VERLETZT (SIEHE SEITE 108).

Auch das hätte mein Tod sein können – und der Schock steckte mir noch in den Gliedern. Zudem war etwas passiert, das mir seelisch schwer zusetzte: Meine langjährige Freundin hatte sich von mir getrennt. Meine gerade noch starke Beziehung zu Neuseeland, wo wir zusammengelebt hatten und wo ich langfristig meine Zukunft sah, hatte Risse bekommen. Mir, dem Realisten, war plötzlich, als würde der Boden unter meinen Füßen wanken – nichts im Vergleich zu einem wirklich schwankenden Schiff, wo man sich festhalten kann. Steckte in all dem womöglich eine Botschaft? Hüte dich, Stephan, das ist nicht deine Saison!?! Dieser Satz ging mir jedenfalls mehrfach durch den Kopf. Ich bin es gewohnt, die Dinge entschlossen anzupacken, bin keiner, der sich das Heft so schnell aus der Hand nehmen lässt und die Initiative abgibt. Aber jetzt war es umgekehrt. Es schien eine Kraft am Werk zu sein, die etwas mit mir machen wollte. Und ich musste hilflos zusehen. Völlig ungewohnt für mich. Wer jetzt unterstellt, ich hätte vielleicht einen Joint zu viel geraucht, der kann sich gehackt legen, so war es nicht. Ich erkannte mich selbst kaum wieder. Was war los?

Ich war gerade auf Mallorca angekommen, hatte eine längere Tour hinter mir und etwas Geld verdient. Eigentlich eine Situation, in der ich ganz zufrieden hätte sein können. Endlich wieder an Land, endlich mal wieder richtig leben können! Ich wusste noch nicht genau, wie es weitergehen sollte. Wäre es besser, nach Antibes in Frankreich zurückzufahren, um dort einen neuen Job zu suchen? Oder sollte ich mich hier in Palma umsehen? Palma ist nach Antibes das zweite bedeutende europäische Zentrum für die Vermittlung von Jobs auf Schiffen. Ganz reale Fragen. Ich konnte mir jedenfalls Zeit lassen und verlebte zwei, drei erholsame Tage, um nach der anstrengenden Fahrt wieder zu Kräften zu kommen und mich zu pflegen. Ich schlief lange, ging schwimmen, hatte meinen Spaß in Bars und guckte mir Sehenswürdigkeiten an. Eines Morgens machte ich einen kleinen Spaziergang durch die erfrischende Luft, bewegte mich ganz in dem Bewusstsein, dass es mir doch gut ging. Selbst die in die Brüche gegangene Beziehung trat einen Augenblick in den Hintergrund und ich konnte frei atmen. Doch da war weiterhin diese dunkle Wolke. Ich befand mich gerade in der Nähe der Kathedrale Le Seu in Hafennähe und

ES LAG ETWAS IN DER LUFT. ICH KONNTE ES NICHT GREIFEN. UND VON DIESEM ETWAS GING EINE BEDROHUNG ODER GEFAHR AUS.

DIE WUCHT WAR SO HEFTIG, DASS ICH IN HOHEM BOGEN DURCH DIE LUFT GESCHLEUDERT WURDE.

wollte über den Zebrastreifen auf die andere Straßenseite gehen. Dann geschah es. Ich muss wohl nicht aufgepasst haben oder habe in die falsche Richtung geguckt, weil ich von Neuseeland her Linksverkehr gewohnt war, jedenfalls machte ich einen Schritt auf die Straße – und wurde von einem Auto erfasst. Die Wucht war so heftig, dass ich in hohem Bogen durch die Luft geschleudert wurde. Erst im Krankenhaus, in dem ich nur wenige Tage zuvor wegen der Machetenattacke wieder zusammengeflickt wurde, kam ich wieder zu mir. Der Kopf dröhnte, alles tat weh, ich konnte mich kaum bewegen. Der Arzt las mir später ein längere Liste von Knochenbrüchen und schweren Schürfwunden vor, die ich mir zugezogen hatte. Er sagte aber auch, ich würde nach einiger Zeit wieder vollständig gesund werden und weiterarbeiten können wie bisher. Dennoch musste ich vorläufig im Krankenhaus bleiben.

Was ein Krankenhausaufenthalt mit viel Bettruhe bedeutet, kann sich jeder ausmalen: Ich hatte sehr viel Zeit zum Nachdenken, mehr als mir lieb war. Mir ging vor allem ein Gedanke durch den Kopf:

WAR DIESER UNFALL EIN ZEICHEN? WAS BEDEUTETE ES?

Der Crash hätte auch ganz anders ausgehen und mich für immer in den Rollstuhl zwingen, wenn nicht ins Grab bringen können. Ich schloss keine Erklärung aus.

Ich bin nicht religiös, ich glaube nicht an Gott. Aber es regte sich in mir etwas – etwas, das den Bezug zu einer höheren Macht zu suchen schien. Bald kam ich darauf, was in mir Platz genommen hatte: Ich empfand Respekt. Respekt, oho! Ich kann nicht sagen, dass Respekt mir bis dahin ein völlig unbekanntes oder unvertrautes Phänomen gewesen wäre. Nur brachte ich ihn jetzt nicht einem ernst zu nehmenden Vorgesetzten oder einer anderen konkreten Person entgegen, sondern jemandem oder etwas, das für mich noch keine Gestalt hatte. Aber die Botschaft war angekommen. Nur, was sollte ich damit anfangen? Nicht nur gedanklich, sondern ganz konkret in der Gestaltung meines Lebens? Sollte ich etwa versuchen, wieder bei meiner Freundin anzudocken? Oder sollte ich ganz zurück nach Deutschland gehen? Wieder schwere Fragen. Zumindest spürte ich, dass für mich gerade weder Deutschland noch Neuseeland meine Heimathäfen waren. Wohin also? Ich war ratlos. Ich musste eine Entscheidung treffen, so viel war sicher. Und mit einer Entscheidung würde ich mich wohler fühlen.

Bei erster Gelegenheit bin ich dann doch zurück nach Deutschland zu meiner Schwester gefahren. Einfach so, ohne besondere Perspektive. Wir hatten immer ein gutes Verhältnis und möglicherweise war es die Aussicht auf etwas Geborgenheit, die mich zu ihr hinzog. Sie stellte mir ihr Sofa zum Schlafen zur Verfügung und ich blieb. Ich habe in den folgenden Wochen nichts groß unternommen, keine Pläne geschmiedet, ich habe mich nur verkrochen und versteckt. Jetzt, da ich wirklich erst zur Ruhe kam, wurde mir klar, dass ich von meinem Job und meinem Leben, wie ich es geführt hatte, erst einmal genug hatte. Ich analysierte meine Einsicht nicht großartig, sondern nahm sie hin. Heute bin ich der festen Überzeugung, dass ich meine innere Stimme richtig verstanden habe. Ich habe die richtige Konsequenz gezogen, indem ich mich selbst aus dem Rennen nahm und abtauchte. Mir ging auch die mögliche Alternative durch den Sinn: Angenommen, ich hätte mir nach meiner Genesung eine neue Jacht gesucht, so als sei nichts gewesen, und angenommen, der Unfall war ein Warnschuss.

WÄRE ES DIE LETZTE WARNUNG GEWESEN? WAS WÄRE ALS NÄCHSTES GEKOMMEN? UND MIT WELCHEM AUSGANG?

Nach zwei Monaten hatte ich mich wieder gefangen. Ich wusste, ich konnte wieder aufs Schiff zurück. In mir hatte sich aber auch die Gewissheit verankert, dass Kräfte existieren mögen, die wir zwar nicht mit den üblichen Methoden rational erfassen und messen können, die auf uns Menschen aber dennoch Einfluss nehmen. Auch wenn ich diesen Gedanken nicht pausenlos in meinem Hirn wälze, so ist von jenem Respekt doch etwas geblieben.

ZUBEREITUNGSZEIT **10 MINUTEN** ZEIT GESAMT **10 MINUTEN**

TOUM

(KNOBLAUCHSAUCE)

Diese Knallersauce fiel mir zum ersten Mal in einem australisch-libanesischen Fusion-Restaurant in Melbourne auf, wo ich ein paar Tage die Woche arbeitete. Dort sammelte sich immer die Crème de la Crème der Kunst- und Musik- sowie der Schwulen- und Lesbenszene, es war ein Treffpunkt für alternativ denkende Menschen aus zahllosen Kulturen, immer bei einem fantastischen Essen. Ich mache jedes Mal die zwei- oder dreifache Menge von dieser Sauce, damit ich einen Vorrat habe. Man kann bei der Zubereitung auch einen Mörser verwenden.

FÜR 250-300 ML

1 Knoblauchknolle,
geschält (siehe Seite 39)
1 EL Salz
Saft von 1 Zitrone
100 ml Pflanzenöl
50 ml Olivenöl

1. Alle **Zutaten** in einen zylinderförmigen Behälter geben. Den Handmixer mit dem Messerende auf dem Boden des Behälters aufsetzen. Auf höchste Stufe stellen, sodass am Boden des Behälters ein Püree entsteht. Nun den Handmixer langsam nach oben ziehen und so das Öl einarbeiten. So lange pürieren, bis eine cremige Masse entstanden ist. Im Kühlschrank aufbewahren. **2.** Nach Belieben zu allem reichen, was Knoblauchliebhaber mögen. Zum Beispiel nach dem Grillen die Sauce mit einem Pinsel großzügig auf dem Grillgut verteilen und einen Moment ruhen lassen.

ZUBEREITUNGSZEIT **20 MINUTEN** ZEIT GESAMT **1 STUNDE 15 MINUTEN**

PITA-BROT

Pita-Brot wird immer als eine Art Beilage zu allen möglichen anderen Zubereitungen empfohlen. Aber wie macht man es selbst? Und wie macht man es richtig, dass es sich nachher gut aufschneiden lässt? Hier das ganze Geheimnis.

FÜR 4 PORTIONEN (12 PITA-BROTE)

500 g Mehl plus etwas für die Arbeitsfläche
1 Tütchen Trockenhefe
1 TL Salz
1 TL Zucker
Olivenöl

1. **Mehl, Hefe, Salz** und **Zucker** in einer Schüssel gut vermischen. Eine Vertiefung in die Mitte formen und dann 340 ml warmes Wasser dazugeben. Mit den Händen einarbeiten; es soll sich ein zusammenhängender Teig bilden. Auf einer **bemehlten** Arbeitsfläche mit beiden Händen 10–15 Minuten kneten. Rund formen, mit **Olivenöl** befeuchten und in eine saubere Schüssel setzen. 45 Minuten abgedeckt an einem warmen Ort gehen lassen. **2.** Den Teig erneut kneten und in zwölf gleich große Stücke teilen. Daraus mit einem Nudelholz etwa 2 mm dicke Kreise von etwa 20 cm Durchmesser rollen. Wer mag, kann sie dicker ausrollen, und erhält dann eine Art Fladenbrot. **3.** Die Teiglinge im vorgeheizten Ofen – am besten auf einem Pizzastein oder Blech – bei 250–270 °C Umluft backen, bis sie ballonartig aufgegangen sind. Darauf achten, dass sie nicht zu viel Farbe annehmen, weil sie dabei sehr trocken werden können. **4.** Der Teig eignet sich auch für Pizzaböden.

ZUBEREITUNGSZEIT **20 MINUTEN** ZEIT GESAMT **30 MINUTEN**

BABA GHANOUSH

(AUBERGINENDIP)

Dieses Söẞchen nimmt auf meiner Dip-Lieblingsliste einen Spitzenplatz ein. Übersetzt heißt es „verwöhnter Papa", wie mir einmal verraten wurde. Mit Granatapfelsirup, gutem Olivenöl und Pita-Brot servieren.

FÜR 4 PORTIONEN

2 große Auberginen
100 g Tahini (Sesampaste, z. B. in türkischen Geschäften)
Saft von 1 Zitrone
2 EL gerösteter Knoblauch (siehe Seite 39)
½ TL Salz
½ TL gemahlener Kreuzkümmel
2 EL Olivenöl

1. **Auberginen** mit einer Gabel mehrfach einstechen. Etwa 15 Minuten auf einen heißen Grill legen, bis die Haut verbrannt ist, so entsteht das rauchige Aroma und sie garen durch. Dabei mehrfach wenden. Alternativ bei 250 °C Umluft im Ofen garen. In einer Schüssel abgedeckt auskühlen lassen. **2.** Die verbrannte Schale entfernen und das Auberginenfleisch in eine Küchenmaschine geben. Zusammen mit den anderen **Zutaten** pürieren. **3.** Mit Pita-Brot (siehe oben) genießen.

ZUBEREITUNGSZEIT **20 MINUTEN** ZEIT GESAMT **50 MINUTEN**

KANAFEH NAAME

Das Rezept eines weiblichen Gastes auf einer Jacht. Ihr Name war Charda – übersetzt „die Ausreißerin". Eine temperamentvolle Persönlichkeit, die von mir erst mit diesem Kuchen einigermaßen gezähmt werden konnte. Ich empfehle die Kanafeh und ihre Anwendung zur Nachahmung.

FÜR 4 PORTIONEN

TEIG

100 g Zwieback
150 g Fadenteig
(in türkischen Geschäften)
60 g Butter, zerlassen

GRIESSMISCHUNG

200 ml Milch
40 g Grieß
2 EL brauner Zucker
Mark von 1 Vanilleschote

KÄSEMISCHUNG

2 Mozzarellakugeln à 150 g
100 g Mascarpone

SIRUP

200 g Zucker
50 ml Rosenblütenwasser
(z. B. in Feinkostgeschäften und Apotheken)
Saft von 1 Limette und Zesten von
½ unbehandelten Limette

GARNITUR

30 g Pistazien, gehackt
20 g kandierte Rosenblätter (siehe unten)

1. Für den Teig **Zwieback** und **Fadenteig** in der Küchenmaschine fein zerkleinern. **Butter** dazugeben. Die Hälfte des Teiges in vier ofenfeste Portionsformen oder eine große Form füllen. **2.** Für die Grießmischung **Milch, Grieß, Zucker** und **Vanillemark** in einen Topf geben und auf kleiner Hitze etwa 6 Minuten köcheln. **3.** Für die Käsemischung **Mozzarella** in der Küchenmaschine zerkleinern. Mit **Mascarpone** in den Grießbrei geben und vermengen. Breimischung in die mit Teig ausgelegten Formen geben. Restlichen Teig darüber verteilen. Im vorgeheizten Ofen bei 200 °C Umluft 25 Minuten backen. **4.** Für den Sirup in der Zwischenzeit alle **Zutaten** mit 100 ml Wasser in einen Topf geben und einkochen, bis eine sirupartige Konsistenz erreicht ist. **5.** Die Kanafeh aus dem Ofen nehmen und 10 Minuten abkühlen lassen. Auf Teller stürzen oder in den Formen lassen. Den Sirup großzügig darauf verteilen. **6.** Für die Garnitur mit **Pistazien** und **Rosenblättern** verzieren. Ein Traum!

ZUBEREITUNGSZEIT **20 MINUTEN** ZEIT GESAMT **3 STUNDEN**

KANDIERTE ROSENBLÜTENBLÄTTER

Meine freundschaftlich-kollegiale Empfehlung für angehende Jachtköche: Sei vorsichtig, wen du damit beglückst! Ich habe diese sehr zeitaufwendig herzustellenden Blüten einmal für die Teeny-Tochter eines Jachteigners zum Geburtstag gemacht. Sie war so verliebt in das süße Zeug, dass sie anfing, ihre liebsten Menschen damit zu beschenken. Und zwar in großen Mengen und weltweit! Wöchentlich wurden mehrere Pakete verschickt. Ich habe zum Schluss einen guten Konditor zur Hilfe gerufen, weil ich einfach nicht mehr nachkam.

FÜR 4 PORTIONEN

40 Rosenblütenblätter, stark duftend, ungespritzt
(selbst zupfen, evtl. im Bioladen bestellen,
aber niemals aus dem Blumenladen!)
2 Eiweiß,
zu einem festen Schnee geschlagen
120 g Zucker

Stielansätze der **Rosenblätter** abschneiden. Mit einer Pinzette die einzelnen Blätter halten und dann mit einem kleinen Pinsel das **Eiweiß** großzügig von beiden Seiten auftragen. **Zucker** auf einen Teller geben und die Blüten dann von beiden Seiten mit der Pinzette so in den Zucker legen, dass sie vollständig damit behaftet sind. Auf ein mit Backpapier ausgelegtes Blech legen und mehrere Stunden an einem warmen Ort oder in der Sonne trocknen lassen.

ANHANG

EIN PAAR GEDANKEN ZUM SCHLUSS

89 Länder habe ich bei meinen Reisen betreten. Mehr als einmal waren es auch Reisen ins eigene Ich, wo mich Freude ebenso erwartete wie auch mal das pure Entsetzen. Aus allem Erlebten entstand irgendwann die wesentlichste Erkenntnis meines Lebens: Glaube unbeirrbar an dich selbst, dann findest du deinen Weg!

Bereits als ich das letzte Mal von Bord einer dieser Superjachten ging, beschloss ich, ein paar von meinen Erlebnissen für ein Buch aufzuschreiben. Dass das bei Verlagen und Medien auf so großes Interesse stoßen würde, war nicht absehbar. Für mich war aber von vornherein klar, dass ich nicht im Stil von Paparazzi-Enthüllungen Intimes und Geheimes oder sehr Persönliches aus dem Universum der Reichen und Schönen ausplaudern werde. Jeder Koch auf einer Superjacht verpflichtet sich zum Stillschweigen über personenbezogene Informationen. Und er ist gut beraten, sich daran zu halten. Für mich ist es auch eine Frage der persönlichen Integrität gegenüber denen, die mich für meine Arbeit bezahlen und sich auf meine Zusagen verlassen. Trotzdem gab es genug spannende, krasse, verblüffende und überraschende Storys zu erzählen. In diesem Buch habe ich meine Erlebnisse und kulinarischen Erfahrungen aus dem Mittelmeerraum beschrieben. Ich hoffe sehr, dass es bald eine Fortsetzung gibt, die sich dann mit den Abenteuern und den leckersten Rezepten aus anderen Teilen der Welt befassen wird.

Die kulinarischen Ansprüche meiner Dienstherren haben mich unzählige Mal um den Schlaf gebracht. Und manchmal haben mich deren ausgefallenste Wünsche an meinen Fähigkeiten zweifeln lassen. Dabei sind die meisten Wünsche gar nicht so dekadent, sondern schlicht deswegen schwierig, weil es in der Nähe eines fahrenden Schiffes nun mal keine gut sortierten Supermärkte gibt. So hatte ich am Herd gefeierte Erfolge, aber auch Niederlagen, die ich als Ansporn für die nächste Bewährungsprobe begriffen habe. Oft genug resultierten die Niederlagen aus einer unlösbaren Beschaffungsproblematik, die man wohl nur nachvollziehen kann, wenn man selbst auf einem Schiff gekocht hat. Deshalb noch ein paar Worte zu den Rezepten in diesem Buch: Es sind landestypische Originalzubereitungen – manchmal in einer eigenen Interpretation –, die durch regionale Einflüsse und die Produkte in den jeweiligen Ländern entstanden sind. Die Köstlichkeiten stammen alle aus dem Mittelmeerraum, der sich auch an Bord der Luxusjachten größter Beliebtheit erfreut. Die Rezepte sind aus Montenegro, Albanien, der Türkei, Syrien, dem Gazastreifen, Israel, Ägypten, Libyen und Marokko, aber auch aus Griechenland, Italien, Monaco und Südfrankreich – alles Länder, in denen wir vor Anker waren.

Ich schätze mich wirklich glücklich und privilegiert, dass ich mit so vielen Menschen jeder Hautfarbe, vielfältiger religiöser Glaubensrichtungen und aller sozialen Schichten zusammenkommen und arbeiten konnte. Es sind die Menschen, die mich zu dem geformt haben, der ich heute bin. Dazu zählen einige der einflussreichsten Menschen der Welt, aber auch sehr einfache Leute, die mein Leben bereichert haben. Bei alledem habe ich mir meinen kritischen Blick für vieles, was ungereimt, einseitig, widersprüchlich, bizarr, exzentrisch, grotesk und aus meiner Sicht vielleicht sogar völlig inakzeptabel war, bewahren können. Die Welt der Jachten und Superreichen hat ihre eigenen Gesetze, aber ich muss sie nicht alle für mich übernehmen, sofern sie nicht notwendiger Teil meiner Arbeit an Bord sind.

Vielen Verlockungen bin ich zugegebenermaßen immer wieder mal erlegen, doch langfristig habe ich mir meine Distanz bewahrt. Vielleicht ist gerade deshalb mein Sinn für Menschenrechte und Umweltfragen im Lauf der Zeit zunehmend geschärft worden. Deshalb möchte ich in einer Zeit, in der unsere – meiner Meinung nach so wundervolle – Welt immer mehr aus den Fugen zu geraten scheint und Kulturen sich immer weiter voneinander entfernen, mit diesem Buch auch einen kleinen Beitrag zur Völkerverständigung leisten. Genuss und die Zubereitung von Speisen verbindet uns alle! Ich wünsche deshalb viel Vergnügen beim Nachkochen der Rezepte und beim Erschmecken anderer Länder, Traditionen und Gewohnheiten. Enjoy your meal! Und viel Spaß beim Eintauchen in meine Welt!

Für mich steht fest, dass ich in naher Zukunft meine Fähigkeiten als Schiffskoch wieder auf See einbringen will, aber nicht wieder immer nur auf Luxusjachten, sondern auch im Dienst des Rettungs- und Flüchtlingsschiffs „Phoenix" der Hilfsorganisation MOAS.

Stephan Staats

INDEX

DANKE

Ich danke besonders meiner Schwester Christine – der wichtigste Mensch in meinem Leben. Meinen Eltern Arlette und Wolfgang Staats für das, was ich heute bin. Familie Mattgey, Familie Helbig, Familie Funsch, Familie Prünte, Familie Rust und Familie Wolf für die Unterstützung über all die Jahre. Frau Dr. Karin Tarnowski und Dr. Hans-Ulrich Engels dafür, dass ich überhaupt noch lächeln kann. Phichaya Au-Sonthong – für die wichtigsten Jahre, Anouschka Germann – für eine besondere Zeit, Katharina „Kas'ka" Hahn – für den Anstoß, Romy Schubert – für die Erinnerung, Kim Murray – for love and travels, Ruth Osborne and the Gang, Yvonne Potthoff – für alles, Kim-Viola Kroll – für die Entscheidung, Nadine Funsch – für die guten Gespräche, Mark und Götz Simmel – meine Brüder, Nic Miller und Sing Yi Hii – cause I love you, Tom Collins – brothers in arms, Stefan Rüssel und Dieter Müller – für Freundschaft, John und Stuart Boone – my family, Sascha Wagner und Ina Pohlig und Réjane Plog – ohne euch gäbe es dieses Buch nicht!

Der Verlag dankt allen Beteiligten, die durch ihre Mithilfe und Unterstützung zum Gelingen dieses Buches beigetragen haben. Für die unermüdlichen Bemühungen um die außerordentliche Qualität dieses Buches danken wir unseren Mitarbeitern Johanna Hänichen, Melanie Müller-Illigen, Justyna Krzyżanowska, Ellen Schlüter, Philine Anastasopoulos, Anne Krause, Katharina Staal, Valerie Mayer und Katerina Stegemann.

Originalausgabe Becker Joest Volk Verlag GmbH & Co. KG
Bahnhofsallee 5, 40721 Hilden, Deutschland

1. Auflage September 2016
ISBN 978-3-95453-106-6

REZEPTE Stephan Staats
STORYS Stephan Staats mit Martin Lagoda
FOOD-FOTOGRAFIE Hubertus Schüler
ASSISTENZ FOOD-FOTOGRAFIE Benedikt Koester
FOOD-STYLING Stefan Mungenast
PORTRÄT-FOTOGRAFIE Justyna Krzyżanowska
PROJEKTLEITUNG Johanna Hänichen
GESTALTUNG, ILLUSTRATIONEN UND SATZ Melanie Müller-Illigen
BILDBEARBEITUNG UND LITHOGRAFIE
Ellen Schlüter und Makro Chroma Joest & Volk OHG, Werbeagentur
LEKTORAT REZEPTE Martin Lagoda
LEKTORAT Doreen Köstler
DRUCK Firmengruppe Appl, aprinta druck GmbH

Praktisch: Die Einkaufslisten zu den Rezepten aus diesem Buch können Sie unter www.bjvvlinks.de/8030 für die gewünschte Personenzahl berechnen und für Ihren Einkauf ausdrucken.

BECKER
JOEST
VOLK
VERLAG
www.bjvv.de